U0850460

Annual Report of

CHINA

International Investment
Arbitration Forum

(2019—2020)

中国国际投资仲裁常设论坛年度报告

(2019—2020)

单文华　王承杰・主　　编
张　生　杨　帆・执行主编

法律出版社
LAW PRESS・CHINA

中国国际投资仲裁常设论坛年度报告
顾问委员会和编辑委员会

顾问委员会

主　任:张月姣

委　员:(以姓氏拼音先后为序)

车丕照　黄　进　卢　松　王传丽

肖永平　余劲松　曾华群

编辑委员会

主　任:王承杰　单文华

委　员:(以姓氏拼音先后为序)

陈辉萍　陈　力　韩立余　孔庆江

林　忠　漆　彤　石静霞　孙华伟

王雪华　张　昕

目　录

中国声音

热点追踪

年 度 案 例

投资仲裁月报

规　　则

序　言

在过去几十年,国际法领域一个突出的现象便是国际投资法的迅猛发展。与此同时,国际投资法的发展也呈现出不同于其他国际法分支的特点:一方面,与贸易领域存在 WTO 多边条约框架不同,现有的国际投资法律框架仍由数量众多的国际投资协定组成。根据联合国贸易和发展会议(United Nations Conference on Trade and Development,UNCTAD)的最新统计,截至 2018 年年底,全球国际投资协定的数量已经增长至 3317 个,其中包括 2932 个双边投资协定(Bilateral Investment Treaties,BITs)和 385 个包含投资条款的贸易协定。这些条约为促进和保护外国投资提供了重要的法律保障,但是条约彼此间存在的差异也使条约的"意大利面碗"效应(Spaghetti Bowl Effect)日益凸显。另一方面,基于投资协定提起的投资仲裁的数量在不断增长。截至 2019 年 1 月,全球已知的投资仲裁案件已达到 942 起,117 个国家被推上了被告席。美国、加拿大和德国等发达国家和许多发展中国家一样未能幸免。有的案件的赔偿数额达到了惊人的程度,例如,海牙国际常设仲裁法院于 2014 年 7 月 18 日针对 Yukos 诉俄罗斯一案作出裁决,判令俄罗斯政府向外国投资者赔偿 500 亿美元。随着越来越多的仲裁裁决为公众所知,国际投资仲裁机制的弊端也逐渐显现。特别是在不少案件中,像瑞典大瀑布公司诉德国案、烟草巨头 Philip Morris 公司起诉澳大利亚案等,外国投资者所针对的都是东道国为了保护环境、人类健康等公共利益所采取的措施。这样的案件引发了公众的关切和不满,以至于《金融时报》和《经济学人》等大众经济刊物都曾先后发文质疑投资仲裁制度的合理性。改革现有的投资法制使其更好平衡东道国和投资者权益已成为大势所趋。自 2017 年起,联合国国际贸易法委员会(United Nations Commission on International Trade Law,UNCITRAL)授权第三工作组重点讨论投资者—东道国争端解决(Investor-State Dispute Settlement,ISDS)机制的改革。工作组的工作主要分为三个阶段,为评估现存问题、改革必要性和潜在的改革方案。目前,第三工作组较为顺畅地完成了前两阶段任务。改革 ISDS 机制已成为共识。但是对于具体的改革方案,各国间仍未有统一认识。

中国已经成为世界上第三大对外投资国并且长期处于第二大引进外资国的

地位。自 1982 年与瑞典签署第一个投资协定以来,中国已经与外国签署了 130 多个双边投资协定,是世界上拥有双边投资协定数量第二多的国家。1990 年,中国还签署了《关于解决国家与他国国民之间投资争端公约》(以下简称《ICSID 公约》)。如今已经有 3 起针对中国政府的投资仲裁案件,也有 5 起中国投资者起诉外国政府的案件。随着我国对外投资和引进外资工作持续发展,如何充分利用国际规则,保护我国和外来投资者利益,同时建立我国在国际投资法领域的话语权,是当前我国参与全球经济事务需要考虑的重要事项。目前国家已经做了诸多努力,如 2018 年 1 月,中央全面深化改革领导小组第二次会议审议通过了《关于建立"一带一路"争端解决机制和机构的意见》,指出要建立"一带一路"争端解决机制和机构,依法妥善解决投资争议。2018 年 6 月,最高人民法院成立了国际商事法庭。我国也积极参与《ICSID 公约》程序规则的修订和 UNCITRAL 下 ISDS 机制的改革的讨论。2019 年 7 月 19 日,我国向 UNCITRAL 提交了关于 ISDS 制度可能的改革的意见书,表达了中国政府对此重大议题的官方立场。

从实务的角度,中国的仲裁机构也在积极考虑制定和完善自身的仲裁规则以更好地为解决国际投资争议服务。突出表现在,2017 年 11 月,中国国际经济贸易仲裁委员会(China International Economic and Trade Arbitration Commission,以下简称贸仲委或 CIETAC)发布了《中国国际经济贸易仲裁委员会国际投资争端仲裁规则(试行)》(以下简称《投资仲裁规则》)。

在这样的背景下,为服务于我国"一带一路"倡议和我国国际投资仲裁实践及理论的发展需要,CIETAC 与西安交通大学法学院倡议发起,并联合厦门大学法学院、武汉大学法学院、复旦大学法学院、对外经济贸易大学法学院、中国人民大学法学院、中国政法大学国际法学院等 6 家研究机构和中伦律师事务所、环中律师事务所、环球律师事务所、瑛明律师事务所等实务机构成立了"中国国际投资仲裁常设论坛"(CIIAF)。论坛很荣幸得到商务部条法司的正式支持,并有幸延请国内外知名的国际投资法律与仲裁领域资深专家担任顾问。论坛是我国首个全国性的国际投资法律理论与实践研究合作平台,也是首个国际投资仲裁专业研究平台。作为一个非营利性和开放性的合作平台,论坛立足中国,面向世界,积极为国际投资法治建设发出中国声音,贡献中国智慧,致力于打造一个立足中国自身需求、把握国际发展动态、促进国际投资仲裁的研究和交流的专业平台。

作为论坛的标志性成果,CIIAF 将以年刊的形式总结分析最新的国际投资法政策与实践。2019 年年刊由 CIETAC 和西安交通大学法学院联合编写,设立了年度聚焦、中国声音、热点追踪、年度案例和投资仲裁月报等板块。

年度聚焦关注 ISDS 机制改革。虽然改革已经成为各国的共识,但各国在具体改革方案方面的立场却不尽相同。欧洲联盟(European Union,以下简称欧盟或 EU)作为改革派的代表,其提出的投资法庭体系从本质上改变了现有的国际投资仲裁的设计,取而代之以一个包含常设上诉机制的双层体系,它也不再允许外国投资者指定仲裁员。本部分分析了投资法庭体系的提出背景以及特点,结合已有的实践分析它的具体架构,并重点探讨它可能存在的问题。投资法庭体系虽然能够确保裁决的公正性,但这一提议在认知度、执行力和成本等方面存在不少问题。因此在中欧投资协定谈判中,我国应当谨慎应对,提出有效的完善方案,并以此为契机,树立我国在 ISDS 机制改革方面的话语权。

美国虽然多次成为投资仲裁案件的被告,但迄今为止尚未在一起案件中败诉过。正因如此,美国曾支持保留现有的仲裁机制。但特朗普上台后,美国政府在 ISDS 机制上的态度有了较大的转变,这样的态度在《美国—墨西哥—加拿大协定》(United States-Mexico-Canada Agreement,以下简称《美墨加协定》或 USMCA)中体现最为明显。第二章分析了 USMCA 的谈判背景后,重点关注与《北美自由贸易协定》(North American Free Trade Agreement,NAFTA)相比,USMCA 在投资保护和投资争端解决机制方面作出的改变。USMCA 的投资章节贯彻了特朗普"美国优先"的理念,在内容上体现出投资协定正朝精细化、均衡化和效率性方面发展。它同时也针对 NAFTA 下的 ISDS 实践作出了调整。

"均衡自由主义与国际投资仲裁改革的中国立场分析"一章重点分析了中国政府在 ISDS 改革方面应持的立场。它首先解析国际投资仲裁的制度特征与分配效应,进而分析我国在国际投资进程中的利益格局,最后探讨我国应对国际投资仲裁制度改革的应有取向和具体对策。该章指出,ISDS 机制总体上对资本输出、治理水平相对较高,法律队伍发达的国家有利;中国是一个治理水平较高、法律队伍不够发达的资本输出国,并且是投资双向流动大国、具有高风险投资结构、处于高风险投资时期,因此应坚持均衡自由主义进路,维护并完善 ISDS 机制,推动其朝着有利于中国利益与国际公益的方向演进。

与多数拉美国家不同,巴西在缔结投资协定方面并不活跃。在已经签订的投资协定中,巴西也多主张不将争议提交投资仲裁,而是交由监察员(ombudsman)解决。第四章重点关注巴西有关外国投资法的立法发展,并结合它的缔约实践分析巴西投资协定的特征。

前已述及,UNCITRAL 自 2017 年就成立第三工作组关注 ISDS 机制改革,因此第五章也详细介绍了第三工作组的相关工作以及进展。

在实行对外开放最初的二十多年间,中国在参与国际经济事务中一直以被动接受发达国家制定的既有规则为主。随着经济实力和国际影响力的不断提升,中国作为一个负责任的大国开始以更加积极和主动的姿态参与全球经济治理。这一方面是中国对外开放战略的内在要求,另一方面也是世界经济和谐均衡发展的客观需要。作为世界上最大的发展中国家,“中国声音”的发出在一定程度上能够打破发达国家对全球治理规则话语权的“垄断”,使全球治理规则能够朝着更为合理和更为均衡的方向发展。因此年刊的第二部分重点关注中国在 ISDS 机制改革方面的声音。它收录了中国政府针对《ICSID 公约》程序规则修订提交的意见以及中国政府提交给 UNCITRAL 的针对 ISDS 改革的意见。同时,它也包含了西安交通大学法学院院长单文华教授等撰写的分析中国加入《能源宪章条约》(Energy Charter Treaty,ECT)成本效益分析的章节。该章节在英文版政策研究报告“Report on the Compatibility of Chinese Laws and Regulations with the Energy Charter Treaty”(《中国法律和法规与能源宪章条约的兼容性分析报告》)的基础上精简而成。报告指出能源宪章全球化战略和我国的“一带一路”建设在地理范围上重叠,在政策议题上兼容,两者殊途同归,不谋而合。能源宪章现有成员版图刚好和我国的“丝绸之路经济带”规划基本吻合,其扩大的方向以亚洲、非洲和拉美等地区的新兴国家为重点,与我国“21 世纪海上丝绸之路”的方向大体一致。在这个意义上,二者合力,完全有望成功打造一个有全球影响的“丝绸之路能源带”。鉴于中国加入能源宪章体系的经济成本较低,法律成本和政治成本有限,但具有较大的经济收益、明显的法律收益和政治收益,中国应考虑积极参与能源宪章的改革并推动其升级改造,在此基础上认真考虑签署《能源宪章条约》,以确保我国在国际能源合作中的利益诉求,维护国际能源安全,进一步深度参与国际能源治理。

热点追踪部分分别关注了对外承包工程争议解决、2019 年刚通过的《外商投资法》《ICSID 规则》的第四次修订、第三方资助问题和公平与公正待遇问题。第九章以“一带一路”沿线国家的案例为基础,分析了对外承包工程履约所面临的常见问题,以及通过投资仲裁解决这些问题的可能性。2019 年 2 月通过的《外商投资法》是我国历史上第一个全面系统的外资立法,具有里程碑的意义。本部分从历史角度分析了我国利用外资的历史以及有关外资立法的发展,阐释了《外商投资法》的特点,并进一步讨论了《外商投资法》的实施仍需配套法规完善。为了适应国际投资仲裁的实践,国际投资争端解决中心(International Center for Settlement of Investment Disputes,ICSID)于 2016 年 10 月启动了第四次规则修订。相比较前面三次修订,此次修订历时最长,准备最为充分,涉及范围也最为广泛。为了保证规则修订能够充分满足当事人对仲裁等争端解决方式的需求,ICSID 先后向《ICSID 公约》成员国和社会各界征求法律意见。本部分解释了此次规则修订的背景和特点,对此次修订所涉及的核心问题予以重点关注。针对第三方资助,本部分在对国际投资仲裁中第三方资助的现状及其兴起的原因进行分析的基础上,对于目前国际投资仲裁中第三方资助的实践进行分析,考察仲裁庭在第三方资助下对于管辖权和可受理性、第三方资助的披露、仲裁费用担保和仲裁费用分配四个主要问题上的裁断,在此基础上对其进行解读分析,探讨在现有的国际投资仲裁机制下对第三方资助的可能规制措施。公平与公正待遇条款是外国投资者在仲裁实践中引用频率最高的条款,也是投资者据以提起仲裁胜率最高的条款。本部分以《美墨加协定》作为考察对象,分析了美国在公平与公正待遇条款方面的最新立场。

年度案例部分选取了引发诸多关注的 Achmea 案。欧盟法院在 Achmea 案中的立场体现出欧盟对于欧盟成员国之间投资协定中的投资争端解决条款的态度。它也会对将来涉及欧盟成员国间投资协定的投资仲裁以及欧盟未来的投资立法产生深远影响。

此外,年刊也收录了西安交通大学法学院博士生冯韵雅编辑的国际投资条约与仲裁月报。月报跟踪国际投资条约实践与争端解决实践,每月选取最典型的 10 条新闻与评论进行整理,对于我国学界与实务界及时获知最新的国际投资与仲裁法律资讯颇有裨益。

最后,年刊收录了 CIETAC 的投资仲裁规则。《投资仲裁规则》于 2017 年通过,是我国第一部、世界第三部机构投资仲裁规则。一方面,《投资仲裁规则》的出台弥补了我国仲裁在国际投资仲裁领域的空白;另一方面,通过该规则对国际最新实践的借鉴吸收,丰富和发展我国投资仲裁实践,将为进一步完善我国仲裁法律制度发挥积极的推动作用。

需要指出的是,年刊的撰写也得到了 CIETAC 和西安交通大学法学院丝绸之路国际法与比较法研究团队的大力支持。我们也感谢西安交通大学法学院本科生熊平书和陈铭敏在翻译和整理方面的帮助与支持。由于时间仓促,年刊中难免有错漏之处,敬请方家指正。

年度聚焦:ISDS 改革

第一章 欧盟投资法庭体系:背景、特点与问题

近年来,改革现有的国际投资法制和 ISDS 机制已经成为国际社会的共识。为了维护东道国的规制权与外资保护之间的平衡,不少国家都有新的尝试。它们或考虑退出《ICSID 公约》,[1]或对本国 BITs 进行升级换代明确采纳可持续发展的理念,[2]或排除国际投资仲裁。[3] 如今正在进行的中美、中欧双边投资协定谈判以及美国与欧盟间的《跨大西洋贸易和投资伙伴关系协定》(以下简称《跨大西洋协定》)谈判,都将对未来国际投资法发展产生重要影响。特别是欧盟于 2016 年提出的投资法庭体系(Investment Court System, ICS)制度,体现出欧盟改革国际投资仲裁制度的决心。从其具体制度建构上看,它是对现有仲裁制度的根本变革,是一种全新的尝试。除了在自由贸易协定和投资协定谈判中落实这一制度外,[4]欧盟也在参与联合国贸发会有关 ISDS 改革的讨论时积极推行这一制度。可以预见在与中国进

---

〔1〕 如拉美国家委内瑞拉、玻利维亚和厄瓜多尔。See ICSID, *Venezuela Submits a Notice under Article* 71 *of the ICSID Convention*, ICSID News Release, https://icsid.worldbank.org/ICSID/FrontServlet?requestType=CasesRH&actionVal=OpenPage&PageType=AnnouncementsFrame&FromPage=Announcements&pageName=Announcement100, last visited on 26 January 2012; ICSID, Ecuador Submits a Notice under Article 71 of the ICSID Convention, http://icsid.worldbank.org/ICSID/FrontServlet?requestType=CasesRH&actionVal=OpenPage&PageType=AnnouncementsFrame&FromPage=NewsReleases&pageName=Announcement20, last visited on 9 July 2009; ICSID, Bolivia Submits a Notice under Article 71 of the ICSID Convention, http://icsid.worldbank.org/ICSID/FrontServlet?requestType=CasesRH&actionVal=OpenPage&PageType=AnnouncementsFrame&FromPage=NewsReleases&pageName=Announcement3, last visited on 16 May 2007.

〔2〕 挪威于 2007 年和 2015 年提出的投资协定范本草案明确承认缔约国可以基于健康、安全或环境等考虑做出规制措施。印度于 2016 年通过的投资协定范本也包含了一般例外与安全例外条款。

〔3〕 巴西近年来签订的几个协定,包括 2015 年与莫桑比克和马拉维等国家的协定,都没有包含国际投资仲裁机制。

〔4〕 European Commission, *Concept Paper: Investment in TTIP and Beyond-the Path for Reform*, 2015, p. 11.

行的投资协定谈判中,欧盟同样会坚持引入投资法庭体系。[1] 在这样的背景下,本章分析了投资法庭体系的提出背景以及特点,结合已有的实践分析它的具体架构,并重点探讨它可能存在的问题。投资法庭体系虽然能够确保裁决的公正性,但这一提议在认知度、执行力和成本等方面存在不少问题。因此在中欧投资协定谈判中,我国应当谨慎应对,提出有效的完善方案,并以此为契机,树立我国在ISDS 改革方面的话语权。

一、欧盟提出投资法庭体系的背景

欧盟提出设立投资法庭体系,表面上看是为了消除公众对《跨大西洋协定》的质疑,实际上它体现出欧盟对现有的国际投资仲裁机制存在的问题以及国际投资仲裁对欧盟的影响的反思与重构。从更深层意义上讲,它是欧盟从根本上改变国际投资仲裁设定的一次重要尝试。

(一)国际投资仲裁的"合法性危机"[2]

投资与贸易同为推动世界经济增长的重要动力,进入21 世纪后,随着"全球价值链"的发展,投资对全球经济的贡献率已经超过了贸易。[3] 然而与贸易领域存在《建立世界贸易组织的马拉喀什协议》这一多边协定不同,目前的国际投资法制仍然由数量众多的双边投资协定组成。这些错综复杂的投资协定网络,虽为促进和保护外国投资提供了重要的法律保障,却大大增加了条约适用方面的不确定性,也容易导致一些投资者的"挑选条约"等问题。一方面,建立在不同双边投资协定基础上的仲裁庭在面临相同或相似的法律问题时,常常作出不一致,甚至截然相反的认定,如 CME 诉捷克案和 Lauder 诉捷克案[4]等案件。

---

〔1〕 European Parliament, In Pursuit of an International Investment Court: Recently Negotiated Investment Chpaters in EU Comprehensive FTA in Comparative Perspective, 2017, p. 7.

〔2〕 Susan D. Franck, The Legitimacy Crisis in Investment Treaty Arbitration: Privatizing Public International Law Through Inconsistent Decisions, *Fordham Law Review*, 2005, 73(4): 1521 - 1625.

〔3〕 OECD, WTO and UNCTAD, Implications of Global Value Chains for Trade, Investment, Development and Jobs, 6 August 2013, p. 8. See also Gary Hufbauer and Tyler Moran, Investment and Trade Regimes Conjoined: Economic Facts and Regulatory Frameworks, *E15 Investment Task Force*, 14 May 2015.

〔4〕 在这两个案件中,美国公民 Lauder 通过其投资的德国公司 CME 在捷克进行投资。在与捷克政府的投资纠纷发生后,Lauder 和 CME 分别依据《美国—捷克双边投资协定》和《德国—捷克双边投资协定》提起了仲裁,但两个仲裁庭却作出了不同的认定。Lauder 的诉求未获支持,相反 CME 却通过仲裁获得了赔偿。

另一方面,不少仲裁庭在解释投资协定时往往侧重于考虑投资者利益的保护,而忽视了东道国的规制权。如 SGS 诉菲律宾一案仲裁庭在解释"保护伞条款"时指出:"条约的目的和宗旨支持对第 10 条第 2 款进行有效解释。投资协定是促进和相互保护投资的条约。根据条约序言的规定,条约旨在'为缔约一方的投资者在缔约另一方境内的投资创造和维持有利条件'。"因此,在解释条约时遇到不确定因素,作出有利于保护外资的解释是合法的。[1]

此外,不少投资仲裁所涉及的都是东道国政府采取的环境保护等维护公共利益的措施,公众对于将这类涉及公法性质的争议提交私人仲裁庭存有很大质疑。这一点也可以从欧盟针对《跨大西洋协定》谈判网上征求意见的结果中略窥一斑,在收集到的 15 万条反馈信息中,反对引入国际投资仲裁机制的声音并不在少数。[2]

公众质疑的另一个方面涉及仲裁裁决的纠正机制。无论是根据《ICSID 公约》作出的裁决,还是临时仲裁庭的裁决,目前的国际投资法制仅提供了有限的补救方案,这些方案多数都只涉及一些程序性事项。这样的不足在 CMS 诉阿根廷案的撤销裁决中有很好的体现,该案中专门委员会虽然发现了仲裁庭在适用投资协定考察阿根廷所提出的"必要性"抗辩时没有进行充分说明而且也存在缺陷,但他却认为不能据此认定仲裁员明显超越其权力,委员会基于此认为其无权干涉已经作出的仲裁裁决。[3] 因此纠正制度的"不给力"导致针对相同国家、相同事项的不一致裁决仍将存在。

(二)国际投资仲裁裁决与欧盟法的冲突

欧盟法与投资仲裁裁决的冲突不止在一个案件中有所体现。在 Micula 诉罗马尼亚案中,瑞典投资者起初因为政府提供的一些金融优惠措施而在罗马尼亚进行投资,但在罗马尼亚于 2007 年加入欧盟后,欧盟认为这些金融优惠措施违反了欧盟的国家援助法,便要求罗马尼亚停止了这些优惠措施。由此导致 Micula 将罗马尼亚告上了仲裁庭,主张罗马尼亚的做法违反了投资者的"合法

---

[1] *SGS* v. *Philippines*, ICSID Case No. ARB/02/6, Decision of the Tribunal on Objections to Jurisdiction, 29 January 2004, para. 116.

[2] European Commission, Online Public Consultation on Invesment Protection and Investor-to-State Dispute Settlement (ISDS) in the Transatlantic Trade and Investment Partnership Agreement, Brussels, http://trade. ec. europa. eu/doclib/docs/2015/january/tradoc_153044. pdf, last visited on 13 January 2015.

[3] *CMS Gas Transmission Co.* v. *Argentine Republic*, ICSID Case No. ARB/01/8, Annulment Proceeding, 25 September 2007, paras. 156 – 158.

期待”,其请求最终得到了仲裁庭的支持。[1] 随后罗马尼亚以执行裁决会违反欧盟法为由申请撤销裁决,但由于罗马尼亚未在规定时间作出相关保证,撤销申请并未获得支持。与此同时,欧盟委员会(以下简称欧委会)却认为罗马尼亚依据裁决支付赔偿不符合欧盟的内部市场安排,并通过了一个强制令禁止支付任何赔偿。[2] 在 Vattenfall 诉德国案中,同为瑞典投资者的 Vattenfall 因为不满汉堡市政府在授予其火力发电厂建设许可时作出了一些环境保护方面的限制,便依据《能源宪章条约》将德国告上仲裁庭。虽然案件最终以和解结案,但是德国政府最终仍授予了该投资者相关许可。此举被欧委会认为违反了欧盟的《保护动植物栖息地多样性指令》,并同样要求德国不履行和解协议。当德国于 2011 年决定实施核能退出计划而关闭境内的核反应堆后,该公司又以营业额受损提起了投资仲裁,并寻求 60 亿美元的赔偿,此举同样引起了公众极大的不满。实际上,以欧盟成员国为被告的投资仲裁案件并不在少数。联合国国际贸易法委员会的统计数据显示,截至 2019 年 3 月底,已知的此类案件的数量已经达到了 234 件,其中不少案件都是因成员国政府采用保护环境等措施所引起。国际投资仲裁也因此引发了欧盟成员国政府的反对,如法国外贸国务秘书马蒂亚斯·菲克尔(Matthias Fekl)公开表示他绝不会允许拿跨国公司钱的私人仲裁庭支配主权国家的政策,特别是健康和环境等政策。[3] 因此,为了重振公众对于投资者—东道国争端解决机制的信心,欧委会认为有必要借鉴国内法院的运作机制,设立一个更加透明、更负责任和更加体现民主原则的机制。

欧盟法院于 2018 年 3 月就 *Slovak* v. *Achmea* 案(以下简称 Achmea 案)作出的认定也进一步显示了欧盟法院与投资仲裁之间的冲突关系。该案涉及一起在法兰克福举行的国际投资临时仲裁。荷兰投资者 Achmea 因对斯洛伐克于 2006 年之后在医疗保险领域采取的一系列立法措施不满,依据《荷兰—斯洛伐克投资协定》(以下简称《荷斯 BIT》)和联合国国际贸易法委员会仲裁规则提起了国

---

〔1〕 *Ioan Micula, Viorel Micula and others* v. *Romania*, ICSID Case No. ARB/05/20, Award, 11 December 2013.

〔2〕 European Commission, Commission Decision (EU) 2015/1470 of 30 March 2015 on State aid SA. 38517(2014/C) (ex 2014/NN) implemented by Romania—Arbitral award Micula v. Romania of 11 December 2013, 9 April 2015, *Official Journal of the European Union*, L232/69.

〔3〕 Cécile Barbière, France and Germany to form united front against ISDS, http://www.euractiv.com/section/trade-society/news/france-and-germany-to-form-united-front-against-isds/, last visited on 15 January 2015.

际投资仲裁。2010年临时仲裁庭作出管辖权裁定,认定对本案有管辖权。此后斯洛伐克针对该管辖权裁定向法兰克福地方法院提起撤销之诉。地方法院一审驳回了斯洛伐克的撤销请求,斯洛伐克随后上诉至德国联邦法院。联邦法院认为该案涉及欧盟成员国之间的投资协定中的争端解决机制与欧盟法院管辖权的关系,就将相关问题提交欧盟法院考虑。欧盟法院在先行裁定中认定欧盟成员国之间的投资协定中的争端解决机制会影响欧盟法院对欧盟法的最终解释权,也会影响欧盟法的自主性。〔1〕欧盟法院的判决也影响了成员国对待成员国间投资协定的态度。2019年1月,22个欧盟成员国共同发布一份声明,承诺采取行动终止成员国之间的投资协定,并利用其投资者母国或者东道国的身份通知投资仲裁庭一成员国投资者与另一成员国的投资争议不具有投资仲裁性。〔2〕

(三)推动国际投资仲裁机制的革新

除了期望通过投资法庭体系解决上述问题外,欧盟也意欲通过此举引领投资协定的发展。欧盟国家是双边投资协定的首倡者,〔3〕也是积极推动者。据统计,截至2019年年初,欧盟28个成员国共签署了1555个双边投资协定,其中包含199个成员国间的条约及1356个成员国与第三国的条约。〔4〕欧盟投资者也频繁利用这些投资协定中的争端解决机制维护其海外利益。〔5〕这反映出欧盟在革新现有的投资仲裁机制方面有着广泛的现实需求:一方面需要确保投资促进和保护不影响成员国制定和推行公共政策的能力;另一方面也要考虑如何更好地维护欧盟企业的对外投资。在《里斯本条约》通过后,欧盟获得了对外国直接投资的管辖权,为在全球范围内推行其贸易和投资政策,并对投资保护及其争端解决机制进行深入改革提供了良好的时机。投资法庭体系的倡议的提出虽然

---

〔1〕 European Union Court of Justice, Judgment of the Court (Grand Chamber), *Slovak Republic* v. *Achmea B. V.*, Case C-284/16, 6 March 2018.

〔2〕 European Commission, Declaration of the Member States of 15 January 2019 on the legal consequences of the Achmea judgment and on investment protection, https://ec.europa.eu/info/sites/info/files/business_economy_euro/banking_and_finance/documents/190117-bilateral-investment-treaties_en.pdf, last visited on 15 January 2019.

〔3〕 世界上第一个双边投资协定便是德国与巴基斯坦在1959年签订的。

〔4〕 UNCTAD, IIAs by Economy, http://investmentpolicyhub.unctad.org/IIA/IiasByCountry#iiaInnerMenu.

〔5〕 European Commission, Concept Paper: Investment in TTIP and beyond-the path for reform, 2015, p. 1.

是以《跨大西洋协定》谈判为背景,但欧盟也意图将其推广至将来所签署的贸易和投资协定中,[1]欧盟甚至有志于引领全球推动这一改革。[2] 欧盟贸易委员马尔姆斯特伦曾公开表示投资争端解决机制是全球投资政策的重要组成部分,现行机制不适应21世纪发展的需要,需要进行强有力、认真的改革。考虑到欧洲是世界最大的对外投资经济体以及吸引外资最多的经济体,由欧盟来主导改革,为全球规则的制定献策献计是合情合理的。[3] 从某种意义上讲,欧盟倡议的投资法庭体系开启了一个新的"游戏规则",它有助于形成未来全球机制的制度性架构,并与民主、法治以及保护经济和非经济利益等基本宪法价值高度契合。[4]

二、投资法庭体系的主张与实践

在上述背景下,欧盟开始了改革现有的投资者—东道国争端解决机制的新的尝试,最初主要体现在上诉机制。2010年欧委会发声指出上诉机制能够确保国际投资仲裁制度具有更高程度的一致性和可预测性。2013年9月签署的《欧盟—新加坡自由贸易协定》(以下简称《欧新自贸协定》)中首次包含了上诉机制的规定,要求投资委员会考虑是否应当以及在何种条件下设立上诉机制对投资仲裁裁决进行审查。[5] 欧盟于2014年公布的《跨大西洋协定》的谈判授权中也明确要求欧委会考虑设立上诉机制的可能性。[6] 2015年1月,欧委会就《跨大西洋协定》谈判征询公众意见时也将上诉机制纳入其中,但是最终的反馈意见

[1] Cecilia Malmström, Proposing an Investment Court System, https://ec. europa. eu/commission/2014 - 2019/malmstrom/blog/proposing-investment-court-system _ en, last visited on 16 September 2015.

[2] Ibid.

[3] European Commission, Commission Proposes New Investment Court System for TTIP and Other EU Trade and Investment Negotiations, http://europa. eu/rapid/press-release_IP - 15 - 5651_en. htm, last visited on 16 September 2015.

[4] Stephan Schill, the TTIP Negotiations: US versus EU Leadership in Global Investment Governance, http://kluwerarbitrationblog. com/2016/03/05/the-ttip-negotiations-us-versus-eu-leadership-in-global-investment-governance/, last visited on 5 March 2016.

[5] 《欧新自贸协定》,第9.33条第1段第3款。

[6] Council of the European Union, Directives for the Negotiation on the Transatlantic Trade and Investment Partnership between the European Union and the United States of America, Brussels, http://data. consilium. europa. eu/doc/document/ST - 11103 - 2013 - DCL - 1/en/pdf, last visited on 9 October 2014.

体现出公众在这一问题上模棱两可的态度。不少公众认为，上诉机制的优势在于它有助于保证更高程度的一致性，从而保证法律的确定性，但它同时会增加成本以及造成程序上的拖延，有的受访者甚至认为上诉机制会严重损害裁决的一裁终局的性质，从而在根本上损害国际仲裁机制。一些受访者也进一步考虑了一些具体问题，比如上诉机制应当在多边层面设立，或可以采取设立国际法庭的形式，或设立一个可以适用于所有双边投资协定的“一般上诉机制”。上诉机制也应当考虑仲裁员的独立性以及仲裁员应当由固定人员组成。至于上诉审查的范围，多数受访者认为不应当涵盖所有的法律和事实问题，而应仅限于法律问题。[1]

在吸收公众反馈的基础上欧委会做出了更大的动作。2015 年 5 月欧委会公布了一份政策建议书呼吁建立国际投资仲裁机构裁决外国投资者和东道国政府的争端，以化解欧美在谈判中关于投资争端解决机制的分歧。欧盟贸易委员马尔姆斯特伦还指出欧盟应致力于创建一个常设投资争端解决机构和上诉机制。[2] 上诉机制可首先在双边基础上设立，并对仲裁裁决中的法律错误以及严重的事实认定错误进行审核，从而保证条约解释方面的一致性，并从实体和程序上维护 ISDS 机制的合法性。双边上诉机制的设立可以借鉴世界贸易组织上诉机构和国际法院的经验，设立由 7 位成员组成（缔约双方各任命 2 名，剩余 3 名由非缔约双方国民担任）的常设上诉机构。[3]

在此基础上，欧盟将投资法庭体系的理念进一步融入《跨大西洋协定》投资章节谈判草案，并将其付诸《欧盟—越南自由贸易协定》（以下简称《欧越自贸协定》）、《欧盟—加拿大全面经贸协定》（以下简称《欧加经贸协定》）、《欧新自贸协定》和正在谈判的《欧盟—墨西哥自由贸易协定》（以下简称《欧墨自贸协定》）。2016 年 8 月，欧委会通过了《设立投资争端解决多边投资法庭》的文件，提议欧盟理事会授权欧委会进行设立多边投资法庭的谈判，[4] 并对设立多边投资法庭的背景及目标进行了详细阐释。在 UNCITRAL 组织的有关

---

〔1〕 European Commission, Report of Online Pulbic Consultation on Investment Protection and Investor-to-State Dispute Settlment (ISDS) in the Transatlantic Trade and Investment Partnership Agreement (TTIP), Brussels, 13 January 2015, pp. 24 – 25.

〔2〕 European Commission, Investment in TTIP and beyond-the path for reform, 5 May 2015, p. 6.

〔3〕 Ibid., p. 9.

〔4〕 European Commission, Establishment of a Multilateral Investment Court for Investment Dispute Resolution, http://ec.europa.eu/smart-regulation/roadmaps/docs/2016_trade_024_court_on_investment_en.pdf, last visited on 1 August 2016.

投资争端解决机制改革方案的讨论中,欧盟也在积极推动其投资法庭的倡议。2019 年 1 月,欧委会也向 UNCTIRAL 提交了设立国际投资争端解决常设机制的文件,呼吁建立一个多边层面的包含上诉制度的常设国际投资争端解决机制。

在目前已有的谈判草案或条约中,《欧越自贸协定》在投资法庭体系的规定方面规定较为详细。因此下文将结合《欧越自贸协定》对投资法庭体系作深入分析。

如图 1 和表 1 所示,欧盟从根本上改变了投资仲裁的一裁终局制度,而是采取了两层仲裁庭机制,并以一系列具体制度设计和仲裁员要求保证它能够在实践中切实可行。与《跨大西洋协定》草案中的"投资法庭体系"不同,《欧越自贸协定》采用了"投资仲裁庭体系"(Investment Tribunal System, ITS)的称谓,该体系主要包括仲裁庭和上诉仲裁庭两层机制。《欧越自贸协定》规定在协定生效后,贸易委员会应指定 9 名成员组成仲裁庭,其中 3 名成员应是欧盟成员国国民,3 名成员是越南国民,3 名成员是第三国国民。欧盟和越南也可以指定具有其他国籍的 3 名成员,但为了条约的目的,这 3 名成员也会被视作具有选择国的国籍。贸易委员会也可以决定以 3 的倍数增加或减少仲裁庭成员,其任命程序与 9 名成员相同。仲裁庭成员需满足司法职位任职资格,需是国际公法领域的专家,如果还有国际投资法等领域专业知识更好。成员任期 4 年,可以连任一

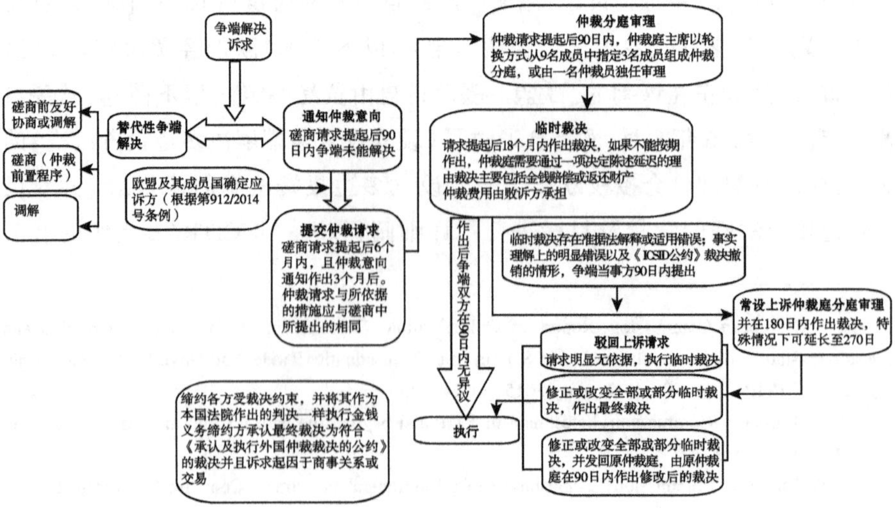

图 1　欧盟投资法庭流程

次,不过条约生效后组建的仲裁庭中有 5 名成员的任期可增加至 6 年。如果新的成员被任命替代现有的成员,新成员需要先完成被替代成员的任期后才开始新的任期。倘若参与仲裁案件的成员任期到期后仲裁案件尚未结束,该成员应当继续审理该仲裁案件直到仲裁程序终结。[1]

表 1　仲裁庭组成及任职要求

仲裁庭	TTIP 草案	《欧越自贸协定》	《欧加经贸协定》	《欧新自贸协定》	《欧墨自贸协定》
初审仲裁庭	非常设;15 名成员,一般任期 6 年,可连任一次;成员需满足司法职位任职资格,需是国际公法领域的专家,如果还有国际投资法等领域专业知识更好;聘用费由委员会确定(建议 2000 欧元)	非常设;9 名成员,一般任期 4 年,可连任一次;成员需满足司法职位任职资格,需是国际公法领域的专家,如果还有国际投资法等领域专业知识更好;聘用费由贸易委员会确定	非常设;15 名成员,一般任期 5 年,可连任一次;成员需满足司法职位任职资格,需是国际公法领域的专家,如果还有国际投资法等领域专业知识更好;聘用费由共同委员会确定	非常设;6 名成员,一般任期 8 年,未规定是否可以连任;成员需满足司法职位任职资格,需是国际公法领域的专家,如果还有国际投资法、贸易投资争端解决等领域专业知识更好;聘用费由共同委员会确定	非常设;9 名成员,一般任期 5 年;成员需具有国际公法领域的专业知识,需具备国际法院法官的任职资格,或是具有公认能力的法学家,最好具有国际投资法、国际贸易法、国际投资协定或贸易协定争端解决和贸易谈判方面的专门知识
上诉仲裁庭	常设;6 名成员,一般任期 6 年,可连任一次;成员需满足最高司法职位任职资格,需是国际公法领域的专家,如果还有国际投资法等领域专业知识更好;聘用费由委员会确定(建议 7000 欧元)	常设;6 名成员,一般任期 4 年,可连任一次;成员需满足最高司法职位任职资格,需是国际公法领域的专家,如果还有国际投资法等领域专业知识更好;聘用费由贸易委员会确定	成员任职资格与初审仲裁庭成员相同,但成员数量、上诉程序的启动及进行以及成员的聘用费待共同委员会确定(常设;6 名成员,任期 6 年且不能连任;最初选定的 6 名可延长至 9 年)	常设;6 名成员,一般任期 8 年;成员需满足最高司法职位任职资格,需是国际公法领域的专家,如果还有国际投资法、贸易投资争端解决等领域专业知识更好;聘用费由贸易委员会确定	常设;6 名成员,一般任期 5 年;成员需满足国际法院法官任职资格并具有国际公法领域以及投资章节所涵盖事项方面的专业知识,如果有国际贸易法和国际投资贸易协定下的争端解决知识更好

[1] 《欧越自贸协定》投资章节第三部分,第 12 条。

贸易委员会通过抽签和轮换的方式从第三国国民中确定仲裁庭的主席和副主席,主席和副主席任期2年。仲裁庭主席任命3名成员组成仲裁分庭审理具体案件,或者在争端当事方同意下选择1名具有第三国国籍的成员担任独任审判员。为了保证仲裁庭成员能够及时参与仲裁,《欧越自贸协定》规定缔约方应为其按月支付聘任费用,费用由贸易委员会决定。仲裁分庭成员参与仲裁期间的费用则依据《ICSID公约》相关规定另外计算。[1]

仲裁庭作出的裁决被称作临时裁决,临时裁决只能涉及金钱补偿及利息或者返还财产,而不能要求一方承担惩罚性赔偿。临时裁决需要在诉求被提交仲裁后的18个月内作出,如果不能按时作出裁决,仲裁分庭需要通过一项决定说明延迟的理由。如果裁决作出后争端双方没有在90日内向上诉仲裁庭提出上诉,临时裁决就是最终裁决。[2]

倘若争端一方对临时裁决不满,可以在裁决作出后90日内提出上诉。对于可以上诉的理由,除了涵盖《ICSID公约》第52条规定的申请裁决撤销的理由外,欧盟还要求涵盖仲裁庭在解释和适用准据法方面的错误以及仲裁庭在解释相关国内法等事实方面的明显错误。[3]

与初审仲裁庭不同,上诉仲裁庭是常设机构。它的组建程序与初审仲裁庭较为相似,上诉仲裁庭由6名成员组成,成员需满足最高司法职位任职资格,需是国际公法领域的专家,如果还有国际投资法等领域专业知识更好。贸易委员会以抽签方式确定主席和副主席,再由主席确定上诉仲裁庭分庭的3名成员。[4] 上诉仲裁分庭需要在收到争端一方提出的上诉决定之日起180日内作出裁决,倘若不能按期作出,则需要以书面形式向争端方说明原因并说明预计可以作出裁决的时间,但是无论如何这一时间不能超过270日。争端一方在提出上诉请求时需要提供担保。上诉仲裁分庭可以驳回没有根据的请求。如果上诉有充分理由,上诉仲裁分庭应当对临时裁决中的法律认定和结论进行全面或部分修正或推翻,并应准确列举出如何修正或推翻临时裁决。在事实允许的情况下,上诉仲裁分庭可以直接对案件事实作出新的认定和结论,并作出最终裁决。

---

[1] 《欧越自贸协定》投资章节第三部分,第12条。

[2] 《欧越自贸协定》投资章节第三部分,第27条。

[3] 《欧越自贸协定》投资章节第三部分,第28条。

[4] 《欧越自贸协定》投资章节第三部分,第13条。

如果案件事实不允许,上诉仲裁分庭应当将案件发回原仲裁庭。[1] 原仲裁庭应当在收到上诉仲裁庭报告后的 90 日内修改临时裁决。修改后的临时裁决在作出 90 日后成为最终裁决。[2]

为了保证仲裁庭成员的公正性和独立性,《欧越自贸协定》还通过设定道德条款和行为准则条款对仲裁庭成员加以约束。[3]

三、投资法庭体系的特点

(一)改变了现有的国际投资仲裁制度设计

虽然《欧越自贸协定》和《欧加经贸协定》并没有使用欧盟《跨大西洋协定》投资章节谈判草案中提到的"法院"和"法官"的称谓,而仍沿用"仲裁"一词,但无论是从形式上还是从内容上,欧盟倡议的投资法庭体系都改变了现有的国际投资仲裁制度设计。上诉机制改变了以往一裁终局的设定,上诉审查的范围也比现有的《ICSID 公约》中规定的可申请撤销裁决的范围更加宽泛。尤为明显的是,在投资法庭体系下,外国投资者不再享有任命仲裁员的权利,这是对现有投资仲裁制度最大的改变。在负责起草《国际常设法院公约》的法学家咨询委员会看来,仲裁作为解决国际争议的一种司法方式,其区别于其他司法程序的三个特征主要体现为:争端所涉各方可以任命仲裁员,争端方可以选择确定仲裁庭作出认定所依据的原则,以及具有自愿管辖权的性质。[4] 允许当事方任命仲裁员也被看作保证投资仲裁合法性的一个重要因素,而且对诸多仲裁规则的考查也证明当事方任命仲裁员已经成为一项普遍的法律原则。[5] 从这个角度审视欧盟的提议,可以看出它已经改变了仲裁的既有设定,更像是一种司法解决方式。

(二)ISDS 的公法属性

目前的投资仲裁机制在很大程度上借鉴了国际商事仲裁制度,不少参与投

---

〔1〕《欧越自贸协定》投资章节第三部分,第 28 条。

〔2〕《欧越自贸协定》投资章节第三部分,第 29 条。

〔3〕《欧越自贸协定》投资章节第三部分,第 14 条;投资章节,附录Ⅱ。

〔4〕 Advisory committee of jurists, documents presented to existing plans for the establishment of a permanent court of international justice, 1920, p. 113.

〔5〕 Charles N. Brower and Charles B. Rosenberg, *The Death of the Two-Headed Nightingale: Why the Paulsson—van den Berg Presumption that Party-Appointed Arbitrators are Untrustworthy is Wrongheaded*, 2013, 29(1): 7-44.

资仲裁的仲裁员也只具有商事仲裁的背景,[1]因此在审理案件时,国际商事仲裁常常被当作处理投资仲裁案件的“默认的模板”,并将商事仲裁中的原则应用于投资仲裁中。[2] 有学者曾尖锐地批评了国际投资争端解决中心仲裁员明显的商业倾向性,认为他们“关注合同神圣要多于对国际共同体的关注,通过表现对商业笃信及对跨国企业的忠诚以确保能再次获得任命”。[3] 然而国际投资仲裁在很多方面都与商事仲裁制度不同,商事仲裁庭解决争端的权力源于争端双方共同达成的协定,仲裁事项通常不会涉及第三人的利益,也很少会对国家利益产生影响。但在国际投资仲裁语境下,一国对于投资仲裁的同意除了可以通过投资合同作出外,也可以通过国内法和双边投资协定作出。这使投资仲裁的“触角”可以触及国内的劳动法、环境保护法、财产法和司法管理活动等多个领域,[4]多数情况下,外国投资者所针对的也都是东道国采取的保护健康和环境等规制措施,因此 ISDS 机制不可避免地具有公法属性。正因如此,欧盟在设计投资法庭体系时才着重指出它需要能够体现国内司法体系的一些特征:设立上诉机制使其更能体现公正;要求相关文件和信息公开使其更加透明;允许第三方参与和“法庭之友”使其更加民主;在选任仲裁员方面首先考虑国际公法领域的专家。

(三)进一步限制了可以提交仲裁的争端的范围

为了回应公众的质疑,投资法庭体系也对可以提起诉请的投资争议的范围作了进一步限制。以《欧越自贸协定》为例,在规定可以提交仲裁的诉求方面,条约规定了积极要件与消极要件。一方面,只有针对东道国违反条约中的投资保护章节以及准入后的国民待遇和最惠国待遇的行为的诉求方可以提交仲裁。这样的范围比美国 2012 年投资协定范本中的规定还要有限。后者并不区分投资的准入前阶段和准入后阶段,东道国违反了准入前国民待遇和最惠国待遇的

---

〔1〕 Anthea Roberts, Power and Persuasion in Investment Treaty Interpretation: The Dual Role of States, *American Journal of International Law*, 2010, 104(2): 179 – 225, p. 207, note 134.

〔2〕 Barton Legum, Investment Treaty Arbitration's Contribution to International Commercial Arbitration, *Dispute Resolution Journal*, 2005, 60(3): 70 – 74, p. 73.

〔3〕 M. Sornarajah, The Clash of Globalizations and the International Law on Foreign Investment, the Simon Reisman Lecture in International Trade Policy, *Canadian Foreign Policy*, 2003, 10(2): 2 – 10.

〔4〕 张生:《国际投资仲裁中条约解释方面的问题及其完善对策》,载《国际经济法学刊》2014年第1期。

行为同样可以引发仲裁。[1] 同时,美国投资协定范本规定了东道国违反投资授权或投资协议时外国投资者也可以提起仲裁,欧盟虽未在投资者的诉求条款中直接提及投资授权或协议,但是却在公平与公正待遇条款部分对东道国与投资者的书面协议规定了很多限制条件,包括书面协议需要在协定生效后签订、投资者依赖书面协议作出投资决定、书面协议创设了双方的权利和义务以及书面协议不包含通过国际仲裁解决双方间争议的规定。[2] 这样的条件实际上极大限制了投资者可以依赖投资协议提起仲裁的可能。另一方面,《欧越自贸协定》规定如果诉求存在虚假陈述、隐瞒或者其他滥用程序的行为则不允许提交。[3]

除此之外,投资法庭体系还规定磋商是提起仲裁请求的前置程序。如果未能友好解决纠纷,外国投资者可以向东道国提出磋商请求。倘若在磋商请求提交后 90 日内争端未能得到解决,投资者可以将其仲裁意向通知东道国,但此时并不意味着投资者可以立刻提起仲裁。只有当磋商请求提出后 6 个月内而且仲裁意向通知作出至少 3 个月后争端仍未解决时,投资者才可以提交诉请。为了避免出现"诉讼偷袭"的情况,《欧越自贸协定》还规定了投资者提交仲裁的诉请所基于的措施需要与磋商时指出的措施保持一致。[4]

(四)更高的透明度要求

在《联合国贸易法委员会投资人与国家间基于条约仲裁透明度规则》的基础上,投资法庭体系在透明度方面提出了更高的要求。比如,在文件公布方面,除了《联合国贸易法委员会投资人与国家间基于条约仲裁透明度规则》第 3 条第 1 款列举的文件,《欧越自贸协定》还要求外国投资者的磋商请求,欧盟及其成员国关于被诉方的决定以及合并仲裁的请求等都要予以及时公开。[5]

(五)注重效率和对中小企业的保护

为了保证仲裁的效率,除了规定合并审理外,《欧越自贸协定》也列举了仲裁庭应当拒绝行使管辖权的几种情形。例如,当投资者在获得投资控制权时争端就已发生或已经有较大可能预见到争端会发生,[6]或者外国投资者的请求作

---

[1] 美国 2012 年投资协定范本第 24 条。
[2] 《欧越自贸协定》投资章节第二部分,第 14 条第 5 款。
[3] 《欧越自贸协定》投资章节第三部分,第 1 条。
[4] 《欧越自贸协定》投资章节第三部分,第 7 条。
[5] 《欧越自贸协定》投资章节第三部分,第 20 条。
[6] 《欧越自贸协定》投资章节第三部分,第 17 条。

为一项法律事实没有依据等。[1] 不少规定也体现出对中小企业的关照,如允许仲裁庭采用独任仲裁员审理案件。[2] 中小企业提出磋商时,可以采用视频会议或者其他便利的形式。[3]

四、投资法庭体系存在的问题

投资法庭体系相较于现有的投资仲裁机制有较大突破,但是两审制的设计虽能保证一定程度的公正性,在效率性方面却大打折扣。特别是在目前投资协定实体内容日益完善,仲裁程序设计更加合理的背景下,二审程序显得耗时耗力。此外,投资法庭体系在其可行性和裁决的承认与执行方面仍有待完善之处,同时,如果不能妥善处理好其与欧盟法院的关系,也会大大影响其实施效果。

(一)投资法庭体系裁决的承认与执行问题

虽然包含两级仲裁的投资法庭体系不同于现有的国际投资仲裁制度,但是在仲裁规则设计方面,投资法庭体系有不少地方都依赖《ICSID 公约》和其他现有的仲裁规则。特别是在裁决的执行方面,《欧越自贸协定》和《欧加经贸协定》都规定了如果仲裁请求依据《ICSID 公约》提起,最终裁决应当被视作该公约下的裁决。言外之意就是缔约国及其他《ICSID 公约》成员国应承认裁决的约束力,并在其领土内履行该裁决所加的财政义务,正如该裁决是该国法院的最终判决一样。但是投资仲裁体系对《ICSID 公约》作出了较多的修改,如不允许外国投资者选择仲裁员。《维也纳条约法公约》(Vienna Convention on Law of Treaties,VCLT)第 41 条虽允许当事国间修改多边条约,但条件是条约内规定有此种修改的可能,或者有关修改非为条约所禁止并且不影响其他当事国享有条约之上权利或履行其义务,也不会违背条约的目的和宗旨。对于《ICSID 公约》的目的和宗旨,《ICSID 公约》在序言中规定"特别重视提供国际调解或仲裁的便利,各缔约国和其他缔约国国民如果有此要求可以将此种争端交付国际调解或仲裁"。前已提及,允许当事方选择仲裁员是仲裁区别于司法的重要因素,投资法庭体系的这一改变可能意味着它不再具有仲裁的明显特征而更像是法院等司法机构。这样的调整会在缔约双方间具有约束力,但是却有可能因为不符合

---

[1] 《欧越自贸协定》投资章节第三部分,第 19 条。

[2] 《欧越自贸协定》投资章节第三部分,第 12 条第 9 款。

[3] 《欧越自贸协定》投资章节第三部分,第 4 条第 3 款。

《ICSID 公约》的目的和宗旨而不被第三国所接受。同样受影响的也包括《纽约公约》框架下裁决的承认与执行。欧盟在条约中同样要求投资法庭体系下的裁决应当被看作仲裁裁决,并且是关乎因商事关系或交易而引起的请求。然而这样的规定是否为《承认及执行外国仲裁裁决的公约》(以下简称《纽约公约》)的其他成员所接受也存疑。在投资法庭体系之前,国际社会也存在类似仲裁员选定规则的解决纠纷的机制,如美伊求偿仲裁法庭,它的仲裁庭小组也是由仲裁庭主席确定。虽然美国政府通过国内法院判决认为美伊求偿仲裁法庭的判决是符合《纽约公约》的仲裁裁决,[1]但也有学者指出如果依照其他国家,如荷兰的国内法来判定的话,荷兰法院很可能会拒绝认可此类仲裁程序的合法性。[2]

(二)仲裁员的独立性问题

国际社会对投资仲裁制度的质疑之一便是仲裁庭在解释投资协定时常常作出有利于保护投资者的认定。正是仲裁庭这样明显的倾向引发了一些学者对国际投资仲裁机制的猛烈批判,他们还自发起草了一份《关于国际投资体制的公共声明》,声明指出在许多案件中仲裁员对投资协定的解释将保护财产和跨国公司的经济利益置于国家的管理权和民族自决权之上。在解释外国投资者的国籍、征收、最惠国待遇、非歧视以及公平与公正待遇(Fair Equitable Treatment, FET)等条约条款时,有的仲裁庭以牺牲国家、政府以及他们所服务的公民的利益为代价,作出过度有利于外国投资者的解释,严重影响了国际法旨在维护的保护外国投资者与维护公共利益之间的平衡。[3] 可能基于这样的考虑,投资法庭体系并没有规定投资者可以选择仲裁员,而是采用仲裁庭主席事先确定仲裁分庭成员的方式。这样的规定可能会避免仲裁员过分考虑投资者的利益保护,不过也有一些学者认为它会导致缔约国只选择那些具有保护国家倾向的人担任仲裁员,特别考虑到这些人的固定薪酬是由缔约国支付的。[4] 对于仲

---

〔1〕 *Ministry of Defense of Islamic Republic of Iran* v. *Gould*, Inc., 887 F. 2d 1357 (9th Cir. 1989).

〔2〕 *Mark Dallal* v. *Bank Mellat*, [1986] 1 Q. B. 441, 2 W. L. R. 745, 1 All E. R. 239, noted in David D. Caron, The Nature of the Iran-United States Claims Tribunal and the Evolving Structure of Internaitonal Dispute Resolution, *American Journal of Internaitonal Law*, 1990, 84(1): 104 - 156, p. 106.

〔3〕 York Univeristy, Osgoode Hall Law School, *Public Statement on the International Invesmtent Regime*, 31 August 2010.

〔4〕 European Federation for Investment Law and Arbitration, *Task Force Paper Regarding the Proposed Internaitonal Court System* (*ICS*), 1 February 2016, p. 3.

裁员独立性的另一个质疑涉及仲裁员在具体案件中的任职资格问题。在投资法庭体系下,如果争端一方认为仲裁分庭成员与案件有利益冲突,但该成员并未选择退出的话,需要由仲裁庭主席就此作出决定。然而事实上,仲裁分庭成员都是事前由仲裁庭主席确定的。这种规定的合理性和有效性同样值得怀疑。

(三)投资法庭体系的具体建构仍有待完善

虽然欧委会已经将投资法庭体系运用于自由贸易协定的实践,但是目前它仍有不少待完善的地方。如表1所示,在初审仲裁庭和上诉仲裁庭成员的数量以及薪酬方面,《跨大西洋协定》投资章节谈判草案、《欧越自贸协定》、《欧加经贸协定》、《欧新自贸协定》和《欧墨自贸协定》的差别都比较大。特别是《欧加经贸协定》规定不少问题都由贸易委员会再行确定。同时,投资法庭体系也没有形成自己的仲裁规则。因此相比较目前运行比较好的国际投资争端解决中心仲裁和临时仲裁,投资法庭体系的具体建构仍有待完善。有的学者也指出相比较国际投资仲裁,投资法庭体系也会面临不少一致性、合理化、谈判、批准、设立、运营和财政方面的问题。[1] 更有联合国专家指出投资法庭体系并不意味着国际投资争端解决机制,特别是仲裁机制的消亡;恰恰相反,它仍然保留着投资仲裁制度的很多根本缺陷。[2]

(四)投资法庭体系面临着欧盟内外的反对与质疑

投资法庭体系甫一提出,就遭到了德国法官协会的反对。该协会认为欧盟没有设立投资法庭的立法权限,该体系不能保证法官的独立性,同时在东道国国内法院已经可以为外国投资者提供足够保护的前提下,投资法庭的建立也没有必要。[3]

外部层面,该倡议也遭到了日本等国的反对。日本目前仍是国际投资仲裁

---

〔1〕 Stephen Schwebel, *the Proposals of the European Commission for Investment Protection and an Investment Court System*, http://isdsblog.com/wp-content/uploads/sites/2/2016/05/THEPROPOSALSOFTHEEUROPEANCOMMISSION.pdf, last visited on 17 May 2016.

〔2〕 UN Human Rights Office of the High Commissioner, *Investor-State dispute settlement undermines rule of law and democracy*, UN expert tells Council of Europe, https://www.ohchr.org/en/NewsEvents/Pages/DisplayNews.aspx? NewsID=19839&LangID=E, last visited on 19 April 2019.

〔3〕 Juergen Mark, German Association of Judges on the TTIP Proposal of the European Commission, *Global Arbitration News*, 21 March 2016.

机制坚定的拥护者。[1] 在与日本进行经济伙伴协定谈判时,欧盟曾试图说服日本接受该倡议,但是最终达成的文本并未包含投资法庭的相关内容。此外,投资法庭体系是以欧盟与美国的《跨大西洋协定》为背景提出的,对于欧盟的这一提议,美国的态度也不积极。在参与《跨太平洋伙伴关系协定》(Trans-Pacific Partnership Agreement,TPPA,也称 TPP)谈判时,美国仍在积极推行现有的国际投资仲裁制度。美国贸易代表迈克尔·弗罗曼也曾表示,迄今为止以美国为被告的投资仲裁案件并不多,而且美国从未输过一场“官司”,因此他并不想美国公司在仲裁结束后仍有可能需要再走一个仲裁程序。[2] 虽然在 2002 年前后美国曾寻求在与智利和新加坡的自由贸易协定中设立上诉机制,但是当时主要是考虑到美国正因 Loewen 案和 Mathanex 案生活在对《北美自由贸易协定》的恐惧中,如今美国在面临投资仲裁请求方面保持不败良好纪录也使这一担忧变得没有意义。[3] 同时,2018 年签署的《美墨加协定》也表明美国在投资仲裁方面的立场正变得更加保守,《美墨加协定》中没有针对美国与加拿大之间的投资争议设置投资仲裁就是例证。[4] 倘若没有美国和日本等国的支持,投资法庭体系的实施效果也会大打折扣。

五、我国在中欧双边投资协定谈判中的立场选择

中欧投资协定谈判于 2014 年启动,截至 2019 年 7 月,双方已经进行了 22 轮谈判。2019 年 4 月,中欧发布《第二十一次中国—欧盟领导人会晤联合声明》,称“双方承诺 2019 年将在谈判中,特别是投资自由化承诺方面,取得结束谈判所必需的决定性进展,以便在 2020 年达成高水平的中欧投资协定”。

在 2016 年 9 月举行的第十二轮谈判中,双方已经就投资争端解决问题展开

---

〔1〕 Yuka Fukunaga, ISDS Under the CPTPP and Beyond: Japanese Perspectives, *Kluwer Arbitration Blog*, http://arbitrationblog.kluwerarbitration.com/2018/05/30/isds-cptpp-beyond-japanese-perspectives/, last visited on 30 May 2018.

〔2〕 Reuters, U.S. wary of EU proposal for investment court in trade pact, http://www.reuters.com/article/us-trade-ttip-idUSKCN0SN2LH20151029, last visited on 29 October 2015.

〔3〕 Thomas W. Walsh, Substantive Review of ICSID Awards: Is the Desire for Accuracy Sufficient to Compromise Finality?, *Berkeley Journal of International Law*, 2006, 24(2): 444-462, 461.

〔4〕 张生:《从〈北美自由贸易协定〉到〈美墨加协定〉:国际投资法制的新发展与中国的因应》,载《中南大学学报》(社会科学版)2019 年第 4 期。

了磋商,并讨论了如何改造既有的国际投资仲裁制度。[1] 在第十七轮谈判中,双方就争端解决机制交换了文本。虽然目前相关谈判的细节尚未公开,但我们可以从中欧向 UNCITRAL 提交的对于 ISDS 机制改革的态度中发现双方的立场。

2019 年 7 月,我国政府向 UNCITRAL 第三工作组提交了投资人与国家间争端解决制度可能的改革的意见书。在这份意见书中,我国政府认为目前的争端解决机制存在缺乏合适的纠错机制、仲裁裁决缺乏稳定性与可预期性、仲裁员的专业性与独立性受到质疑、第三方资助影响当事方权利平衡以及仲裁期限冗长和成本昂贵等问题,ISDS 的改革应当弥补现行投资争端解决机制的主要缺陷,促进国际投资领域的法治化进程。改革方案也应在维护东道国合法监管权和投资者权益之间保持平衡。在这样的立场下,我国政府认为 ISDS 改革需要考虑常设上诉机制、保留当事方指定仲裁员的权利、完善仲裁员的遴选和回避规则以增加透明度和合理性、积极探索建立更加有效的投资调解机制、纳入仲裁前磋商程序以及针对第三方资助规定透明度纪律。

相较欧盟的投资法庭体系,我国同样也主张设立常设上诉机制,也同样关注仲裁员利益冲突、第三方资助以及替代性争端解决方式。但不同的是,我国仍主张保留外国投资者指定仲裁员的权利。这样的设定保留了仲裁最基本的特征,也避免了投资法庭体系下的裁决不会被认定为仲裁裁决从而难以依据《纽约公约》获得承认与执行的风险。可以考虑由投资协定缔约双方共同设立投资委员会,再由投资委员会根据投资协定的要求拟定待选仲裁员名单。具体案件的审理由争端当事人选定的 3 名仲裁员组成的仲裁分庭负责。仲裁员也要满足道德和行为准则方面的要求。此外,为了保证裁决的一致性和公正性,投资协定应要求仲裁庭成员定期就条约、程序和实践等事项展开讨论。仲裁分庭在作出裁决前,需要和其他仲裁庭成员就裁决交换意见。

此外,笔者认为在常设上诉机制的基础上,应考虑对当事人可以上诉的范围进行限制,如规定其只审查法律问题。主要的考虑有两方面:一方面,上诉会带来涉案当事方时间与成本的增加,进一步加重当事方的负担;另一方面,现有的

---

[1] European Commission, EU-China Investment Agreement: Report of the 12th Round of negotiations, Brussels 26 – 30 September 2016, http://trade.ec.europa.eu/doclib/docs/2016/october/tradoc_155061.pdf, last visited on 27 October 2016.

投资协定在实体内容上已愈加完善。UNCTAD 的报告表明大多数投资仲裁案件所涉及的投资协定缔结于 20 世纪 90 年代或更早的时间。[1] 而如今的投资协定针对投资仲裁中容易产生分歧的问题，如最惠国待遇是否适用于程序事项，以及投资者的合法期待是不是公平与公正待遇的核心要素等问题，越来越多的投资协定都有了明确规定。ICSID 裁决撤销制度的实践也表明，撤销申请所涉及的投资协定在内容规定上往往都十分简单。截至 2016 年 5 月，依照《ICSID 公约》登记的仲裁请求有 505 个，裁决撤销请求有 90 个，[2] 但是撤销请求获得支持的案件只有 15 个，[3] 而其中仅有 5 个案件的请求获得全部支持。[4] 在这 15 个案件中，除了 Amco 诉印度尼西亚，Klöckner 诉喀麦隆和 MINE 诉几内亚这 3 个案件是根据投资合同提起仲裁外，其余都是根据双边投资协定或自由贸易协定提起的，但其中只有 TECO 诉危地马拉一案所依据的 2005 年《中美洲自由贸易协定》在形式和内容上借鉴了《北美自由贸易协定》和美国 2004 年投资协定范本，在实体和程序规定方面较为完善。其余案件所涉及的 9 个投资协定在内容上都十分简单，[5] 这给了仲裁庭较大的自由裁量权。随着全球投资协定进入 2.0 时代，[6] 条约内容在实体和程序上的完善，能够为仲裁庭提供更加详细明确的指引，可以在很大程度上保证仲裁庭裁决的公正性。投资争端解决国际中心的报告也显示近年来提起撤销请求的案件相比较已登记案件的比例正在不断减少。[7] 因此可以借鉴 WTO 上诉机构的运作经验，规定上诉机制只审查与仲裁裁决有关的法律问题。实际上，我国已经在现有的缔约实践中做了此类尝试。如 2015 年中国与澳大利亚所签署的自贸协定的投资章节就包含了“上诉审查”的条

---

〔1〕 UNCTAD，Review of ISDS Decisions in 2018：Selected IIA Reform Issues，July 2019.

〔2〕 有 3 个案件提起了两次撤销请求，因此实际上涉及撤销程序的案件有 87 个。See ICSID，Updated Background Paper on Annulment for the Administrative Council of ISID，5 May 2016，p. 10.

〔3〕 Ibid.，p. 30.

〔4〕 Ibid.，p. 24.

〔5〕 这 9 个投资协定包括：1981 年《马来西亚—英国投资协定》、1984 年《刚果民主共和国—美国投资协定》、1991 年《阿根廷—法国投资协定》、1991 年《阿根廷—美国投资协定》、1991 年《阿根廷—西班牙投资协定》、1991 年《智利—西班牙投资协定》、1993 年《厄瓜多尔—美国投资协定》、1997 年《德国—菲律宾投资协定》和 1999 年《丹麦—埃及投资协定》。

〔6〕 Wenhua Shan and Sheng Zhang，Market Access Provisions in the Potential EU Model BIT：Toward a “Global Model BIT 2.0”?，*Journal of World Investment and Trade*，2014，15(3)：422 - 453.

〔7〕 在 1971 ~ 2000 年，撤销请求案件占所有登记案件的 13%，在 2001 ~ 2010 年这一比例降至了 8%，自 2011 年以来，该比例已经降至 3%。See ICSID，Updated Background Paper on Annulment for the Administrative Council of ISID，5 May 2016，p. 30.

款,规定自该协定生效之日起3年内,双方应启动谈判,以期建立上诉审查机制,审查投资仲裁裁决。此上诉机制将审理有关法律问题的上诉。

六、小结

中国是目前世界上签署双边投资协定第二多的国家。近年来随着经济实力的提升,中国也已成为推动国际投资法发展的领导者。[1] 中欧双边投资协定谈判不仅会对中欧双方产生重要影响,而且也会对未来的国际投资法制发展有重要贡献。中国在投资法庭体系问题上的立场不仅体现出中欧双方在具体问题上的交锋,也决定了未来国际投资治理的话语权。特别是目前各国尚未在投资争端解决机制改革方面达成一致立场的背景下,中国在投资协定方面的立场更值得关注。考虑到目前的投资法庭体系在理论上存在很多问题,实践中也难以开展,我国应积极利用这一契机,倡议设立中国版本的国际投资法庭,并积极在多边层面推动这一规则,引领投资规则体系的制度升级。

---

〔1〕 WANG Guiguo, China's Practice in International Investment Law: From Participation to Leadership in the World Economy, *Yale Journal of International Law*, 2009, 34(2): 575 - 587.

第二章 从《北美自由贸易协定》到《美墨加协定》:国际投资法制的新发展*

2018 年 9 月 30 日美国、墨西哥和加拿大就 NAFTA 的重新谈判达成一致,并将新的协定命名为《美墨加协定》。作为美国第一个进行重新谈判的自由贸易协定,USMCA 在协定理念、目标和具体内容方面,都体现出与 NAFTA 很大的不同,也反映出特朗普一直主张的"美国优先"的理念。在投资章节设计上,USMCA 对投资保护和投资争端解决也作出了大幅的调整。在国际投资法制正面临大变革的背景下,这样的改变增加了国际投资仲裁制度改革的不确定。虽然 USMCA 只约束美国、墨西哥和加拿大,但其中关于"非市场经济体"的规定也会涉及中国,因此 USMCA 在投资章节上的变化值得我们关注。

本章重点关注 USMCA 投资章节的具体内容,在分析了 USMCA 的谈判背景后,重点关注与 NAFTA 相比,USMCA 在投资保护和投资争端解决机制方面作出的改变。在此基础上探讨它对国际投资法制发展的影响,并结合我国的国际投资缔约实践讨论中国的因应。

一、USMCA 投资章节的谈判背景

NAFTA 在 1989 年生效的《美国—加拿大自由贸易协定》基础上发展而来,它于 1994 年 1 月 1 日生效。在 NAFTA 的影响下,美国、墨西哥和加拿大之间形成了世界上最大的自由贸易区。在 1993 ~ 2017 年的二十多年,NAFTA 促进了三国间的经济增长和就业,使三国的贸易额翻了两番,达到 1.17 万亿美元。[1] 不过在时任美国总统特朗普看来,NAFTA 是美国历史上最差的贸易协定,它使很多企业选择去劳动力更便宜的墨西哥投资,从而导致美国大量制造业岗位的

---

* 本章原以《从〈北美自由贸易协定〉到〈美墨加协定〉:国际投资法制的新发展与中国的因应》为题发表于《中南大学学报》(社会科学版)2019 年第 4 期。本章较原文有删减。

[1] Kimberly Amadeo, *Six Advantages of NAFTA*, *The Balance*, https://www.thebalance.com/advantages-of-nafta-3306271, last visited on 9 October 2018.

流失。[1] 特朗普当选总统后,重谈 NAFTA 也成为他在贸易政策方面的重要议题。谈判于 2017 年 4 月启动,然而进展并非一切顺利,为了推动墨西哥和加拿大尽快达成协议,特朗普仍然采用他惯用的"以进为退"策略,也即通过威胁退出 NAFTA 的方式迫使双方重新回到谈判桌,[2] 最终推动 USMCA 于 2018 年 10 月获得签署。

(一) NAFTA 下缔约方的投资仲裁实践

NAFTA 签署后,在比较长的一段时间里,NAFTA 都是双边投资协定外投资者据以提起投资仲裁最多的国际投资协定,直到 2014 年被《能源宪章条约》取代。[3]

截至 2018 年 10 月,依据 NAFTA 提起的投资仲裁案件一共有 62 起,其中以美国为"被告"的案件有 26 起,以墨西哥为"被告"的案件为 19 起,以加拿大为"被告"的案件为 17 起。多数案件都是由美国投资者(43 起)和加拿大投资者(18 起)提起的。墨西哥提起的投资仲裁案件仅有 1 起。

在已经审结的投资仲裁案件中,美国的胜诉率为 100%,加拿大的胜诉率为 66.7%,墨西哥的胜诉率为 61.5%。由此可见,多数仲裁案件的最终结果都有利于东道国政府。

(二) 美国就 NAFTA 投资章节进行重新谈判的目标

2017 年 7 月,美国贸易代表办公室(United States Trade Representative, USTR)公布了美国就 NAFTA 进行重新谈判的政策目标。[4] 关于投资章节,USTR 指出美国的目标是确保美国投资者在其他成员国进行投资时能拥有与美

---

[1] 但不少美国研究机构的报告指出将美国就业机会的流失都归因于 NAFTA 有点牵强。如 2014 年美国彼得森国际经济研究所的一份研究报告中指出美国工人失业率中最多有 5% 是因墨西哥进口引起的。See Gary Clyde Hufbauer, Cathleen Cimino and Tyler Moran, NAFTA at 20: Misleading Charges and Positive Achievements, *Peterson Institute for International Economics*, https://piie.com/publications/pb/pb14-13.pdf, last visited on May 2014. 美国国会发布的一份无党派报告也指出 NAFTA 并没有造成批评者所担心的很高的失业率。See M. Angeles Villarreal and Ian F. Fergusson, The North American Free Trade Agreement (NAFTA), *Congress Research Service Report*, https://fas.org/sgp/crs/row/R42965.pdf, last visited on 24 May 2017.

[2] Bob Woodward, Fear Trump in the White House, Simon and Schuster, 2018, p. 271.

[3] UNCTAD, *World Investment Report* 2015: *Reforming International Investment Governance*, United Nations: New York and Geneva, 2015, p. 114.

[4] Office of the USTR, *Summary of Objectives for the NAFTA Renegotiation*, https://ustr.gov/sites/default/files/files/Press/Releases/NAFTAObjectives.pdf, last visited on 17 July 2017.

国法律原则和实践一致的权利。同时确保外国投资者不能获得比本国投资者更优的权利。此外,美国也要确立能减少或降低美国投资者在其他 NAFTA 成员国投资障碍的规则。[1] 随着谈判的开展,USTR 也根据美国提供的谈判文本进一步调整了目标,并于 2017 年 11 月公开了其更新后的目标文本,[2] 其中一个重要变化就是扩大了投资章节的目标内容。新的文件丰富了投资章节在减少或降低美国投资者在加拿大和墨西哥的投资障碍的具体规则,包括国民待遇,最惠国待遇,禁止对与投资有关的资本转移的限制,禁止强制技术转让和技术本地化等业绩要求,征收应给予符合美国法律原则和实践的充分、及时和有效的补偿和与美国法律原则和实践相符的习惯国际法下的最低待遇标准。目标也重点突出了投资争端解决方面的努力,包括提供有意义的程序来解决投资争议,同时确保维护美国主权和维护强大的美国国内产业;改进解决投资争议的程序,包括确保仲裁员公正和独立行事,允许仲裁员迅速审查和驳回恶意诉讼,并确保投资规则解释的一致性和准确性;确保争端解决听证会向公众开放,并确保所有关键文件以及与诉讼程序有关的问题立即公之于众,同时要建立一种机制,允许企业、工会、非政府组织和公众能在争议解决程序中提交法庭之友意见。[3]

从 USTR 公布的谈判目标可以看出,在投资章节设计方面,美国吸收了以往参与 NAFTA 仲裁案件的实践经验。在投资争端解决方面,美国主要尝试提升争端解决程序的效率性,同时也要进一步提升程序的透明度。

(三)特朗普政府对待国际投资仲裁的态度

尽管特朗普一贯反对全球化,主张“美国优先”,但他的早期政策表明美国对于国际投资仲裁制度仍然持比较支持的态度,美国更多主张该制度需要在效率和透明度等问题上作出完善,而不是废除该制度。[4] 毕竟在美国作为被告的仲裁实践中,外国投资者尚未在任何一起案件中胜诉。不过在启动 NAFTA 的

---

[1] Office of the USTR, Summary of Objectives for the NAFTA Renegotiation, 17 July 2017, p. 9.

[2] Office of the USTR, Summary of Objectives for the NAFTA Renegotiation, November 2017.

[3] Office of the USTR, Summary of Objectives for the NAFTA Renegotiation, November 2017, p. 8.

[4] David Earnest, *The Trump Administration's Current Policy on Investor State Dispute Settlement*, Investment Claims, http://oxia. ouplaw. com/page/trump-ISDS/the-trump-administrations-current-policy-on-investor-state-dispute-settlement, last visited on 24 April 2017.

重新谈判后,美国的态度逐渐发生了转变。2018 年 3 月,美国贸易代表罗伯特·莱特希泽在参加众议院筹款委员会的一次听证会中就公开表达了他对于国际投资仲裁机制的质疑,他指出在某些仲裁案件中,美国都是“险胜”,而且政府对于投资争端解决机制的恐惧,使不少符合美国两党和公众利益的法规都未能实施,他也认为该机制会对国家主权产生不当影响。[1] 他进而指出在谈判中,针对投资争端解决机制,美国将建议引入一种选择加入(opt-in)或选择退出(opt-out)机制,而美国则倾向于选择退出的方式。[2]

相较之下,特朗普本人对待国际投资仲裁的态度要“简单粗暴”些。加拿大横加公司因为与美国政府在石油管道建设项目上的分歧,于 2016 年 1 月依据 NAFTA 提起了针对美国政府的国际投资争端解决中心仲裁,并索赔 150 亿美元。[3] 特朗普则通过其经济顾问威胁横加公司撤诉,否则美国政府不会授予相关许可。最终横加公司撤回了仲裁请求,而特朗普于 2017 年 3 月授予其一项总统许可证,允许其在美国建设输油管线建设项目。[4]

二、USMCA 投资章节的内容变化

与 NAFTA、美国 2012 年投资协定范本和美国曾参与谈判的 TPP 相比,USMCA 的投资章节在投资保护、企业社会责任和争端解决方面都作出了不少改变。

(一)投资保护

在投资定义方面,USMCA 沿袭了美国 2012 年协定范本和 TPP,规定投资涵

---

〔1〕 值得关注的是,USTR 网站上关于 ISDS 的介绍却指出,在美国签署包含 ISDS 机制的贸易协定后,政府的公共利益监管措施有所增加而不是会受到抑制。

〔2〕 Luke Eric Peterson, Trump Administration's top trade official goes on record about ISDS skepticism-confirms that US is looking to opt out of NAFTA Chapter 11, Investment Arbitration Reporter, https://www.iareporter.com/articles/trump-administrations-top-trade-official-goes-on-record-about-isds-skepticism-confirms-that-us-is-looking-to-opt-out-of-nafta-chapter11-arbitration-and-blames-isds-mechanism-for-chilling-regulatio/, last visited on 21 March 2018.

〔3〕 *Trans Canada Corporation and TransCanada PipeLines Limited* v. *United States of America*, ICSID Case No. ARB/16/21.

〔4〕 Damian Paletta and Steven Mufson, Trump says he told aide to threaten Keystone XL pipeline company over arbitration case, The Washington Post, https://www.washingtonpost.com/news/wonk/wp/2017/03/22/trump-says-he-told-aide-to-threaten-keystone-xl-pipeline-company-over-arbitration-case/?utm_term=.453139b1de80, last visited on 22 March 2017.

盖投资者直接或间接拥有或控制的各种财产,同时投资需具有资本或其他资源投入,收益或利润的期待以及风险的承担等特征。不同的是,USMCA 明确排除将司法或行政行为中作出的决定或判决看作投资。在目前的仲裁实践中,仲裁庭在认定司法或行政行为中作出的决定或判决,特别是仲裁裁决,〔1〕是否构成投资方面并不一致。*ATA* v. *Jordan* 一案仲裁庭认为裁决是仲裁庭决定是否存在符合相关条约规定的投资的整个过程的一个方面,同时提起仲裁的权利因其具有与投资有关的财务价值,也构成一项独特的投资。〔2〕但是在 *GEA Group* v. *Ukraine* 一案中,德国公司 GEA Group 执行国际商会一项仲裁裁决的申请遭到了乌克兰当地法院的拒绝,GEA Group 据此提起了投资仲裁。仲裁庭认为尽管仲裁裁决针对产生于投资的权利和义务作出了认定,但并不能据此将仲裁裁决等同于投资本身。仲裁庭进而认为仲裁裁决和投资不同,而且仲裁裁决本身并没有对乌克兰内部的经济活动做出贡献,也就使它无法满足投资协定和《ICSID 公约》第 25 条中关于投资的定义。〔3〕

关于国民待遇和最惠国待遇,USMCA 也参考了 TPP,规定在认定政府是否在"同类情形"下授予待遇时,需要考虑整个情形,包括相关待遇是否基于合法的公共福利目标在投资者之间或投资之间进行区分。〔4〕此外,USMCA 还对于这两种待遇的具体适用作出进一步规定,特别是对于非中央层面的政府而言,判断是否存在歧视待遇要考察同一政府针对不同投资者所采取的措施。〔5〕

关于公平与公正待遇,与美国 2012 年投资协定范本相同,USMCA 同样指出,公平与公正待遇以及完全的保护和安全不要求额外的或超过最低待遇标准的待遇,也不创设额外的实体权利。特别地,USMCA 还进一步指出,不能仅依照缔约一方采取或未采取与投资者期待不一致的行为,就认定该缔约方违反了公平与公正待遇,即使政府作为或不作为的结果造成了投资者的损失。在有的

---

〔1〕 有学者认为不管是从事实上还是从法律上看,仲裁裁决都是法院判决的功能等同物。See Loukas A. Mistelis, Award as an Investment: The Value of an Arbitral Award or the Cost of Non-Enforcement, *ICSID Review*, 2013, 28(1): 64 – 87, p. 64.

〔2〕 *ATA Construction, Industrial and Trading Company* v. *Hashemite Kingdom of Jordan*, ICSID Case No. ARB/08/2, Award, 18 May 2010, para. 117.

〔3〕 *GEA Group Aktiengesellschaft* v. *Ukraine*, ICSID Case No. ARB/08/16, Award, 31 March 2011, para. 162.

〔4〕 Paragraph 4 of Article 14. 4.

〔5〕 Paragraph 3 of Article 14. 3.

仲裁实践中,仲裁庭往往将投资者的期待看作公平与公正待遇的关键因素,[1]甚至 *Saluka v. Czech* 一案仲裁庭认定投资者的合法期待是主导因素。[2]

需要指出的是,尽管投资者的合法期待在认定公平与公正待遇方面不起主要作用,它却与征收有密切联系。USMCA 针对征收的附件 14 – B 规定在逐案认定间接征收是否存在时需要重点考虑政府行为干预投资者明显的和合理的投资期待的程度。

(二)企业社会责任

与 NAFTA 相比,USMCA 引入了企业社会责任条款,[3]要求缔约方鼓励其境内或受其管辖的企业自愿将缔约方认可或支持的企业社会责任的国际公认的标准、指南和原则纳入企业内部政策。这样的规定与 TPP 基本相同,[4]但不同的是,USMCA 进一步明确相关国际公认的标准包括《经济合作与发展组织跨国公司指南》等。这些标准、指南和原则能够就企业在劳工、环境、性别平等、人权、原住民权利和腐败等方面的行为提供指引。不难看出,USMCA 进一步具体化了相关的企业社会责任标准,可以为企业实现相关目标提供更明确的引导。

(三)投资争端解决

USMCA 在投资争端解决方面的文本表明美国并未像莱特希泽所主张的那样选择退出这一机制。实际上,莱特希泽的立场一直遭到美国政界和商界的反对。如美国参议院财政委员会主席欧林 · 哈奇和众议院筹款委员会主席凯文 · 布拉迪(Kevin Patrick Brady)坚持要求美国政府在 USMCA 中继续引入与现有的 NAFTA 第 11 章一样强有力的国际投资仲裁机制,否则新的协定就得不到议会的支持。[5] 与此同时,美国商界也积极展开游说,希望美国能够在谈判中继续保有投资争端解决机制,因为它对于保护美国商界的对外投资,特别

---

〔1〕 Andrew Newcombe and Liuis Paradell, Law and Practice of Investment Treaties: Standards of Treatment, *Kluwer Law International*, 2009, p. 279.

〔2〕 *Saluka Investments B. V.* v. *The Czech Republic*, UNCITRAL, Partial Award, 17 March 2006, para. 302.

〔3〕 Article 14. 17 of USMCA.

〔4〕 Article 9. 17 of TPP.

〔5〕 Inside Trade, Hatch, Brady Warn Lighthizer that His ISDS Approach in NAFTA will Risk Congressional Passage.

是在墨西哥的投资,至关重要。[1] 于是我们可以看到在 USMCA 中,美国和墨西哥之间保留了投资仲裁机制以保护美国在墨西哥近 2000 亿美元的投资。[2] 反倒是一直主张改革投资仲裁制度以确保政府拥有无懈可击的保护公共利益的权力和引入投资法院制度的加拿大,[3] 在做出小范围的保留[遗留投资(legacy investment)和未决诉请(pending claims)]外,选择退出了投资争端解决制度。

1. 遗留投资和未决诉请

针对遗留投资提起的投资仲裁和未决诉请对美国、墨西哥和加拿大都适用。USMCA 将遗留投资界定为缔约一方投资者在 1994 年 1 月 1 日和 NAFTA 终止日之间设立或获得的,并且在 USMCA 生效之日前一直存在的投资。因此类投资产生的争议,投资者可以依据 NAFTA 第 11 章等条款的相关规定提起投资仲裁。[4] 缔约方对于此类争议提交仲裁的同意期限是 3 年。对于针对遗留投资在 3 年期满前已经提起的仲裁,仲裁庭对案件的管辖权不受此 3 年期限的影响,仲裁庭可以继续审理直至案件终结。

对于 NAFTA 生效期间依据 NAFTA 第 11 章 B 节提起的,且正在进行的未决诉请,其程序可以继续进行,仲裁庭对于诉请的管辖权也不受 NAFTA 终止的影响。[5]

2. 美国—墨西哥投资争议

尽管规定了美国和墨西哥之间的投资争议可以提交仲裁,但是 USMCA 仍设置了很多限制条件:一是投资者在提起投资仲裁前应当首先努力通过磋商和

---

〔1〕 Bob Davis, *U. S. Bid to Exit NAFTA Arbitration Panels Draws Ire From Business*, Fox Business, https://www. foxbusiness. com/features/u-s-bid-to-exit-nafta-arbitration-panels-draws-ire-from-businesses, last visited on 22 August 2017.

〔2〕 Carlos Alvarado, 200 *Billion Reasons for Keeping NAFTA*, Kluwer Arbitration Blog, http://arbitrationblog. kluwerarbitration. com/2017/04/26/200-billion-reasons-for-keeping-nafta/, last visited on 26 April 2017.

〔3〕 Rob Howse, Canada's NAFTA Renegotiation Objectives-Including Reform of the Investor-State Dispute Settlement Process, *International Economic Law and Policy Blog*, https://worldtradelaw. typepad. com/ielpblog/2017/08/canadas-nafta-renegotiation-objectives-including-reform-of-the-investor-state-dispute-settlement-pro. html, last visited on 14 August 2017.

〔4〕 USMCA 同时规定如果美国和墨西哥之间的有关投资争议可以依据附件 14 – E《墨西哥—美国间涉及涵盖政府合同的投资争议》解决,那么该条规定将不适用。

〔5〕 Paragraph 5 of Annex 14 – C.

谈判的方式与东道国解决相关争议;[1]二是投资者在提起投资仲裁时,只能主张东道国违反了准入后的国民待遇或最惠国待遇,以及直接征收的相关规定,而且投资者因东道国的此类违反行为遭受了损失;[2]三是限制最惠国待遇条款的适用。投资者不能依据最惠国待遇条款直接援引东道国所签署的其他的国际贸易或投资协定中的争端解决程序或实体义务,而只能考虑东道国政府所实际采取或维持的措施,其中包括东道国为了履行其他国际贸易或投资协定中的实体义务而采取或维持的措施;[3]四是提起仲裁请求前,投资者应当首先将争议提交东道国有管辖权的法院或行政仲裁庭,并获得最终判决,或者从提起诉讼请求之日起已经过去了 30 个月,而且外国投资者应当在知道或者应当知道缔约方违反条约且因此遭受损失之日 4 年之内提出仲裁请求。

在仲裁员方面,USMCA 缩短了指定仲裁员需要等待的期限,它规定如果自请求提交仲裁之日起 75 日(NAFTA 90 日)内仲裁庭还没有组成,应争端当事方请求,ICSID 秘书长有权指定尚未指定的仲裁员。[4] USMCA 要求仲裁员需要遵守《国际律师协会国际仲裁利益冲突指引》的规定,以确保仲裁员能够公正独立仲裁,[5]同时明确规定仲裁员不得在其他未决 USMCA 仲裁案件中担任顾问或者当事人指定的专家或证人。[6]

在具体的仲裁程序上,USMCA 规定仲裁庭应当允许第三方提交法庭之友意见,争端双方可以对此作出回应;[7]确立了针对管辖权异议和明显没有法律依据的抗辩的快速审理程序;[8]要求仲裁庭和争端双方应当尽力快速和有效地推动仲裁程序;[9]同时要求最终裁决作出前,如果争端一方提出请求,仲裁庭应当将拟作裁决发送争端双方征询意见。[10]

USMCA 在提升仲裁程序的透明度方面也作出了不少努力,除了规定公开

---

〔1〕 Article 2 of Annex 14 – D.
〔2〕 Article 3 of Annex 14 – D.
〔3〕 Footnote 22 of Annex 14 – D.
〔4〕 Article 6(3) of Annex 14 – D.
〔5〕 Article 6(5)(a) of Annex 14 – D.
〔6〕 Article 6(5)(c) of Annex 14 – D.
〔7〕 Article 7(3) of Annex 14 – D.
〔8〕 Article 7(4) of Annex 14 – D.
〔9〕 Article 7(10) of Annex 14 – D.
〔10〕 Article 7(12) of Annex 14 – D.

与仲裁有关的材料，也规定仲裁庭庭审应当公开。[1]

在仲裁地的选择上，与 NAFTA 要求仲裁地应在 NAFTA 的缔约方境内不同，USMCA 规定如果当事方没有达成合意，仲裁地可以选择在《纽约公约》的任一缔约方境内。[2] 这主要是考虑到在 USMCA 下，加拿大退出了投资争端解决机制，因此在仲裁地选择上难以在美国和墨西哥两国之间找到一个中立的地点。

（四）美国、墨西哥之间有关协定涵盖的政府合同的争议

除了规定一般的投资争议解决程序外，美国和墨西哥之间专门就涵盖政府合同有关的争议解决作出了特别规定。这样的设计主要是为美国投资者在墨西哥的投资，特别是在油气行业的投资提供额外的保护。[3] 美国的一些能源巨头曾因为墨西哥新总统提出的能源独立的主张而担心他们的投资会受到影响。[4] USMCA 的规定消除了这些企业的忧虑，有评论甚至认为美国的能源企业是 USMCA 的最主要受益者。[5]

USMCA 规定“涵盖政府合同”指缔约方的国内当局与另一缔约方投资者之间的授予投资者或投资在涵盖部门相关权利的书面协议，且协定涵盖的投资或投资者据此设立或获取涵盖投资。而“涵盖部门”指石油、天然气、发电服务、通信服务、交通服务以及铁路、公路、桥梁和河道等的拥有和管理等。[6]

对于因涵盖政府合同而产生的投资争议，USMCA 规定投资者在提起仲裁请求时的依据没有限制，既可以主张东道国违反了国民待遇和最惠国待遇，也可

---

[1] Article 8 of Annex 14 – D.

[2] Article 7(1) of Annex 14 – D.

[3] Rachael D. Kent, Danielle Morris and Stephanie Forrest, NAFTA 2.0: Investment Protection and Dispute Settlement Under Chapter 14 of the United States-Mexico-Canada Agreement, WilmerHale, https://www.wilmerhale.com/en/insights/client-alerts/20181009-nafta-2-0-investment-protection-and-dispute-settlement-under-chapter-14-of-the-united-states-mexico-canada-agreement, last visited on 9 October 2018.

[4] Rob Nikolewski, New NAFTA Deal Looks Good for U. S. Energy Companies in Mexico, Policy Analyst Says, The San Diego Union Tribune, https://www.sandiegouniontribune.com/business/energy-green/sd-fi-new-nafta-20181001-story.html, last visited on 1 October 2018.

[5] Dino Grandoni, *Big Oil and Gas Companies are Winners in Trump's New Trade Deal*, https://www.latimes.com/business/la-fi-oil-gas-nafta-usmca-20181003-story.html, last visited on 3 October 2018.

[6] Paragraph 6 of Annex 14 – E.

以主张东道国的行为违反了公平与公正待遇或者构成了间接征收。[1] 不过它同时要求引发仲裁请求的事件发生之日起6个月内投资者不能提出仲裁请求,而且投资者需要在首次知道或者应当知道东道国政府违反协定后3年内提出请求。[2]

三、USMCA 投资章节的特点

相较 NAFTA 和目前的国际投资协定,USMCA 的投资章节体现出以下几个特点。

(一)精细化

早期的投资协定沿袭"欧式"协定,在内容规定上较为简单,随着时间的推移,协定内容开始变得更加精细和复杂。[3] 在具体内容设计上,USMCA 的投资章节更加精细化。ICSID 裁决撤销制度的实践也表明,内容概括的投资协定更容易导致争端当事人、缔约方和仲裁庭在条约解释方面的分歧。USMCA 投资章节的内容不管是在实体规定还是程序设计方面都有很大的完善:实体方面要求投资具有"投资的特征",进一步澄清公平与公正待遇和间接征收;程序方面在仲裁员选任方面作出更加明确的要求。这样的设计能够为仲裁庭提供更加详细明确的指引,也能在很大程度上保证仲裁庭裁决的公正性。从更宏观的角度看,它也与目前国际投资条约在内容方面的发展态势吻合。[4]

(二)均衡化

传统的投资协定更多规定的是投资者的权利,较少涉及可持续发展议题,这就导致条约设计体现出一种明显的不均衡,保护投资者的利益而忽视了东道国的权力空间。[5] 有的仲裁裁决也体现出明显的保护投资者利益的倾向。如在

---

〔1〕 Paragraph 6 of Annex 14 – E.

〔2〕 Paragraph 4 of Annex 14 – E.

〔3〕 UNCTAD, International Investment Agreements: Trends and Emerging Issues, UNCTAD Series on International Investment Policies for Development, United Nations: New York and Geneva, 2006.

〔4〕 Wenhua Shan and Sheng Zhang, Market Access Provisions in the Potential EU Model BIT: Toward a "Global Model BIT 2.0"?, *Journal of World Investment and Trade*, 2014, 15(3): 422 – 453.

〔5〕 Aaron Cosbey, International Investment Agreements and Sustainable Development: Achieving the Millennium Development Goals, *International Institute for Sustainable Development*, 2005, p. 3.

SGS 诉菲律宾一案中,仲裁庭在解释《菲律宾—瑞士双边投资协定》中第 10 条第 2 款所规定的"保护伞条款"[1]时指出:"条约的目的和宗旨支持对第 10 条第 2 款进行有效解释。投资条约是促进和相互保护投资的条约。根据条约序言的规定,条约旨在'为缔约一方的投资者在缔约另一方境内的投资创造和维持有利条件'。"因此在解释条约时遇到不确定时,作出有利于保护外资的解释是合法的。[2] 虽然投资者—东道国仲裁解决机制借鉴了传统的国际商事仲裁模式,但在国际投资法的语境下,其也形成了极具鲜明特征的自身特色,如投资仲裁的"触角"可延伸一国劳动法、环保法等公法领域,促使投资者—东道国争端解决天然具有公法属性。因此投资协定除了考虑赋予外国投资者在实体和程序方面的权利外,也要考虑给予东道国政府合理的政策空间。USMCA 的投资章节很好地贯彻了这一均衡化的理念:在界定国民待遇与最惠国待遇时考虑东道国的合法的公共福利目标;澄清投资者合法期待与公平与公正待遇的关系;规定企业社会责任条款;限定投资者提起投资仲裁的范围;要求相关文件和信息公开使其更加透明;允许第三方参与和"法庭之友"使其更加民主;在选任仲裁员方面着重避免利益冲突等。

(三)效率性

无论是对东道国政府,还是对外国投资者而言,冗长和花费巨大的投资仲裁都是一种沉重的负担。[3] 有统计表明,目前一个投资仲裁案件平均耗时 3 年 8 个月。[4] 提升仲裁的效率性一直是国际商事仲裁领域的重点话题,但是在投资仲裁领域并未获得较多的关注。[5] 在这方面 USMCA 作出了不少尝试,它明确

---

〔1〕 该条规定:缔约一方应当恪守其因缔约另一方的投资者的某一具体投资所负的任何义务。

〔2〕 *SGS* v. *Philippines*, ICSID Case No. ARB/02/6, Decision of the Tribunal on Objections to Jurisdiction, 29 January 2004, para. 118.

〔3〕 UNICITRAL, Possible Reform of Investor-State Dispute Settlement (ISDS)—Cost and Duration, A/CN. 9/WG. III/WP. 153, United Nations, https://documents-dds-ny. un. org/doc/UNDOC/LTD/V18/057/51/PDF/V1805751. pdf? Open Element, last visited on 31 August 2018.

〔4〕 Matthew Hodgson and Alastair Campbell, Investment Treaty Arbitration: Cost, Duration and Size of Claims All Show Steady Increase, Allen and Overy, http://www. allenovery. com/publications/en-gb/Pages/Investment-Treaty-Arbitration-cost-duration-and-size-of-claims-all-show-steady-increase. aspx, last visited on 14 December 2017.

〔5〕 Lars Markert, Efficiency and Investment Arbitration-New Developments and the Need for a Multi-Dimensional Approach, *Transnational Dispute Management*, Vol. 4, 2018, p. 1.

要求仲裁庭和争议双方应努力以迅速和有效的方式推进仲裁程序。[1] 具体而言,它将指定仲裁员需要等待的期限由 NAFTA 规定的 90 日缩短至 75 日,同时它也针对被申请人提出的其认为依法不能得出有利于申请人的裁决的诉求的异议和申请人的请求明显没有法律依据的异议,规定仲裁庭可以将其作为先决问题进行审理。[2] 如果被申请人在仲裁庭组成后 45 日内提出此类请求,仲裁庭应当以快速方式审理此类异议。[3] 如果在争议提交仲裁以后,争议双方在诉讼程序中未按要求采取措施的时间超过 150 日,或者超过当事人约定且经仲裁庭同意的期限,仲裁庭可以通知争议方;如果在接到通知 30 日内当事人仍未采取任何措施,那么仲裁庭可将其视作当事人停止仲裁程序,并将此类情形写入最终的决定。如果发生此类事项时仲裁庭尚未组成,ICSID 秘书长应当承担此类职责。[4]

(四)针对性

USMCA 投资章节也反映出缔约方充分借鉴已有的投资仲裁经验,特别是 NAFTA 体制下的经验。针对一般的投资争议,美国和墨西哥限制了外国投资者可以提交投资仲裁的争议范围,将东道国政府违反公平与公正待遇排除在外。这可能主要考虑到公平与公正待遇与投资仲裁有着最高程度的实际相关性。在实践中,多数投资者请求获得支持的案件都认定东道国违反了公平与公正待遇。[5] 在公平与公正待遇的设计上,USMCA 采用了 NAFTA 自由贸易委员会于 2011 年作出的解释,[6]避免仲裁庭对公平与公正待遇作出扩大解释;它也进一步澄清不能单纯依照东道国的行为违反了投资者的合法期待就认定东道国违反了公平与公正待遇。这样的规定也反映出美国、加拿大和墨西哥在 NAFTA 仲裁实践中的共同立场。[7] 如美国在针对 *Spence* v. *Costa Rica* 一案提交的第

---

[1] Article 7(10), Annex 14 - D.

[2] Article 7(4), Annex 14 - D.

[3] Article 7(5), Annex 14 - D.

[4] Article 7(11), Annex 14 - D.

[5] Dolzer and Schreuer, *Principles of International Investment Law*, 2nd edition, OUP, 2012, p. 130.

[6] NAFTA, Notes of Interpretation of Certain Chapter 11 Provisions, NAFTA Free Trade Commission, http://www.sice.oas.org/tpd/nafta/commission/ch11understanding_e.asp, last visited on 31 July 2001.

[7] Lise Johnson And Luke Eric Peterson, As Canada Straddles CETA and NAFTA, An Effort is Made in a New Pleading to Define Legitimate Expectations, *Investment Arbitration Reporter*, https://www.iareporter.com/articles/as-canada-straddles-ceta-and-nafta-an-effort-is-made-in-a-new-pleading-to-define-legitimate-expectations/, last visited on 26 May 2015.

三方书面意见中明确表示善意原则和合理期待都不是习惯国际法下公平与公正待遇的组成部分。在认定政府违反最低待遇标准方面除了政府行为干预投资者期待外,仍需要考虑其他的因素。[1]

另外,考虑到最惠国待遇是否适用于程序性事项是目前国际投资仲裁实践中一个具有争议的问题,USMCA 也特别规定最惠国待遇中的待遇排除适用于其他包含国际争端解决程序或规定了实体义务的国际贸易或投资协定条款。同时,将待遇进一步规定为仅包含附件缔约方采取或维持的措施,可包括缔约方为履行其他国际贸易或投资协定中的实体义务而采取的措施。也就是在认定东道国违反最惠国待遇时,不能仅凭借其他贸易或投资协定中包含更加优惠的条款,而是要考察在事实上确实存在东道国政府基于国籍对外国投资者采取了歧视性对待的行为。这样的规定也反映了最近的一些仲裁实践。比如,在 İçkale 诉土库曼斯坦一案中,外国投资者想依据《土耳其—土库曼斯坦双边投资协定》中的最惠国待遇条款,主张他可以享受土库曼斯坦所签署的其他投资协定中的公平与公正待遇和“保护伞条款”的保护,土库曼斯坦却指出投资者需证明事实上确实存在一个第三方的投资者的投资享受了更加优惠的待遇。这样的主张也得到了仲裁庭的支持,仲裁庭认为最惠国待遇条款的适用需要比较不同国家投资者在实际情况下所享受的待遇,而不是单纯对不同协定中的条款进行比较。[2] 这样的认定也改变了仲裁庭在最惠国待遇条款的解释与适用方面的传统实践。[3]

四、USMCA 对国际投资法制发展的影响

美国的缔约实践对国际投资法的发展一直有较为深远的影响。虽然投资协定发端于欧洲,但在 NAFTA 生效后,国际投资协定发展在很大程度上体现出一

---

〔1〕 *Aaron C. Berkowitz, Brett E. Berkowitz and Trevor B. Berkowitz* (*formerly Spence International Investments and others*) v. *Republic of Costa Rica*, ICSID Case No. UNCT/13/2, Submission of the United States of America, 17 April 2015, pp. 6 - 7, https://www.italaw.com/sites/default/files/case-documents/italaw4249.pdf.

〔2〕 *İçkale İnşaat Limited Şirketi* v. *Turkmenistan*, ICSID Case No. ARB/10/24, Award, 8 March 2016, paras. 328 - 329.

〔3〕 Simon Batifort and J. Benton Heath, The New Debate on the Interpretation of MFN Clauses in Investment Treaties: Putting the Brakes on Multilateralization, *American Journal of International Law*, 2017, 111(4): 873 - 913.

种"美国化"的倾向。[1] USMCA 签署后,美国的高级官员曾表示它将是特朗普政府未来进行贸易协定谈判的范本。[2] 可以预见,USMCA 的投资章节也会对国际投资法制产生重要影响。

(一)"卡尔沃主义"的回归和"美国化"

"卡尔沃主义"(Calvo Doctrine)的核心是反对外国投资者享受超国民待遇,并主张当外国投资者与东道国政府产生争议后,其应当也和东道国本国投资者一样将争议提交国内法院审理。[3] "卡尔沃主义"甫一提出,就受到了发展中国家的欢迎。20 世纪 70 年代建立国际经济新秩序运动达到顶峰时,"卡尔沃主义"的一些原则还一度被写入联合国大会通过的《各国经济权利和义务宪章》等系列决议中。[4] 随着拉美国家等发展中国家通过积极缔结自由化的且包含国际投资仲裁机制的双边投资协定以吸引外国投资,"卡尔沃主义"一度被认为已经消亡。但是如今的一些缔约实践,包括拉美国家退出《ICSID 公约》和终止其签署的投资协定,[5]表明"卡尔沃主义"正在回归。如出于对缔约国国内司法制度的信心,1982 年《澳大利亚—新西兰自由贸易协定》和 2004 年《美国—澳大利亚自由贸易协定》就没有包含国际投资仲裁机制。[6] 在最近的《全面与进步跨太平洋合作伙伴协定》中,澳大利亚也退出了国际投资仲裁机制。[7] USMCA 也体现出明显的"卡尔沃主义"的色彩:第一,加拿大选择退出国际投资仲裁机制。第二,美国虽然一直是国际投资仲裁的拥趸和"卡尔沃主义"的坚决反对

---

〔1〕 Wolfgang Alschner, Americanization of the BIT Universe: The Influence of Friendship, Commerce and Navigation (FCN) Treaties on Modern Investment Treaty Law, *Goettingen Journal of International Law*, 2013, 5(2): 455–486.

〔2〕 Jack Caporal and William Alan Reinsch, From NAFTA to USMCA: What's New and What's Next?, *Centre for Strategic and International Studies*, https://www.csis.org/analysis/nafta-usmca-whats-new-and-whats-next, last visited on 3 October 2018.

〔3〕 Wenhua Shan, Is Calvo Dead?, *American Journal of Comparative Law*, 2007, 55(1): 123–163.

〔4〕 单文华:《从"南北矛盾"到"公私冲突":卡尔沃主义的复苏与国际投资法的新视野》,载《西安交通大学学报》(社会科学版)2008 年第 4 期。

〔5〕 如厄瓜多尔于 2009 年 7 月 6 日向 ICSID 秘书处提交了其欲退出《ICSID 公约》的书面请求。近年来,厄瓜多尔也先后终止了它与中国、委内瑞拉、巴拉圭、荷兰、瑞士和加拿大的双边投资协定。

〔6〕 Edwina Kwan, Australia's Conflicting Approach to ISDS: Where to From Here?, *Kluwer Arbitration Blog*, http://arbitrationblog.kluwerarbitration.com/2015/06/04/australias-conflicting-approach-to-isds-where-to-from-here/, last visited on 4 June 2015.

〔7〕 张生:《CPTPP 投资争端解决机制的演进与中国的对策》,载《国际经贸探索》2018 年第 12 期。

者,但 USTR 的谈判目标清楚地表明美国要求外国投资者不能获得比美国国民更优惠的权利。实际上,这样的目标在 2002 年美国国会的授权谈判中已经出现,有学者将这一做法看作"卡尔沃主义"的美国化。[1] 第三,即使国际投资仲裁制度存在于美国和墨西哥之间,USMCA 也要求外国投资者在提起国际投资仲裁之前需要将争议提交东道国国内法院审理,这样的规定在一定程度上也可以看作"卡尔沃主义"的间接体现。[2] 第四,如前所述,虽然附件 14 - E 保留了针对涵盖政府合同的仲裁,但是缔约双方可以一致同意修改或者消除这一机制的规定意味着将来这一机制也有可能会被取消。

USMCA 所体现出的美国和加拿大在对待国际投资仲裁上的态度,意味着无论是对发展中国家,还是对发达国家而言,对国际投资仲裁制度已经不再持完全的自由化的支持态度。"卡尔沃主义"的回归,不仅存在于发展中国家的缔约实践中,在发达国家所缔结的自由贸易协定或投资协定中也有清晰的体现。可以预见,它也会对以后的投资协定产生持续的影响。

(二)投资争端解决机制改革方案的"碎片化"

虽然改革国际投资制度已经成为各国的共识,但是各国在具体方案上却鲜见有一致的意见。有学者曾试图将各国立场分为改革派、改良派、忠诚派和立场不定派四个类别,[3]但是这样的区分也无法反映有关立场的全部。实际上,一国可能在不同的贸易或投资协定中采取不同的立场。以加拿大为例,加拿大在《中国—加拿大双边投资协定》中接受了投资仲裁机制,在《加拿大—欧盟全面经贸协定》中接受了欧盟提出的投资法庭制度,[4]并积极与欧盟共同推动建立多边投资法庭,[5]但加拿大却在 USMCA 中选择退出了投资仲裁制度,这可能

[1] M. J. Bond, The Americanization of Carlos Calvo, *MEALEY'S International Arbitration Report*, 2007, 22(8): 19 - 20.

[2] 有学者将东道国当地救济称为"卡尔沃主义"的"孙儿"。See Christopher Schreuer, Calvo's Grandchildren: The Return of Local Remedies in Investment Arbitration, 2005, *The Law and Practice of International Courts and Tribunals*, 4(1): 1 - 17.

[3] Anthea Roberts, The Shifting Landscape of Investor-State Arbitration: Loyalists, Reformists, Revolutionaries and Undecideds, *EJIL Talk*, https://www.ejiltalk.org/the-shifting-landscape-of-investor-state-arbitration-loyalists-reformists-revolutionaries-and-undecideds/, last visited on 15 June 2017.

[4] 张庆麟:《欧盟投资者—国家争端解决机制改革实践评析》,载《法商研究》2016 年第 3 期。

[5] Douglas Thomson, EU and Canada host talks on multilateral investment court, *Global Arbitration Review*, https://globalarbitrationreview.com/article/1078929/eu-and-canada-host-talks-on-multilateral-investment-court, last visited on 14 December 2016.

考虑到加拿大是目前在 NAFTA 仲裁机制下被诉次数最多的国家,而且不少案件都与加拿大政府所作出的环境或贸易限制措施有关。加拿大外交部部长克里斯蒂娅·弗里兰甚至将这一排除看作加拿大政府参与 USMCA 谈判的一个重要成果。[1] 此外,美国虽然接受了投资仲裁机制,但是与其 2012 年投资协定范本规定的全面仲裁不同,USMCA 对于投资仲裁设置了诸多限制。这反映出不少国家更愿意根据自己不同的需求,针对投资仲裁机制在双边或者区域层面进行个性化的定制,这就使原本不成体系的国际投资法制的"碎片化"进一步加剧。

五、小结

USMCA 除了带有特朗普政府的"美国优先"的色彩外,也在很大程度上体现出贸易协定的政治化,其中最为明显的便是 USMCA 第 32 章第 10 条规定缔约方若与非市场经济国家签署自由贸易协定,则其他缔约方可以考虑终止该缔约方在 USMCA 项下的权利,并代之以新的协定。第 32 章第 10 条也规定对于非市场经济国家的认定主要由缔约方根据本国的贸易救济法律制度确定,这就赋予缔约方在认定方面很大的随意性。美国也毫不掩饰针对中国设计这一条款的意图。[2]

USMCA 第 14 章中也包含了关于非市场经济的条款。附件 14 – D 第 1 条规定如果附件缔约一方投资者由非缔约方的人拥有或控制,而且该非缔约方被附件缔约另一方视为非市场经济国家,那么该投资者就不能提起投资仲裁。这一条规定不同于第 14 章第 14 条规定的"拒绝授惠"条款。通常"拒绝授惠"条

---

〔1〕 Tonda MacCharles, Canada cheers the end of corporate NAFTA challenges in new deal, *The Stars*, https://www.thestar.com/politics/federal/2018/10/02/canada-cheers-the-end-of-corporate-nafta-challenges-in-new-deal.html, last visited on 2 October 2018. 不过对于加拿大投资者而言这样的规定并不是利好,因为担心将来不能依据 USMCA 提起投资仲裁,有的投资者在 USMCA 缔结后尚未生效前就打算提起针对墨西哥的投资仲裁。See Damien Charlotin, Citing Uncertainty over Future of NAFTA Chapter 11, a Pair of Investors File Papers Notifying Mexico of a Dispute that Touches on Licensing and Environmental Issues, *Investment Arbitration Reporter*, https://iareporter.com/articles/citing-uncertainty-over-future-of-nafta-chapter-11-a-pair-of-investors-act-to-file-papers-notifying-a-dispute-that-touches-on-licensing-and-environmental-issues/, last visited on 5 October 2018.

〔2〕 Sean Higgins, US-Mexico-Canada deal targets China with "poison pill" provision, *Washington Examiner Magazine*, https://www.washingtonexaminer.com/policy/economy/us-mexico-canada-deal-targets-china-with-poison-pill-provision, last visited on 7 October 2018.

款适用的前提是非缔约方投资者所拥有或控制的投资在缔约一方境内无实质经营活动,但是附件 14 - D 的规定并不考虑这一因素。换言之,如果一位墨西哥投资者由中国投资者拥有或控制,而美国将中国视为非市场经济国家,那么不管该墨西哥投资者在墨西哥境内有无实质经营活动,当该墨西哥投资者因为在美国投资与美国政府产生争议后,他也不能针对美国提起投资仲裁。不难看出,特朗普政府要求各国站队的做法会加剧国际经贸协定的政治化,也会对中国的自由贸易协定战略产生影响。鉴于此,我国应当继续维护多边主义和自由贸易,并在技术上探索多元化的争端解决模式。具体而言,可以从以下两方面予以回应:

一方面,在战略上继续推动已有的贸易和投资协定谈判。改革开放四十多年来,我国经贸领域不断开拓新局面。截至 2018 年 10 月,我国已经与 25 个国家和地区达成了 17 个自由贸易协定,同时也正在与 27 个国家进行 12 个自贸协定谈判或者升级谈判,[1] 其中就包括现有的《区域全面经济伙伴关系协定》(Regional Com-prehensive Economic Partnership,RCEP)谈判。自 2012 年开始谈判以来,RCEP 已经进行了二十多轮谈判,中国也在积极推动谈判各方在 2019 年达成协定,它对于构建亚太地区区域贸易协定也会产生重要的影响。我国在自贸协定上的积极态度也反映出我国积极维护多边主义和自由贸易的立场。[2] 此外,我国也在积极推动与欧盟的双边投资协定谈判,双方也同意将该谈判作为最优先的事项,并在此基础上探讨中欧自贸区的问题。[3] 在全球化背景下,中国与世界各国的依存度不断加深,自由贸易和投资协定谈判也会进一步加强我国与其他国家的经贸联系,这就使美国通过非市场经济孤立中国的做法在实践中很难取得效果,即便是加拿大和墨西哥也都表示 USMCA 的规定不会影响他们与中国的贸易协定谈判。[4]

---

[1] 李应齐:《中国自贸"朋友圈"稳步扩容,17 个协定已达成》,载搜狐网,http://www.sohu.com/a/258029533_301529,最后访问时间:2018 年 10 月 7 日。

[2] 《李克强新加坡之行:以自贸区升级维护多边主义和自由贸易》,载中国政府网,http://www.gov.cn/premier/2018 - 11/18/content_5341393.htm,最后访问时间:2018 年 11 月 18 日。

[3] 李克强:《中欧投资协定谈判进入新阶段》,载中国政府网,http://www.gov.cn/guowuyuan/2018 - 07/16/content_5306878.htm,最后访问时间:2018 年 7 月 16 日。

[4] David Pakinson, Prime Minister Trudeau to Seek Trade Ties with China Despite USMCA, *the Globe and Mail*, https://www.theglobeandmail.com/business/article-prime-minister-trudeau-to-seek-trade-ties-with-china-despite-usmca/, last visited on 2 October 2018; Reuters, *Mexico seeks to assure China new US trade deal won't block other economic relations*, https://www.reuters.com/article/us-mexico-trade/mexico-says-new-u-s-trade-deal-wont-block-other-economic-relations, last visited on 14 October 2018.

RCEP 谈判与中欧投资条约谈判也能削减中美投资条约谈判被搁置所造成的负面影响,进一步提升我国在国际投资条约立法方面的话语权。2013 年我国表态愿在准入前国民待遇加负面清单的基础上与美国展开谈判。2015 年 3 月,在经过十九轮谈判后,中美完成了文本谈判,进入负面清单谈判环节。2016 年年底,双方已完成了三十轮磋商,并交换了第三次负面清单改进出价。但特朗普上台后,中美投资条约谈判被搁置。实际上我国一直对重启中美投资条约谈判持开放态度。我国商务部也明确表示虽然特朗普政府可能不会立刻重启中美投资条约的谈判,但中美两方都认为一个高标准的中美双边投资能够消除直接投资壁垒,促进两国经济发展。

另一方面,在技术上探索投资争议的多元化解决模式。USMCA 的投资章节体现了国际投资仲裁在解决投资争议方面的地位正在逐渐下降,这也是美国、墨西哥、加拿大三方对于国际投资仲裁存在的问题的回应。我国也应当在缔结贸易和投资协定时积极探索多元化的投资争议解决模式,减少对国际投资仲裁的依赖。多元化的争端解决方式,特别是替代性争端解决方式,可以避免外国投资者与东道国政府在国际投资仲裁下的针锋相对。已有研究也表明,几乎所有国际投资仲裁都会严重影响投资者与东道国政府之间的关系。[1] 已有的实践表明我国正在作出这样的尝试,如在《中国—加拿大双边投资协定》中规定涉及金融审慎例外的抗辩应当交由国家间仲裁庭解决。[2] 2018 年 1 月中央全面深化改革领导小组通过了《关于建立“一带一路”争端解决机制和机构的意见》,强调建立诉讼、调解、仲裁有效衔接的多元化纠纷解决机制,依法妥善化解“一带一路”商贸和投资争端。[3] 甚至我国《外国投资法》也要求建立外国投资投诉协调处理机制负责外国投资者、外国投资企业与行政机关之间投资争议的协调和处理。此外,作为第二届“一带一路”国际合作高峰论坛的成果之一,中国国际贸易促进委员会、中国国际商会与欧盟、新加坡、墨西哥等三十多个国家和地区的商协会、法律服务机构共同发起成立国际商事争端预防与解决组织。[4]

---

〔1〕 UNCTAD, Investor-State Disputes: Prevention and Alternatives to Arbitration, UNCTAD: New York and Geneva, 2010, p. 19.

〔2〕《中国—加拿大双边投资协定》第 20 条第 2 款。

〔3〕《深改小组通过〈关于建立“一带一路”争端解决机制和机构的意见〉》,载《人民日报》2018 年 1 月 24 日,第 1 版。

〔4〕《第二届“一带一路”国际合作高峰论坛成果清单(全文)》,载新华网,http://www.xinhuanet.com/world/2019-04/28/c_1124425293.htm,最后访问时间:2019 年 4 月 28 日。

第三章　均衡自由主义与国际投资仲裁改革的中国立场分析*

ISDS 机制是当前国际投资法研讨的核心议题,也是晚近国际投资法改革的重点与难点所在。对 ISDS 问题的讨论,大多是超越具体纠纷语境、超越各国立场的共性分析。在这个意义上,一般认为,ISDS 机制面临裁决不一致性(对相同或类似条约条款难以作出相同的解释和适用)、仲裁员资格问题(纠纷当事人任命的仲裁员裁判缔约国国内的公法问题,缺乏民主性和正当性)、超越管辖权(仲裁庭对仲裁庭管辖权条款作出宽泛解读,明显超出缔约国缔约意图)、透明度不足(仲裁过程和资料不对外公开)、时间和金钱费用过高等问题。然而,对 ISDS 制度功能和优势的衡量同时也是一个主观的和个体性的问题,取决于各国对 ISDS 的政策目标定位和客观需要,因此需要从一个理性、务实和更加具体的角度进行分析论证。

本章从均衡自由主义的进路出发,首先解析国际投资仲裁的制度特征与分配效应,进而分析我国在国际投资进程中的利益格局,最后探讨我国应对国际投资仲裁制度改革的应有取向和具体对策。本章认为,ISDS 机制总体上对治理水平相对较高、法律队伍发达的资本输出国家有利;中国是一个治理水平较高、法律队伍不够发达的资本输出国,还是投资双向流动大国,具有高风险投资结构,处于高风险投资时期,因此应坚持均衡自由主义进路,维护并完善 ISDS 机制,推动其朝着有利于中国利益与国际公益的方向演进。

一、逻辑起点:一种均衡自由主义进路

国际投资法体系经历了从外部均衡到内部均衡的演化历程,均衡自由主义已经成为一种趋势。当前的迫切问题在于如何设计一套普遍适用的均衡方案,能够识别并且实现投资者权利和东道国监管权的最佳平衡点,因为这种均衡可能因国、因时、因人而变。

---

* 本章同名文章由单文华、王鹏发表于《西安交通大学学报》(社会科学版)2019 年第 5 期。

(一)国际投资法体系的均衡结构:从外部均衡到内部均衡

一套国际规则是否设计良好,不仅要考虑规则内部的权利义务设计是否均衡,即内部均衡,也要考虑与其他国际规则、国内规则的平衡,即外部平衡。

从内部均衡来看,国际投资条约以投资保护为主要内容,ISDS 机制也是保护投资者的重要机制,较少规定投资者和母国的义务。从这个意义上看,国际投资规则更多地被资本输出国用作进攻的工具。晚近改革的重点则是增加国际投资条约的内部均衡,增加东道国监管权,完善 ISDS 机制的公法控制机制。

从外部均衡来看,国际投资条约在产生之初,总体上处在一种与一般国际法、发展中国家国内法相平衡的状态。在国际法上,发展中国家通过在联合国的国际经济新秩序运动(New International Economic Order,NIEO)确立了国家的征收主权,[1]形成了一种对资本输入国有利的防守规则,与投资条约的进攻规则相制衡。在国内法上,发展中国家采取"卡尔沃主义"式立法,强调对外国投资者的监管和规制,也在一定程度上消减了国际投资规则的自由化效应。[2]

然而,随着 NIEO 的失败,各国国内立法逐步自由化,国际投资规则的外部制衡消失了,其作为资本输出国进攻工具的弊端逐步显现。加之,随着国际投资仲裁案件的激增,国际投资仲裁庭在条约解释时,较少或根本不考虑东道国国内法,加剧了国际投资规则的外部失衡。因此,在内外失衡的状态下,投资条约的设计缺陷在数以百计的仲裁案件中被迅速放大,引发了正当性危机。总体来看,国际投资规则正在经历从外部均衡到内部均衡的改革进程,目前各国较为强调投资条约规则内部的均衡性,即以一种有管理的自由化(Managed Liberalization)思路,设计一套投资者权利保护和东道国监管权相平衡的规则体系。这种趋势体现了国际投资法体系在经历了民族主义(Nationalism)和自由主义(Liberalism)的阶段后,总体上进入更加务实的理性主义(Rationalism)或者说均衡主义的发展阶段(见图 2)。[3] 这就意味着,政策制定者在规则设计和缔约

---

〔1〕 GUZMAN A., Why LDCs Sign Treaties That Hurt Them: Explaining the Popularity of Bilateral Investment Treaties, *Virginia Journal of International Law*, 1998, 38(4): 639 - 688.

〔2〕 SHAN W. H., Toward a Multilateral or Plurilateral Framework on Investment, *E15 Initiative*, 2015.

〔3〕 SHAN W. H., WANG P., A Matrix Analytical Framework for Investment Disputes and Their Settlement, *ICSID Review*, 2018, 33(3): 629 - 652.

谈判时,应系统考虑并在投资条约内部平衡所有利益相关方的利益,只有这样才有可能引领新时代国际投资法的发展。

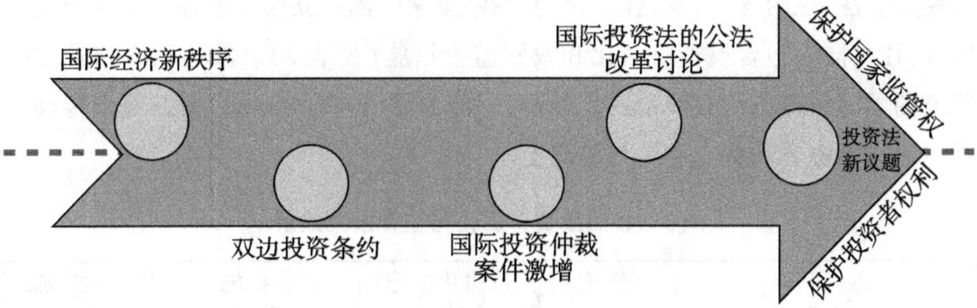

图 2　国际投资法体系的均衡结构

(二)均衡自由主义:一种趋势

国际投资仲裁通过将投资争端解决程序国际化的方式,为外国投资者起诉东道国提供了一个国际性场所。因此,在国际投资仲裁产生、运行和改革讨论中,国际主义一直是一个重要语境和方向,即国际投资治理和争端解决存在一个普遍适用的最佳设计方案,各国立法的目标是发现、设计并推广这套国际规则体系。与之相对应,卡尔沃主义则强调国际投资治理和争端解决的当地属性,即应当充分考虑和估计东道国当地治理体系的独特需求,投资保护规则和争端解决机制从属于东道国当地治理体系,外国投资者不应当享有超越当地投资者的特权。

国际主义与卡尔沃主义是国际投资治理的一体两面,反映了国际投资治理国际性与地方性、一般性与特殊性、共性与个性的两难问题。一方面,国际投资活动及争端解决方式存在一定的共性,需要确立具有普遍适用性的一般性国际规则;另一方面,国际投资治理触及东道国公权力行使的核心层面,应当为东道国正当的监管行为预留一定的政策空间,需要确立一定的因国而异的特殊性国际规则。正是因为难以有效调和国际主义与卡尔沃主义,国际投资法体系呈现出以双边投资条约为主要渊源、多边程序立法先于多边实体立法的制度起源。

如果说国际主义与卡尔沃主义反映了国际投资法体系早期的南北国家对立,那么,国际投资法的主要矛盾已经从南北矛盾转移为公私冲突,发达国家与发展中国家在投资保护问题上的分歧逐渐弥合,各国争议和改革的焦点是如何实现私人投资者权利保护与东道国监管权的平衡。[1] 在形式上,不仅发展中国家专门制定外国投资立法,欧盟、美国、加拿大、澳大利亚等地区和国家也纷纷出台相关立法;在内容上,发达国家与发展中国家的国内立法并不存在明显的类型区分,往往同时包含投资自由化和投资监管措施(见表2)。发达国家与发展中国家的国际投资条约实践也逐步融合,国际立法和司法实践的焦点逐步转移到东道国与投资者利益的冲突与协调上。

表2 各国投资自由化与监管措施数量

年份	国家和地区总数/个	投资措施总数/项	自由化措施数量/项	监管措施数量/项	中立性措施数量/项
2003	59	125	113	12	0
2004	79	164	142	20	2
2005	77	144	118	25	1
2006	70	126	104	22	0
2007	49	79	58	19	2
2008	40	68	51	15	2
2009	46	89	61	24	4
2010	54	116	77	33	6
2011	51	86	62	21	3
2012	57	92	65	21	6
2013	60	87	63	21	3
2014	41	74	52	12	10
2015	49	100	75	14	11
2016	59	125	84	22	19
2017	65	146	98	25	23
2018	55	112	65	31	16

注:根据联合国《2019年世界投资报告》的相关数据整理而成。

可以预见,国际投资法体系整体上仍然在沿着一种均衡自由主义进路(A

[1] SHAN W. H., *The Legal Protection of Foreign Investment: A Comparative Study*, Hart Publishing, 2012.

Balanced Liberal Approach)发展演进。一方面,各国会继续推进投资保护和投资自由化措施;但另一方面,各国也会在必要的议题上强化东道国的监管权。虽然民族主义和保守主义有所抬头,部分国家在投资审查上政策有所收紧,但由于各国基于深度全球化的经济相互依赖,各国将仍然采取一定的措施继续吸引外资,便利外资准入和运营,国际投资协定将继续以投资保护和投资促进为主要内容。当然,各国将对外国投资和国际投资法体系报以更高的期待和要求,更加重视外国投资对东道国的经济发展促进作用。因此,无论是在国内立法,还是在国际投资条约中,承认和行使东道国正当监管权、规制外国投资的实践将越来越普遍。

(三)均衡自由主义与中国

均衡自由主义提供了一种趋势、方向和愿景,但这并不意味着要有一套"放之四海而皆准"的具体规则,因为公私权利的平衡可能因不同国家的利益、传统、政制(因国),处理外资纠纷和参与投资仲裁的经验(因时),以及领导人的个人议程和政策主张(因人)而变,[1]因此需要从一个理性、务实、具体的角度加以讨论。将理性主义用于分析投资争端解决及改革问题,很大程度上要求一个三位一体[2]的分析框架,统筹考虑牵涉的客体、主体、[3]方法[4]及整个争端解决过程的各种影响。

国际投资法体系整体上沿着均衡自由主义进路发展,体现了一种整体上的理性主义改革结果。那么,中国是应当拒绝,还是接受,抑或推动完善均衡自由主义?讨论这个问题必须要有鲜明且自觉的客体意识和主体意识。一方面,中国必须充分理解投资纠纷的特质以及 ISDS 的制度功能,并且能够为 ISDS 应当

---

〔1〕 在2013年12月举行的能源宪章部长级会议上,单文华教授最早提出统筹考虑投资纠纷经济、政治、社会影响的系统性分析框架,其后又提出系统分析投资纠纷社会与政治影响的矩阵分析框架(A Matrix Analytical Framework),以及讨论投资仲裁改革的主体、客体和方法等三元分析框架(A Trinity Analytical Framework)。

〔2〕 Shan Wenhua, Feng Yunya, A Trinity Analytical Framework for ISDS Reform, *AJIL Unbound*, 2018, 112: 244-248.

〔3〕 Roberts A., Incremental, Systemic, and Paradigmatic Reform of Investor-State Arbitration, *American Journal of International Law*, 2018, 112(3): 410-432.

〔4〕 Puig S., Shaffer G., Imperfect Alternatives: Institutional Choice and the Reform of Investment Law, *American Journal of International Law*, 2018, 112(3): 361-409.

如何改革提供愿景和蓝图;另一方面,中国必须清醒地认识到中国在 ISDS 改革问题上的成本收益约束,进而思考立足中国国情和现实,逐步推动于我有利、兼顾他国的 ISDS 设计的实现。

最理想的状态是中国提出一个既符合国际趋势又契合中国利益的改革方案。如果难以两全,中国应秉持"有理想的现实主义",在维护国家利益的基础上,尽可能符合国际投资法的演进趋势,以此推广符合中国利益的改革方案。在国际投资法上,"有理想的现实主义"事实上表现为前文提到的均衡自由主义进路,因为自由主义更多寄托了国际投资流动的理想状态,而均衡则更多反映了各国不可回避的现实需求。相应地,中国对 ISDS 机制的政策和态度需要依次权衡三个问题:全面理解 ISDS 的制度特征,尤其是其制度功能;中国在国际投资问题上的利益格局;中国可以通过哪些措施推动 ISDS 机制向着于我有利的方向改革完善。

二、认识 ISDS 机制

无论是制度特色,还是整个体系的分配效应,ISDS 机制都呈现出鲜明的独特性。

(一)制度特色

1. 去政治化诉权,规模保护投资者

ISDS 机制通过赋予投资者私人诉权的方式规模化地保护国际投资,在化解投资纠纷的同时,降低个别纠纷对国际关系的整体影响(去政治化),并且能够独立于母国的参与自主运行。

ISDS 机制最适合于差异性较大的投资保护纠纷。投资纠纷多种多样,个体性特点明显。母国无力一一调查核对各异的特定纠纷,并比照和判断相关东道国是否违反条约义务。相比之下,贸易纠纷的相似性程度较高,国家对某一特定贸易纠纷的调查可以适用于同一类的多个纠纷。纠纷的个体性正是投资纠纷区别于贸易纠纷的本质特点,也就是为什么经常用来保护某一类产业的 WTO 式的国家间争端解决机制(SSDS)无法低成本地实现规模保护海外投资。相应地,投资条约规范也呈现出鲜明的个体性特征,例如,关于公平公正待遇以及征收补偿等义务,在没有充分考察投资纠纷个案的具体细节和特征的情况下,仲裁庭无法作出违反与否的法律判断。此外,一国的海外投资越多,个案介入式的外交保护和产业导向式的国家间争端解决程序都越来越难以满足规模保护的政策需求。

强化投资者自我保护能力也是 ISDS 程序设计的主要政策目标。除了个别情形(ISDS 机制下的反诉与 SSDS),投资仲裁启动权在投资者手中。无论是仲裁庭成员的任命权,还是条约实体规则的解读、举证责任、证明标准,投资者与东道国都拥有相同的程序权利。

2. 以商事仲裁为本,公法控制机制缺位

传统投资仲裁以商事仲裁为模板,缺少有效的公法控制机制,导致投资仲裁裁决的法律正确性和政治适当性都难以保障。一方面,缔约国不仅无法控制 ISDS 程序的启动,也无法单方面限定仲裁庭的人员组成和管辖权,条约解释和适用完全落于纠纷当事人任命的仲裁庭之手。另一方面,ISDS 机制采取一裁终局原则,缔约国并没有针对个案的纠错机制,难以纠正已经作出的个案判决。在 ICSID 裁决撤销程序中,仲裁员腐败行为、仲裁庭组成问题、超越权限问题、偏离程序规则、未能陈述理由等撤销依据都是程序性问题,并不涵盖适用法律错误和事实认定问题。《纽约公约》项下的审查规定比 ICSID 要宽泛,触及仲裁事项的可仲裁性、仲裁裁决对公共政策的影响等实体事项。但是,《纽约公约》与 ICSID 存在一定的排斥,因为 ICSID 裁决应当依照《ICSID 公约》的规定而不是《纽约公约》的规定来执行。[1] 欧盟倡导的国际投资法庭体系是目前最全面的内部纠错机制,既包括法律规则识别、解释和适用,也包括事实的证明和认定,但其国际接受程度仍有待于进一步观察。

(二)分配效应

ISDS 机制并不是对所有国家而言都是最好的国际争端解决机制。就规则的表面设计来看,似乎所有国家面临的风险都是一样的。实则不然,资本输出国与资本输入国、欧美发达国家和亚非拉发展中国家所面临的被诉和败诉风险是不一样的。

---

〔1〕 当然,在实践中,情形将更为复杂,因为《ICSID 公约》规定,其裁决的执行应当遵守被申请国国内关于判决执行的法律规定,而这种国内法规定很可能包含对判决的程序或实体进行审查的规定,而《纽约公约》的规定有可能被借鉴其中。

1. 对资本输出国有利

相对而言,传统 ISDS 机制对资本输出国较为有利,对资本输入国较为不利。[1] ISDS 保护投资者的程序设计对保护资本输出国的海外投资具有重要价值,而这是以一定程度上限制资本输入国政府监管权、施加严肃可执行的国际法律义务为基础的。[2]

2. 对治理水平较高国家有利

一国法律体系越完善、内部互动越顺畅,越有能力降低被诉风险并妥善应对投资仲裁。东道国法治程度越低、政府监管程序越不完善,越有可能违反投资保护义务、触发 ISDS 机制。一国地方政府的差异性越大,中央政府越难以协调统一国家政策,越有可能因地方政府行为而被起诉至国际仲裁机构。换言之,一国治理水平越高,越可能降低参与投资仲裁的总体成本。

3. 对法律队伍发达国家有利

国际投资仲裁员的分布相当集中,形成了一个相对封闭的仲裁员群体,并频繁呈现被任命者更有可能被任命的"内卷化"特点。[3] 换言之,法律队伍越发达,一国越有可能间接地、非正式地影响投资仲裁机制的运行。[4] 例如,截至 2014 年,在获得任命的 396 位 ICSID 仲裁员中(见表 3),[5]超过 70% 的仲裁员

---

〔1〕 那么,为何资本输入国会接受国际投资协定?第一,从收益的角度来看,东道国通过承诺条约义务,理论上可以发出重视外资保护的信号,继而可以吸引更多外资。第二,从防守的角度来看,在早期,资本输入国多采取卡尔沃主义式的、保守式的国内立法,可以部分对冲国际投资条约的消极影响。在 20 世纪 90 年代以后,越来越多的发展中国家之间也签订了类似于南北国家之间签订的国际投资协定,一方面是因为国际投资协定代表的经济发展模式越来越为各国所认同;另一方面是因为各国也都或多或少地有一定的投资输出,都在某种程度上变成兼具资本输入与输出双重角色国家。

〔2〕 此处可参见 ICSID 的年度统计,尤其是启动 ISDS 机制的投资者母国分布、产业分布和裁决的和解、败诉/胜诉比率。

〔3〕 Puig S., Social Capital in the Arbitration Market, *European Journal of International Law*, 2014, 25(2): 387-424.

〔4〕 国际投资仲裁整体上有利于某一类型国家,并不意味着个案中的仲裁庭会在具体纠纷中偏向相应国家。因为,投资仲裁员的首要要求是中立性和公正性。这意味着,国际投资仲裁的分配效应是一种体制性的、系统性的"偏向",是一种概率论上的"偏向",源于国际投资条约实体条款和投资仲裁程序整体设计。

〔5〕 Pauwelyn J., The Rule of Law Without the Rule of Lawyers? Why Investment Arbitrators Are from Mars, Trade Adjudicators from Venus, *American Journal of International Law*, 2015, 109(4): 761-805.

来自发达国家,其中,美国、法国、英国位列前三位。[1] 中国籍仲裁员获得提名和任命的次数很少,[2] 中国律师代理投资仲裁的数量也不多。无论是出于法律训练、文化和传统,还是价值认同和利益归属,中国投资者和中国政府面对以欧美仲裁员为主的投资仲裁庭时,不可能比欧美投资者和欧美政府处于更有利的地位。

表 3 WTO 专家组成员和 ICSID 仲裁员的国籍分布比例

单位:%

国际组织	美国国民	欧洲国家国民	发展中国家国民	不利于发展中国家的裁决比例	欧美申诉方提起的案件比例
ICSID	11.5	42.0	<30.0	83.0	75.0
WTO	2.3	11.9	52.0	32.0	41.5

三、认识我国国际投资利益格局

明确中国在国际投资问题上的利益格局是讨论 ISDS 改革中国立场的前提,可以从流入和流出中国的投资数量、结构、时机以及国内治理水平和法律队伍等视角加以分析。

(一)投资双向流动大国

从投资流动来看,中国在相当长时期内属于资本输入国;在 1998 年中国推行"走出去"战略后,中国对外直接投资总量逐步上升。在 2014 年左右,中国资本输出量与资本输入量逐渐持平,已经成为世界上最重要的资本输入国与资本输入国。[3] 从最近几年的趋势来看(见表 4),中国对外投资在经历前几年的高速增长后,在 2016 年左右迎来调整期。[4] 目前,中国对外投资和吸引外资数量均呈高位运行态势。

---

[1] Puig S., Social Capital in the Arbitration Market, *European Journal of International Law*, 2014,25(2): 387 -424.

[2] 根据 ICSID 数据,截至 2018 年 10 月,中国内地仲裁员只有张月娇法官被任命过 1 次,中国香港特区仲裁员 Teresa Cheng 被任命过 7 次。

[3] 联合国《2019 年世界投资报告》显示:2015 年,中国分列第三大资本输入国和第三大资本输出国;2019 年,中国分列第三大资本输入国和第二大资本输出国。

[4] UNCTAD, World Investment Report 2019, *United Nations Publications*, 2019.

表4 中国吸引外资和对外投资的年度流量(2013~2018年)

单位:亿美元

年份	中国吸引外资	中国对外投资
2013	1239	1078
2014	1285	1231
2015	1356	1457
2016	1337	1961
2017	1340	1583
2018	1390	1298

注:根据联合国《2019年世界投资报告》的相关数据整理而成。

(二)高风险投资结构

中国对外投资结构具有一定的风险性:中国投资者海外投资在亚非拉等发展中地区面临较大的法律不完善和政治不稳定风险,在欧美等发达国家面临日渐显现的国家安全审查风险;中国投资者以国有企业为主,容易遭受东道国当地法律和政策变化的影响。

在投资目的地上,中国对外直接投资的地区分布特色较为明显,亚洲是主要的投资目的地,北美和拉美投资也较多。从2017年年底对外投资存量来看,中国投资者在亚洲(63.0%)、非洲(2.4%)、拉丁美洲(21.4%)的投资大大高于在欧洲(6.1%)、北美洲(4.8%)的投资。当然,中国在亚洲的投资中,有相当一部分流向了中国香港、新加坡等发达地区;在拉丁美洲的投资中,有相当一部分流向了开曼群岛、英属维尔京群岛等投资中转地。[1] 亚非拉等发展中国家和地区法律制度相对不够健全,政治环境不够稳定,中国投资者在这些地方的投资面临的法律风险较大,需要较高水平的国际投资条约保驾护航。与此同时,中国投资者在发达国家和地区面临的投资审查风险也日渐上升。自2017年以来,美国、欧盟、德国、澳大利亚等国家和地区纷纷强化外资安全审查,增加了中国投资者赴发达国家和地区投资的准入门槛,并在WTO部长级理事会、联合国大会等会谈中通过联合声明的方式推动规制国有企业投资的规则倡议。[2]

---

〔1〕 参见商务部、国家统计局、国家外汇管理局:《2017年度中国对外直接投资统计公报》。

〔2〕 2018年9月25日,美国贸易代表罗伯特·莱特希泽(Robert Lighthizer)、欧盟贸易委员西西莉亚·玛姆斯托姆(Cecilia Malmstrom)、日本经济贸易和工业部部长世耕弘成(Hiroshige Seko)在纽约进行了三方会谈,并在会后发布了联合声明。2017年12月12日,在世界贸易组织第11届部长级会议期间,欧盟、美国和日本也曾发表联合声明。

在投资产业上,中国海外投资的产业结构具有一定的独特性。例如,截至 2017 年年末,在中国对外直接投资存量中,中国对信息技术服务业(12.1%)、金融业(11.2%)、采矿业(8.7%)、制造业(7.8%)等行业的投资比重较高。这些行业往往涉及信息、资源、能源、高端制造等东道国较为敏感的产业。除了直接投资外,亚洲、非洲也是中国对外承包工程的主要市场。以 2016 年为例,中国对外承包工程业务分布仍以亚洲、非洲为主,在新签合同额中分别占 50.3% 和 32.6%,在完成营业额中分别占 48.2% 和 32.3%。这些行业和领域都容易引发国际投资纠纷。根据公开报道,中国投资者(含港澳投资者)目前已经提起 6 起投资条约仲裁,既涉及合同违约、工程建设争议、采矿许可权、冻结银行账户等具体行政行为,也涉及香烟平装法案、金融监管与救市措施等抽象行政行为。

在投资主体上,国有企业是中国对外直接投资的主力。截至 2017 年年末,在中国非金融类对外直接投资存量中,国有企业占 49.1%,非国有企业占 50.9%。然而,国有企业投资日益受到更加严格的法律和政策审查。在《2017 年度中国对外直接投资统计公报》新闻发布会上,商务部合作司副司长张幸福先生指出:"最近一段时间以来,个别国家出台了相关的法律法规或者举措,加强了对外国投资的审查。中国投资者的一些对外投资项目,确实因此受到了影响。"中国海外投资尤其是国有企业海外投资,面临日益增长的投资风险,这已经成为一个公开的事实。

(三)高风险投资时期

当前世界经济处在重大调整期,逆全球化思潮抬头,中国企业"走出去"的各类风险依然较多。[1] 第一,国际金融危机爆发以来,深层次影响持续显现,跨国投资尚未恢复到危机前水平。第二,世界经济格局深度调整,新兴市场和发展中国家群体性崛起,国际力量"东升西降""南升北降"态势更加明显。第三,西方主要经济体在投资保护主义主导下的法律规则、行政限制和舆论导向等形成了中国企业对外投资的障碍。[2] 作为全球跨国投资的最大目的地和最大来源地,美国特朗普政府奉行"美国优先"理念,收紧投资审查标准,鼓励美国投资回流。2016 年开始,欧盟针对中国国企在欧并购提高了审查门槛。

---

〔1〕 参见商务部:《中国对外投资发展报告 2017》,载 http://images.mofcom.gov.cn/wzs/201804/20180416161221341.pdf,最后访问时间:2018 年 11 月 8 日。

〔2〕 参见商务部:《中国对外投资发展报告 2017》,载 http://images.mofcom.gov.cn/wzs/201804/20180416161221341.pdf,最后访问时间:2018 年 11 月 8 日。

(四)国内治理水平相对较高、法律队伍不够发达

在化解国际投资纠纷的意义上,我国国内治理水平总体相对较高。第一,我国是外资的重要目的地,只要我国保持较稳定的经济形势,外国投资者仍然会继续青睐中国市场,在提起国际投资仲裁方面也会有更多未来经济利益考量。我国目前经济形势保持较为稳定的势头,但随着国内经济转型走向深入和国际经贸环境变化,经济下行压力增大。第二,在外资具体政策措施问题上,地方政府权限较大,中央—地方互动较为顺畅。地方政府在城市规划、土地出让、税收政策、劳工环保、市政服务等问题上具有较大的政策裁量权,而我国各地地方政府治理水平差异性较为明显,增加了我国监控和提早化解国际投资纠纷的难度。中国政府被诉案件均由地方政府的相关政策引发即为例证。地方政府是国内改革政策先行先试的主体,在自由贸易试验区改革、投融资体制、土地流转等试点问题上也多有突破和新尝试,可能引发一定的外资纠纷。目前,我国中央与地方政府互动较为顺畅,通过立法权限分配、财权事权改革、中央授权、请示批示通知等体制机制,有效提高了外资治理的法治化和现代化水平。考虑到目前我国改革进入深水区,社会治理难度和深度都进入新的层次,有必要继续保持并进一步完善中央与地方政府的互动机制。第三,从改革开放以来的实践来看,我国通过协商、调解、国内诉讼、国内仲裁和国际仲裁等多种途径有效地管控了国际投资纠纷,最终进入国际投资仲裁的纠纷并不多。

在应对国际投资仲裁的意义上,我国法律队伍总体不够发达。第一,中国应对投资仲裁的案件较少、时间较晚,高素质的专业法律官员较为紧缺。第二,在投资仲裁中,中国籍仲裁员获得提名和任命较少,中国律师代理投资仲裁的数量也较少。在中国政府应诉和中国投资者起诉的投资仲裁中,中国仲裁员和律师获得委任的情形亦不多见。无论是专业训练,还是语言水平、行业声望,中国仲裁员和律师群体都有较大的运作和提升空间。第三,国际投资法和仲裁研究是我国国际经济法学界近期的研究热点,但研究的体系性、前瞻性、理论性和精细化程度都有待进一步提升。专业研究队伍的数量和质量与中国投资大国的地位还不甚匹配,政策决策与学术研究的沟通机制有较大的提高空间。

四、应对国际投资仲裁改革的建议

考虑到ISDS总体的分配效应和我国在国际投资问题上的利益格局,我国应

坚持并推动完善 ISDS 机制,创新公法化规则设计,积极参与并引导投资仲裁改革的多边讨论。

(一)坚持并完善 ISDS 机制对我国有利

在所谓的“进攻”利益方面,中国需要借助 ISDS 机制保护本国日益增长的对外投资、化解与其他(大国或小国)国家的投资纠纷,同时进行保护外资的承诺以吸引对外投资,规范地方政府行为,促进国内开放型经济体建设向纵深推进。在这些问题上,中国都需要更加积极、更加开放的 ISDS 机制。在所谓的“防守”利益方面,中国的确有可能并且已经面对外国投资者的仲裁挑战,地方政府的不规范行为,甚至某些改革措施都可能受到外国投资者的挑战。一旦败诉,投资仲裁的赔偿责任也不容忽视。从实践来看,在“防守”方面,中国过去较好地应对了外国投资纠纷。一方面,从以往被诉经历来看,中国被诉案件的诱因都是地方政府的不规范行为,关乎国家安全和改革开放政策的重大政策或举措并没有受到影响。另一方面,虽然中国签订了百余个各类投资协定,吸引了巨额外国投资,但中国实际被诉的案件并不多,这说明中国各级政府在政府—外国投资者关系处理上总体较为妥当。只要中国继续保持对外开放的市场化改革政策并且保持经济的平稳发展,中国所面临的 ISDS 被诉风险仍然可以控制在较低水平。总的来说,中国在 ISDS 机制上处在“国强民弱”的利益态势:中国政府较好地应对了外国投资纠纷,中国投资者更频繁地适用 ISDS 机制;中国防守利益应对压力不是很大,进攻利益保护需求旺盛。

然而,ISDS 机制的分配效应与中国的优势并不完全契合。一方面,在起诉东道国方面,中国投资者相对于外国投资者,处于相对弱势的地位。虽然中国国有企业规模可观,但国有企业海外投资的经济理性往往不够充分,法律防范意识虽有提高但仍不足。中国国有企业启动的投资仲裁结果也不容乐观。中国私营企业普遍实力较弱,与东道国的议价能力不容高估。因此,从保护中国海外投资的角度出发,中国政府的议价能力(相比于其他国家)要高于中国投资者议价能力(相对于其他东道国),在未来投资仲裁中,缔约国能够发挥更大作用的设计对中国更有利。另一方面,作为裁判者的中国律师和专家,相较于其他国家裁判者,处在相对弱势的地位。由于语言、教育和法律传统等因素,中国律师和裁判者的国际认同度低、国际竞争力弱,不容易获得纠纷当事人的提名和任命。类似的,无论是 WTO 还是 ICSID,中国对国际司法组织的参与和控制都比较弱。作为利益相关者的中国社会大众,相较于其他国家的社会大众,处在相对弱势的地位,而中国政府对利益相关者的代表能力更强。因此,中国应考虑提高政府在争端解决过程中的参与程度,提高中国裁判者的任命概率,以增强中国籍裁判者的作用空间,同时提高裁判机构自我运行的能力,以降低其他国家对投资仲裁的过多干预。

总之,我国对ISDS改革应当坚持有理想的现实主义,即均衡自由主义进路,坚持趋利避害、扬长避短、坚持原则、维护利益的基本立场,坚持并推动完善ISDS机制。

(二)坚持ISDS机制的建议

1. 投资者诉权

ISDS最大的制度优势在于低成本的规模保护效应,核心设计变量是投资者的直接私人诉权。如果将ISDS机制的政策目标定位于投资保护的话,投资者诉权应是必须予以保留的设计。如果设置上诉程序,一个关联的问题是上诉程序启动权的分配。考虑到纠纷当事人的权利平衡,应该给予争议双方上诉获得纠偏的权利与机会,以确保诉权的平衡并提高裁决的一致性。

2. 仲裁员任命权

仲裁员是国际争端解决机构的核心主体,不仅要处理东道国与投资者的投资纠纷关系,还需要处理东道国与母国的缔约国关系。为确保仲裁庭的中立性,纠纷当事人双方应具有对等的任命权。为确保仲裁庭的责任性,缔约国应对仲裁庭组成具有一定的发言权。因此,可以考虑的制度设计是双重同意,即缔约国协商制定候选仲裁员列表,纠纷当事人只能够从候选仲裁员中选定仲裁庭成员。如此一来,最终裁断纠纷、解释和适用条约的仲裁员既有缔约国的国家同意,也有纠纷当事人的任命同意,能够基本保障仲裁庭的正当性。

3. 仲裁裁决执行

ISDS机制的一大优势是裁决执行,即投资仲裁裁决可以以外国仲裁裁决的方式在《ICSID公约》或《纽约公约》项下加以承认和执行。相比于国际司法机构作出的国际判决和外国法院作出的外国判决,仲裁裁决获得他国承认和执行的可能性更高。以仲裁裁决的方式来执行ISDS裁决的优势应予以坚持。例如,欧盟在其国际投资法庭设计中也试图依托《ICSID公约》和《纽约公约》来执行其裁决,即国际投资法庭的缔约国同意将国际投资法庭裁决视为《ICSID公约》项下或《纽约公约》项下的仲裁裁决,并相应地加以承认和执行。

(三)完善 ISDS 机制的建议

ISDS 机制总体符合中国的利益,并不代表中国在每一个 ISDS 仲裁案件中都处在优势地位。无论是从规则设计还是谈判思路上,中国都应该积极参与并引导投资仲裁改革的多边讨论,提高缔约国政府在争端解决程序中的作用,并提高中国籍仲裁员的任命概率,因此可以考虑的改革措施包括增加国际投资仲裁的制度化和科层化程度,并设定强制性的候任仲裁员名单。创新公法化制度设计可能需要注意以下几个方面:

(1)强制性仲裁员名册。不同于国内司法过程,国际司法的目标并不仅限于作出法律正确性和一致性的裁决,还包括裁决的政治妥当性,即裁决在多大程度上能够为缔约国(尤其是大国)所接受。仅就裁决一致性而言,基础性实体规则的精细程度是一个影响因素,由谁来进行解释和适用是另外一个影响因素。ISDS 仲裁裁决的不一致性,很大原因在于实体规则的抽象性。当然,在实体规则不变的情况下,相比于特设性仲裁机构,由少数司法人员组成、可连选连任的常设机构能够较好地实现裁决的一致性。

然而,一致性的裁决并不一定是对中国最有利的裁决。对中国最有利的情形是,当中国政府被诉时,仲裁庭能够偏向东道国。当中国投资者起诉时,仲裁庭能够偏向投资者。实现这种目标的关键在于掌握投资条约的解释和适用权,即中国要追求能够实质性地影响投资仲裁员的任命(及再任命)和惩戒。因此,强制性的候任仲裁员名单(纠纷当事人只能从中任命仲裁庭成员)对中国有利。为了有效引导和规制仲裁员行为,候选仲裁员列表应规定固定任期,可以连选连任,并且缔约国有必要制定仲裁员行为守则,明确仲裁员的利益冲突事项。缔约国可考虑设置专门委员会,具体负责候选仲裁员列表的选任、任命和惩戒。

(2)透明度。在一定程度上增加投资仲裁程序的透明度,符合当前改革的总体趋势和正当性话语,也契合处理行政关系的一般公法原则。然而,增加透明度可能会增加额外的仲裁成本,也可能降低当事人和解的可能性,并且可能更有利于非政府组织活跃的发达国家。因此,在透明度问题上,中国可以原则上同意强化但操作策略上谨慎处理。以"法庭之友"(*Amicus Curie*)陈情为例,允许社会利益集团参与投资仲裁程序也是增强投资仲裁正当性的可用途径之一。但就中国立场而言,"法庭之友"陈情的程度和范围不宜过大。我国社会组织发展程度不高,参与国际投资仲裁的意识和能力都不强,投资纠纷的社会利益主要通过政府参与仲裁程序而实现。因此,开放"法庭之友"陈情,一是增加仲裁成本,二是徒增他国利益,目前于我国不利。我国可以在培植发展社会组织的同时,逐步开放"法庭之友"的程序参与。

(3)上诉机构。是否建立常设性上诉机构是ISDS机制的层级设计问题,也是缔约国对国际司法机构的事后控制问题,即缔约国是否通过个案审查的方式确保仲裁庭裁决的法律正确性及其内在的政治妥当性。上诉机制的功能在于可以一定程度确保裁决的一致性。不难理解,有限数量的上诉庭成员的解释波动自然小于数百个仲裁庭成员的解读,尽管这种一致性可能一致地偏向投资者,也可能一致地偏向东道国,或者一致性地偏向于母国。这一方面取决于具体条约的实体规定,另一方面取决于进行具体上诉审查的上诉庭成员。

至于上诉机制对哪些国家更有利,直观答案是那些能够任命上诉庭成员的国家。如果只考虑是否要建立上诉机制,而不是上诉启动权限、审查范围和程序、决策方式、时限等具体设计,那么答案应取决于各国在上诉机构设计与既有ISDS设计两者之间的利益衡量。如果不考虑国内因素,既有ISDS机制对具有发达法学教育和国际法律服务行业的国家是有利的。因为,大部分仲裁员群体都是具有欧美法律教育背景或工作经历的法律工作者。换言之,即便是在既有的ISDS机制设计下,欧美国家也提供了绝大多数的仲裁员。从这一点出发,上诉机制的设计必定大大限缩上诉庭成员的数量和范围,其任命程序必然同时考虑法律专业素养和地理代表性因素。两相比较来看,特别是考虑到中国在国际投资与国际格局中的总体分量,可以认为,上诉机制的设置总体而言对中国有利,可以保障中国控制一定数量的仲裁员任命权。

五、中国应积极推动国际投资仲裁多边改革

已如上述,坚持并完善ISDS机制对中国有利,那么中国应当如何推动国际投资仲裁进一步改革呢?国际投资仲裁的正当性争议很大部分根源于实体条款的抽象性。然而,"二战"以来的历次综合性多边投资协定谈判均无疾而终。鉴于此,中国可以考虑采取程序先行、多边优先的改革路径,积极参与和引导国际投资仲裁改革的多边讨论。

第一,先程序后实体,以ISDS程序改革引导实体规则统合。这也是UNCITRAL的谈判思路。通过司法适用的一致性促使达成实体规则的共识,只不过是把争议焦点从谈判阶段推迟到裁判阶段,而不是彻底解决各国的政策争议。当然,这并不意味着中国应该拒绝参加多边层面的ISDS程序改革谈判。恰

恰相反,正因为多边层面的程序改革谈判难以达成对所有国家而言都是最优的规则设计,中国才应该积极参与多边谈判,积极引导谈判议程,从而推动建立符合中国利益的改革方案,而不是消极静待于我国有利的设计方案从天而降。

第二,双边与多边并行,在双边层面凝聚共识,在多边场合推广倡议。这也是欧盟和美国正在采取的思路。欧盟既在双边谈判中坚持国际投资法庭设计,也在多边场合积极推广。美国则力主以双边谈判为优先,并在《美墨加协定》等场合推广美国设计方案。然而,通过双边谈判而实现的规则改革往往顾及缔约双方的关切,很难为系统性的投资仲裁改革问题提供一个普遍适用的方案。多边规则设定则往往只能在利益趋同的国家之间进行。如果在更大的范围内展开,往往只能探索设定比较柔性的义务。当前,ICSID 和 UNCITRAL 正在进行投资仲裁程序性改革讨论,能源宪章条约也处于现代化进程并力邀中国参加,中国可以考虑依托这些多边平台,积极推出中国倡议和规则设计,引导国际投资仲裁改革议程向着于我国有利的方向发展。

第四章 巴西双边投资协定的历史困境与现实选择

一、引言

直到21世纪初,已在世界范围内广泛使用的BIT仍被巴西拒绝,这对一个寻求大国地位的新兴经济体而言无疑是致命的"短板"。20世纪90年代时,巴西曾签订了一系列BITs,中国与巴西政府也在1994年签署了《关于鼓励和相互保护投资协定》工作文本,[1]但是该协定和巴西政府对外签署的其他BIT一样,尚未经过巴西国会批准。直到2015年,巴西彻底放弃传统BIT范式,推出了投资合作与便利化协定(Acordo de Cooperação e Facilitação de Investimento,ACFI)。

巴西和中国都是G20和金砖国家(BRICS)成员国,两国之间的经贸合作十分密切。2016年,巴西推出"投资伙伴计划"(PPI)并出台联邦临时法令完善PPI项目的具体规则,创造条件吸引外国投资(尤其是基础设施项目的投资)。同年,中国与巴西签署了6个大型收并购项目,巴西成为中国资本在新兴经济体中第一大收并购对象国。[2] 但长期以来,巴西政府对外提出的议程和承诺都高度依赖国会的批准。因此,巴西政府的治理能力以及能否保持政策的连续性受到多方质疑。参议院的宪法和司法委员会(CCJ)会对联邦法令进行合宪性审查,这也是巴西在对外签订BIT时遇到的最大的困境。本章旨在探究历史上巴西BIT实践的不同阶段遇到的主要问题,以及2015年推出的ACFI范本是如何回应和解决这些历史难题的,并进一步讨论ACFI在多大程度上能发挥为投资保驾护航的优势。

本章分为四个部分,第一部分是引言,第二部分研究了国际投资协议

---

〔1〕 中国驻巴西大使馆经济商务参赞处:《巴西对中国企业开展投资合作的保护政策》,载http://br.mofcom.gov.cn/article/ddfg/tzzhch/201107/20110707671615.shtml,最后访问时间:2019年8月6日。

〔2〕 中国驻巴西大使馆:《巴西成为中国资本第三大收并购对象国》,载https://www.fmprc.gov.cn/ce/cebr/chn/a_123/t1419395.htm,最后访问时间:2019年8月6日。

(International Investment Agreements,IIAs)在巴西发展的不同阶段遇到的问题,第三部分分析了 ACFI 的具体制度安排,第四部分评估了 ACFI 的优势和潜在缺陷。

二、曲折的历史发展进程

巴西 IIAs 发展主要经历了三个阶段:在20世纪80年代前,巴西对 BIT 一直持拒绝态度;20世纪80年代末90年代初期,受新自由主义的影响,巴西逐渐接受 BIT 的基本原则和理念,但由于 BIT 与巴西宪法法律之间的冲突,所有签订的 BIT 都遭到了国会的否决;进入21世纪,巴西彻底放弃了 BIT,转而寻找基于本国国情的投资协定新范式。

(一)"二战"后~20世纪80年代:拒绝不平等的 BIT

1. 背景

"二战"之后,巴西开始实行大规模的工业化和基础设施建设,实施进口替代战略。国家投资在工业化和基础设施建设中起到了关键作用,国有企业的数量大幅增加。1956~1961年,时任总统库比挈克提出"五年相当五十年"(cinquentaanosemcinco)的口号,大力发展经济,实施"能源与交通"的经济发展方针,并且引入大量外资,吸引大型跨国公司前来巴西设厂。巴西政府的政策是培育国营企业、巴西私营资本和外资企业之间"三脚架模式",即国营企业和私营企业之间,国营企业和外资企业之间的合资企业。[1] 古拉特执政时期(1961~1964年),颁布《利润汇出法》(Profit Remittance Law,1962年9月3日第4131号法律),政府通过税收和汇率补贴吸引外国投资流入,但是实行利润重新投资的限制和外国公司利润汇出10%的限制。[2] 货币与信贷监管局第113条令规定,对以设备形式进入国家的资本进行补贴,而对以资金流动形式进入的资本不予补贴。[3] 同时,政府实施高关税和限制建立权的政策,保证足够少的

---

〔1〕[英]莱斯利·贝瑟尔主编:《剑桥拉丁美洲史》(第九卷),第五章"巴西经济(1930~1980)",吴洪英等译,当代中国出版社2013年版,第487~489页。

〔2〕Jan Hoffman French, Brazil's Profit Remittance Law: Reconciling Goals in Foreign Investments, *Law and Policy in International Business* 14, No. 2 (1982), pp. 399-451.

〔3〕[英]莱斯利·贝瑟尔主编:《剑桥拉丁美洲史》(第九卷),第五章"巴西经济(1930~1980)",吴洪英等译,当代中国出版社2013年版,第447~448页。

外国公司得到足够多的市场权,在进口高关税壁垒的后面获取高利润。[1] 1964年4月1日,巴西发生军事政变,右翼军政府上台。[2] 1964年8月29日的第4390号法律对1962年的《利润汇出法》进行了修订,根据第4390号法律第28条,当国际收支严重不稳定时,货币和信贷监管局将施加限制,在限制的期限内,限制外资再投资进入和汇款,为此,授予巴西银行全部或部分垄断外汇业务。

2. 拒绝BIT的原因

首先,作为发达国家保护海外投资的工具,BIT的出现源于发达国家投资者对发展中国家国有化运动的反应。发达国家希望通过双边协定来代替习惯国际法对本国投资者在发展中国家的投资的保护。巴西并没有出现大规模的国有化运动,法制环境相对稳定。其次,从巴西国内法的角度来看,BIT的基本原则与巴西宪法法律产生了巨大冲突。典型的BIT条款包括对投资和投资者的定义、外国投资者进入东道国的条件、外国投资者的待遇(公平公正待遇、最惠国待遇、国民待遇)、对征收和国有化的限制以及赔偿模式、外资的自由转移(包括资本和利润)以及外国投资者与东道国之间争端解决方式。巴西的立法者认为,BIT给东道国(发展中国家)设定了一系列义务,对东道国立法权造成了负担;而BIT对投资者及其母国(发达国家)却几乎没有设定义务,因此BIT被视作发达国家与发展中国家签订的不平等协定。

(二)20世纪80年代~21世纪初:BIT受到了部分改革派的支持

20世纪70年代的石油危机和国际资本短缺使“经济奇迹”戛然而止,石油危机和债务危机使巴西长期经济发展的弊病暴露出来:巴西外债在1984年达到910亿美元,通胀率达到223%。1985年,军政府还政于民,巴西再次走上民主化的道路。军政府的倒台与经济方面政府的债务危机、衰退和高通胀率有着直接联系。这种进口替代工业化的模式难以为继,私有化和对外开放成为两项最核心的现代化改革措施。随着国有企业私有化的运动从制造业转向公共设施领域,外国直接投资大幅增加。到20世纪90年代,在美国新自由主义的影响下,以及在经济合作与发展组织(Organization for Economic Co-operation and

---

[1] [英]莱斯利·贝瑟尔主编:《剑桥拉丁美洲史》(第九卷),第五章“巴西经济(1930~1980)”,吴洪英等译,,当代中国出版社2013年版,第447~448页。

[2] 20世纪60年代美苏“冷战”在意识形态上的影响直接冲击了巴西国内的政治实践,在美国的支持下,军政府以革命的方式推翻了左翼的古拉特政府。军政府执政21年后,直至1985年才还政于民。

Development, OECD）大力推荐下，国会内部对于 BIT 的立场有所转变，全国民主联盟转而开始支持改革派，开始接纳 BIT 关于投资促进和投资保护的原则。1994～1999 年，巴西对外一共签订了 14 个 BIT，[1]但 BIT 依然全数遭到了国会中保守派的否决。根据巴西 1988 年《宪法》，总统有权以《宪法》规定的方式启动立法；批准、颁布和命令公布法律，并颁布法令和条例严格执行这些法律；和外国保持外交关系，任命外交代表；缔结国际条约、公约和法案等；但须经国民议会批准。国会有权对影响国家权利负担或承诺的国际条约、协定或行为作出明确决定。[2] 在现行政体下，总统的行政权受到国会立法权的牵制，而由于 BIT 存在违宪的可能性，被批准的可能性极小。

尽管如此，巴西认识到投资仲裁制度对吸引外国投资的重要性，1996 年巴西通过了第 9307 号《仲裁法》，对巴西的仲裁制度作出了重要修改。[3] 颁布《仲裁法》后，巴西批准了 1975 年《美洲国家间国际商事仲裁公约》（以下简称《巴拿马公约》）、1979 年《美洲国家间外国法院判决及仲裁裁决的域外效力公约》（以下简称《蒙得维的亚公约》）和 1958 年《纽约公约》。

（三）卢拉总统时期至今：彻底放弃 BIT，寻求投资协定新范式

2003 年卢拉总统上台后，卢拉总统所在的劳工党奉行反帝国主义观念，全面否定了 BIT。但是随着巴西的大型跨国公司在海外的投资逐渐增多，巴西逐渐从资本输入国向资本输出国转型，政府和私营部门都意识到资本"走出去"面临的东道国的政治风险和 BIT 的必要性。在 2012 年的多哈投资论坛上，巴西工业、对外贸易和服务部（Ministry of Industry, Foreign Trade and Services，以下简称工贸部）负责外贸事务的副部长 Daniel Godinho 在发言中讲述了巴西面对传统国际投资协定的制度安排时遇到的历史困境，[4]并表示希望针对这些问题提出

---

[1] 包括巴西—智利 BIT（1994）、巴西—葡萄牙 BIT（1994）、巴西—瑞士 BIT（1994）、巴西—英国 BIT（1994）、巴西—意大利 BIT（1995）、巴西—韩国 BIT（1995）、巴西—德国 BIT（1995）、巴西—法国 BIT（1995）、巴西—芬兰 BIT（1995）、巴西—丹麦 BIT（1995）、巴西—委内瑞拉、玻利维亚 BIT（1995）、巴西—古巴 BIT（1997）、巴西—荷兰 BIT（1998）、巴西—比利时 BIT（1999）。

[2] 47, 49, Ⅰ（15）, 59, Ⅵ, 84, Ⅷ, Brazil Federal Constitution 2014.

[3] 关于巴西 1996 年《仲裁法》的内容可以参见 Cristina Schwansee Romano（1999）, The 1996 Brazilian Commercial Arbitration Law, *Annual Survey of International & Comparative Law*, Vol. 5: Iss. 1, Article 4。

[4] 2016 年世界投资论坛上 Daniel Godinho 的发言，载 https://worldinvestmentforum.unctad.org/wp-content/uploads/2016/07/WIF-2016-Statement-Brazil，最后访问时间：2019 年 8 月 7 日。

新的解决方案。巴西充分借鉴了韩国外国投资监察员办公室的制度,并从UNCTAD关于国际投资协定系统、可持续和以发展为导向的改革理念中汲取经验。[1] 根据2012年第30号决议[2]设立对外贸易战略研究技术小组(Grupo Técnico de EstudosEstratégicos de Comércio Exterior,GTEX),小组成员由外贸委员会(Câmara de Comércio Exterior,CAMEX)部长会议的各部门代表组成,由CAMEX执行秘书行使GTEX主席的职权。GTEX的目的是与特定国家或地区就外贸政策进行研究并起草提案,推动贸易和投资便利化。并且创建了非洲、亚洲和拉丁美洲的分组。在私有部门的支持下,尤其是在巴西全国工业联合会(CNI)和圣保罗工业联合会(Fiesp)的支持下,2015年推出了ACFI。2015年至今,巴西已对外签署了10个ACFI,分别是巴西—莫桑比克ACFI(2015)、巴西—安哥拉ACFI(2015)、巴西—墨西哥ACFI(2015)、巴西—马拉维ACFI(2015)、巴西—哥伦比亚ACFI(2015)、巴西—智利ACFI(2015)、巴西—埃塞俄比亚ACFI(2018)、巴西—苏里南ACFI(2018)、巴西—圭亚那ACFI(2018)、巴西—阿联酋ACFI(2019)。

2019年3月28日,巴西政府向UNCITRAL第三工作组递交了关于ISDS制度改革的巴西建议,[3]介绍了ACFI模式下的争端预防机制;并提出ACFI是传统投资协定的创新替代办法,力求通过促进各方与其投资人之间更有活力、更具建设性和更长期的互动,克服传统投资协定的局限性和倾向诉讼的做法。[4] 本章第三部分将具体分析ACFI的具体制度安排以及投资争端预防和解决机制。

三、ACFI的制度安排

2015年ACFI范本包括保护条款、机构治理、风险预防、争端解决、社会责任

---

[1] 2016年世界投资论坛上Daniel Godinho的发言,载https://worldinvestmentforum.unctad.org/wp-content/uploads/2016/07/WIF-2016-Statement-Brazil,最后访问时间:2019年8月7日。

[2] 决议详见Resolução CAMEX N° 30,de 2012-Institui o GTEX。

[3] UNCITRAL第三工作组(ISDS制度改革)第三十八届会议ISDS制度的可能改革巴西政府提交的材料秘书处的说明,参见A/CN.9/9/ WG.Ⅲ/WP.171。

[4] 第三工作组指出:"《巴西合作与便利化投资协定》是传统投资协定的创新替代办法,力求通过促进各方与其投资人之间更有活力、更具建设性和更长期的互动,克服传统投资协定的局限性和倾向诉讼的做法。《巴西合作与便利化投资协定》通过建立一个常设对话渠道(监察员)并要求在提起仲裁之前在联合委员会中进行事先协商,为友好解决争端提供了正确的推动力。这一模式还确认政府在鼓励创造既满足私营部门需要又符合东道国发展重点的有利投资环境方面的重要作用。"

和关于投资便利的专题议程。ACFI 这些条款的设置主要是为了实现三大目标:一是建立治理机构;二是建立降低投资风险和预防争端的机制;三是形成关于投资合作和便利化的专题。希望通过这样的制度设计,在投资者的需求和东道国的发展目标之间,在投资流入和投资质量之间建立起真正的平衡。

在这三大目标中,首先,降低投资风险是通过一系列保护投资的实体条款实现的;其次,建立治理机构的重点在政府的透明度建设,治理机构(投资调解员+联合委员会)既是推进投资便利化的基础,又是争端预防的基础;最后,联合委员会还为国家间仲裁设计标准。

(一)保护投资与保障东道国规制权

ACFI 在一定程度上吸收了传统 BIT 关于投资保护的制度安排,但是在投资保护和东道国的主权政策空间之间作了诸多平衡的努力。具体表现在:一方面设定了征收补偿、赔偿、国民待遇和最惠国待遇、转移和透明度条款来保护外国投资;另一方面又设定了税收措施、审慎措施、安全例外、企业的社会责任、打击腐败以及在投资环境、劳工、卫生等方面的法规措施等条款保护东道国的主权政策空间。

1. 保护投资

(1)征收补偿

所有已签订的 ACFI 中都规定了不得征收或者国有化缔约另一方的投资者在东道国领土上的投资。但又规定,"为了公共利益非歧视性的征收,且在此基础上给予投资者及时、有效和公正的补偿,且符合法律的正当程序,则不属于此条款规定的征收"。[1]

另外,2015 年 ACFI 范本强调说明了征收条款只规定禁止直接征收,即将投资收归国有或通过正式转让所有权的方式直接征用,而并没有禁止间接征收。这在与智利、苏里南、埃塞俄比亚、圭亚那、阿联酋签订的 ACFI 中也有体现。[2]

---

〔1〕 巴西—莫桑比克 ACFI(2015)第 9 条征收、国有化和补偿,巴西—安哥拉 ACFI(2015)第 9 条征收、国有化和补偿,巴西—墨西哥 ACFI(2015)第 6 条征收,巴西—马拉维 ACFI(2015)第 8 条降低风险和争端预防,巴西—哥伦比亚 ACFI(2015)第 6 条征收,巴西—智利 ACFI(2015)第 7 条征收,巴西—埃塞俄比亚 ACFI(2018)第 7 条征收,巴西—苏里南 ACFI(2018)第 7 条直接征收,巴西—圭亚那 ACFI(2018)第 7 条直接征收,巴西—阿联酋 ACFI(2019)第 7 条直接征收。

〔2〕 参见 2015 年 ACFI 范本第 7 条第 5 款、巴西—苏里南 ACFI(2018)第 7 条直接征收、巴西—圭亚那 ACFI 第 7 条直接征收、巴西—埃塞俄比亚 ACFI 第 7 条第 5 款直接征收、巴西—智利 ACFI 第 7 条第 5 款直接征收。

但是在与莫桑比克、安哥拉、马拉维签订的 ACFI 中并没有特别说明征收只限于直接征收。在仲裁实践中,越来越多的投资者援引间接征收条款将东道国诉诸国际仲裁庭。由于对间接征收的界定问题存在较大分歧,由国际仲裁庭来判定是否造成间接征收可能会对东道国政府正常的经济管理行为造成影响。另外,间接征收条款也可能引起对东道国投资者的反向歧视。

(2)待遇

在待遇条款上,ACFI 保留了传统 BIT 中的国民待遇条款和最惠国待遇条款,但是明确说明 ACFI 不包括公平公正待遇条款。[1] ACFI 框架下的国民待遇指每一缔约方在遵守现行立法的情况下,将允许另一缔约方的投资者在不低于国内投资者的待遇标准下进行投资和开展商业活动。ACFI 框架下的最惠国待遇指每一缔约方将允许另一缔约方的投资者在不低于其他未签订 ACFI 的国家的外国投资者的待遇标准下进行投资和开展商业活动,即最惠国待遇不具有传导性,参照的第三国不包括各缔约方已加入的或未来将加入的关税或经济联盟、共同市场、自由贸易区或国际经济合作协定。且协定中的任何条款不得被解释为阻止通过或执行任何根据缔约方的立法规定的旨在公正有效地征税的措施。ACFI 还强调了外国的投资者在东道国应当遵守东道国的国内法,承担应当承担的社会责任和义务。

(3)转移

转移条款规定每一缔约方应允许根据缔约双方立法授权和程序规定,自由转移与投资有关的资金,包括初始出资额或者因初始投资而扩大的任何资本;与投资直接相关的收入;投资的销售收入以及全部或部分清算;偿还与投资直接有关的任何贷款,包括贷款利息;补偿等。[2]

(4)透明度

透明度条款规定每一缔约方应确保和投资相关的所有规制措施合理、客观、公正,并与投资协定的原则一致,符合东道国国内的法律框架。各缔约方应确保毫不延迟地公布与投资协定规定的事项有关的法律法规,特别是与资格、许可证和认证有关的法律法规,并尽可能以电子版形式公布,方便投资者查询。投资协

---

〔1〕 ACFI Model 2015, Art. 4 – 6, Admission and treatment, National Treatment, Most-Favoured-National Treatment.

〔2〕 Ibid., Art. 10 Transfers.

定的缔约方应尽最大的努力为利益相关方提供合理机会就拟采取的与投资相关措施发表意见,举行听证会、座谈会等。[1] 透明度条款也是通过调解员和联合委员会两个层面的机构治理实现的。

2. 保障东道国规制权

(1)税收措施

税收措施条款可以看作对待遇条款反向的限制。ACFI 通过税收措施条款再次强调 ACFI 中任何条款不得解释为缔约一方有义务根据由其他避免双重征税的协定来给予另一方的投资者更高的待遇和特权;ACFI 中任何条款的解释不得违背缔约双方根据各自的法律和法规公平有效地征税,只要这种征税的措施不被视为构成对外资的限制和歧视。[2]

(2)审慎措施

审慎措施条款强调了 ACFI 中的条款不得解释为阻止缔约方采取或维持金融方面的审慎措施。但是,后半部分又规定当审慎措施与 ACFI 条款相冲突时,不能把审慎条款作为规避根据协定承担承诺或义务的手段。[3]

(3)安全例外

安全例外条款主要是对外国投资者在投资准入阶段的限制,强调 ACFI 的内容不得解释为阻止缔约方采取或维持旨在维护国家安全或公共秩序的措施;也不得解释为阻止适用刑法的规定或者履行根据《联合国宪章》的规定维护国际和平与安全的义务。且投资者不得因为东道国根据以上的限制禁止外国投资进入而诉诸争端解决机制。[4]

(4)企业的社会责任

ACFI 用很大篇幅规定了企业的社会责任,要求外国投资者和投资努力遵守一系列原则和标准,遵守东道国的法律。这些原则包括促进经济、社会和环境进步,旨在实现可持续发展;尊重公司活动涉及的国际公认人权标准;鼓励与当地社区的密切合作;鼓励创造就业、为工人提供专业培训;避免在与人权、环境、健康、安全、工作、税收制度、财政奖励或其他问题有关的法律或监管框架中寻求和接受未确立的豁免;倡导良好的公司治理原则以及避免对当地政治活动进行任

---

[1] ACFI Model 2015, Art. 9 Transparency.

[2] Ibid., Art. 11 Tax Mesures.

[3] Ibid., Art. 12 Prudential Measures.

[4] Ibid., Art. 13 Security Exceptions.

何不当干预等。[1]

(5)投资措施、打击腐败和不法行为

ACFI 规定缔约方应该采取措施,根据本国法律和法规,努力预防和打击腐败、洗钱和资助恐怖主义行为。ACFI 不保护非法所得进行的投资。[2]

(6)环境、劳工和健康

环境、劳工和健康条款规定了 ACFI 中的任何内容均不得解释为阻止采取适当措施,以确保在其领土上的投资活动符合劳动、环境和健康相关立法标准。但是相关的立法也不得造成对外资的变相歧视。同时,鼓励投资不得采取降低劳动、环境或健康标准的立法。如果缔约一方认为东道国采取了这种鼓励措施,将通过协商来解决这一问题。[3]

(二)建立治理机构

巴西国内的法律体系复杂,法律众多,且司法效率低下。对于外国投资者来说,要了解巴西的法律非常不方便,在投资进入阶段受到较大阻力。因此,推动投资便利化改革,为外国投资者提供更方便、透明的监管程序是签订投资便利化协定的主要目标。巴西的联邦政府以期通过行政体制改革来推动经济改革,吸引更多外国直接投资。

治理机构的第一个层次是在缔约国之间建立起制度化的对话机制——监察员。监察员制度的短期目标是加强政府部门和私营部门之间的沟通,向外国投资者提供支持,分享与投资相关的法律法规和政策,初步处理投资者的投诉和建议,与缔约国另一方的监察员或者协调中心沟通,将潜在的投资争端扼杀在摇篮中;长期目标是提高东道国监管的透明度,推动东道国的法治建设,实现更好的营商环境,通过制度创新引导经济改革。

治理机构的第二个层次是由缔约双方的政府代表组成联合委员会,共商共享互惠投资的机会,形成投资便利化专题议程并安排专题议程的实施,寻求共识并友好解决与投资有关的问题或冲突,为国家间仲裁争端的解决确定或设计标准机制。

---

[1] ACFI Model 2015, Art. 14 Corporate Social Responsibility.

[2] Ibid., Art. 15 Investment Measures and Combating Corruption and Illegality.

[3] Ibid., Art. 16 Provisions on Investment and Environment, Labor Affairs and Health.

1. 监察员

在 ACFI 的框架下,缔约双方都应当任命监察员,向缔约另一方的投资者在本国的投资提供政府支持。监察员负责落实联合委员会的建议,并与另一方的监察员进行协商,遵守 ACFI 的各项条款。巴西一方的监察员设立在 CAMEX。〔1〕在联邦2016年9月28日第8863号法令中具体规定了巴西的直接投资调解员(Ombudsman de Investimento Direto,OID)的架构。〔2〕2017年2月16日 CAMEX 第12号决议,CAMEX 执行管理委员会(Comitê Executivo de Gestão,GECEX)经过理事会全体投票,通过了设立 OID 的规章,决定将 OID 的规章纳入 CAMEX 内部章程,作为2016年9月21日 CAMEX 第77号决议的附件五。2018年2月22日 CAMEX 第7号决议公布调整后的 CAMEX 内部架构。〔3〕在这份决议中,第八章有关 OID 的部分对其内部具体如何分工运作作出了更为具体的规定。OID 将整合 CAMEX 执行秘书处的架构,并受 CAMEX 部长理事会〔4〕的监督。整合后,OID 的整体架构由执行秘书、秘书处、咨询小组和联络员网组成。

(1) CAMEX 的执行秘书〔5〕

CAMEX 的执行秘书将对外代表 OID 并协调各项工作。CAMEX 的执行秘书的职责即 OID 的职责,〔6〕具体有:①向外国投资者(来自与巴西签订 ACFI 并且已生效的国家)提供帮助和指导,澄清疑虑,接受咨询,并提出解决问题的办

---

〔1〕 CAMEX 是联邦共和国总统政府委员会的一部分。CAMEX 的主体是部长理事会(Conselho de Ministros),也就是说,联合委员会是一个联邦部长间的机构。

〔2〕 2016年9月28日第8863号法令,载 https://www.camara.leg.br/legin/fed/decret/2016/decreto-8863-28-setembro-2016-783664-publicacaooriginal-151138-pe.html,以及 http://oid.economia.gov.br,最后访问时间:2019年7月30日。

〔3〕 调整后 CAMEX 由以下政府机关组成:(1)部长理事会;(2)执行管理委员会;(3)出口融资和担保委员会(Comitê de Financiamento e Garantia das Exportações,COFIG);(4)私有部门咨询委员会(Conselho Consultivo do Setor Privado,CONEX);(5)贸易便利化全国委员会(Comitê Nacional de Facilitação do Comércio,CONFAC);(6)国家投资委员会(Comitê Nacional de Investimentos,CONINV);(7)直接投资调解员;(8)国家贸易促进委员会(Comitê Nacional de Promoção Comercial,COPCOM);(9)执行秘书处(Secretaria-Executiva)。

〔4〕 部长理事会由工贸部部长,外交部部长,财政部部长,运输、港口和民用航空部部长,农业部部长,规划和发展部部长以及总统秘书处主任组成。不同行业的外资政策由负责行业的政府部委具体负责,一些重大项目的外资政策还需总统最后批准。

〔5〕 Regimento Interno da Camex: RESOLUÇÃO N° 07, DE 22 DE FEVEREIRO DE 2018, Art. 106,107.

〔6〕 Ibid., Compete ao OID.

法。②向本国海外投资者(与巴西签订ACFI并且已生效的国家)提供投资有关的援助和指导,并跟踪这些投资者的要求和问题。③向国家投资委员会定期报告OID的工作情况,并适时在会议上提出促进投资和投资便利化相关的措施。④参加现行已生效的ACFI规定的联合委员会会议。⑤与巴西之间有已生效的ACFI的国家的监察员或调解中心(Ponto focal)进行互动。⑥发布投资机会,提供有关投资政策的信息。⑦向有关政府部门或实体提出修改法律法规的建议。⑧信息公开:要求OID及时、方便、客观地向投资者提供非涉密的信息,必要时可以通过协调中心网络。这里的信息应当包括ACFI中规定的有关投资立法、外汇立法、特殊优惠政策、可能影响投资以及设立公司和合资企业的公共政策、相关国际条约、海关和税收制度、商品和服务市场的统计信息、基础设施和公共服务、劳工立法、移民立法、缔约方先前确定的具体经济部门或领域的立法信息以及区域投资项目。这也是加强政府透明度建设的要求。通过提高政府监管的透明度和及时发布监管信息,吸引投资者进入政府与社会资本合作(Parcerias Público-Privadas,PPP)项目,并提高投资者在PPP项目中的作用。⑨OID与投资企业间的互动:OID可以走访在本国的外资企业或者在海外的巴西企业,与企业进行座谈,了解ACFI框架下的跨国企业的需求,找到改革的着力点,自下而上地推动行政效能优化。⑩OID应与公共行政部门长期保持顺畅的沟通,特别是那些负责评估外国投资所需的行政许可的部门。当OID收到投资者的问题后,可以要求投资者提供必要的详细资料,以便OID向相关部门反映投资者的问题,并寻求与有关部门一起解决投资者提出的问题,在必要时向有关部门建议修改立法,以期不断改善投资环境。

(2)OID秘书处[1]

OID秘书处将整合现有CAMEX执行秘书处的框架,由CAMEX的执行秘书任命OID的专职工作人员,负责处理与直接投资相关议题(包括税务、劳工、社会保障、金融、行政、环境、会计、基础设施、土地所有权等),以协助CAMEX执行秘书的工作,并在执行秘书授权的范围内履行各项OID的职责。换句话说,CAMEX的执行秘书对外代表OID,但是具体OID的工作是由秘书处来完成的,尤其是秘书处负责投资相关议题工作的专职人员。秘书处的具体工作有:首先,

---

〔1〕 Regimento Interno da Camex: RESOLUÇÃO N° 07, DE 22 DE FEVEREIRO DE 2018, Seção II Da Secretaria Art. 108, 109.

秘书处为咨询小组的会议提供秘书服务和行政支持,做好会议记录,并通报会议的日期、地点和议程。其次,秘书处负责处理具体的工作。当 OID 通过网上窗口收到政府机关和企业实体等提出的与投资相关法律法规的要求时,秘书处负责事务的接收、分析、整理工作,与咨询小组成员以及其他公共和私营实体进行协调,来执行 OID 分配的任务。另外,秘书处要与其他部门的联络员互动,接收有关投资者咨询和问题的详细信息,并回复咨询结果,评估投资者提交给 OID 的问题,以验证解决方案小组〔1〕(Grupo de Solução de Questionamentos, GSQ)的法律依据和机构需求,保留 OID 文档文件;关注国际商务谈判(如 ACFI 的最新谈判)和与 OID 权限相关的立法项目的进展情况;完成 CAMEX 执行秘书授予的其他权限。

(3)咨询小组〔2〕

咨询小组由 CAMEX 各部门代表组成,并由 CAMEX 秘书处执行秘书领导。咨询小组负责指导和监督 OID 的工作,包括拟订和最终修订内部规章制度。咨询小组将对要提交 CAMEX 部长理事会的问题进行评估。在必要时,咨询小组可以举行会议,会议的形式不受限制,可通过视频、语音或其他任何形式。只要有一名小组成员请求或者主席要求召开的情况下即可举行会议。主席召开会议需至少提前 15 日通知。会议议程应至少提前 5 日转交与会者。咨询小组成员可在会议议程结束前最多 10 日内提交与会议议程相关事项的提案。在会议中,应如实记录咨询小组提出的建议。咨询小组应对所评估的事项作出最终意见,并以附件的形式提交。咨询小组主席负责:①召集和主持咨询小组会议。②确定会议日期、地点和提议会议议程。③听取咨询小组的其他成员、公共行政机构以及作为协调中心网络成员的半国家实体的意见。

(4)协调中心网络〔3〕

协调中心网络(Rede de Pontos Focais)将由政府机构和企业实体中的调解员、半国营实体中的调解员以及合适的联邦单位中的调解员共同组成。与外国

---

〔1〕 Regimento Interno da Camex: RESOLUÇÃO N° 07, DE 22 DE FEVEREIRO DE 2018, Art. 114 Compete à Presidência do Grupo Assessor.

〔2〕 Regimento Interno da Camex: RESOLUÇÃO N° 07, DE 22 DE FEVEREIRO DE 2018, Seção Ⅲ Do Grupo Assessor Art. 110, 111, 112, 113, 114.

〔3〕 Regimento Interno da Camex: RESOLUÇÃO N° 07, DE 22 DE FEVEREIRO DE 2018, Seção VDa Rede de Pontos Focais Art. 117 – 121.

直接投资相关的政府部门将在其编制人员内指定一个服务人员作为调解员,以便与 OID 合作,为投资者提供关于投资的法律法规政策信息,并在其职权范围内解决投资者的问题。指定为调解员的服务人员应当拥有履行职权所需的查询相关信息和调动相关人力、物力资源的权限。外贸委员会的内部机构应指定各自的调解员。外贸委员会执行秘书可要求任命其他政府机构和实体的调解员,以建立起整个协调中心网络。巴西贸易与投资促进局(Apex-Brasil)[1]也将加入协调中心网络,支持外贸委员会秘书处 OID 的各项活动,特别是向投资者提供援助和指导,发布投资机会,提供有关投资政策的信息。此外,还将根据公司与投资者的业务,提出旨在促进直接投资的措施。当 OID 收到投资者的咨询或者问题时,与自己负责的领域相关的联络员应在 15 日内对问题进行初步的处理。联络员应在各自原属的机构中进行协调磋商,向秘书处提交相关问题的解释说明材料,之后通过解决方案小组拟订解决问题的建议。OID 应在 20 日内在 OID 网站上填写提供的特定表格向投资者进行答复,为了回应进一步的咨询,最多可延长 10 日。

巴西在出台并签订双边的投资便利化协定后,巴西国内从联邦政府一级开始的行政立法发生了很大的变化,为了贯彻 UNCTAD 关于投资协定系统可持续的理念,采用了与推动贸易便利化基本一致的改革措施。通过经济部外贸委员会各部门一起开会讨论协商,然后以行政法令的形式一步一步确立下来各部门的职责,推动一个窗口、"一站式"服务、各部门协作的行政体制改革,以达到优化营商环境吸引外资进入的目标。但是与贸易相比,投资不仅涉及海关税收单一部门,受到的行政层面的规制更多,需要协调更多的相关行政部门协同优化行政监管效能。不仅涉及联邦这一层面经济部外贸委员会内部机关和实体,还涉及州政府的行政监管,推动投资便利化改革需要连贯性的、长期性的政策实施。

2. 联合委员会[2]

根据巴西 2015 年 ACFI 范本和巴西已签订的 10 个双边 ACFI,联合委员会是争端预防和解决的重要平台。联合委员会由缔约双方各自政府指定的政府代表组成。在缔约双方商定的日期和地点举行会议,并且双方轮流担任主席,每年

---

〔1〕 巴西贸易与投资促进局是挂靠在政府部门的贸易和投资促进组织,设立的初衷是帮助国内中小企业的产品和服务走出去,增加出口企业数量,开辟国际市场。

〔2〕 See ACFI Model 2015, Art. 18 Focal Points or "Ombudsmen".

至少举行一次会议。联合委员会是投资便利化协定的执行机关,负责监督和审议协定的具体实施。联合委员会也将制定内部章程,确定联合委员会具体的运作程序。通过召开双边会议,商讨和共享扩大互惠投资的机会。缔约各方可设立特设工作组,与联合委员会联合或分开举行会议,且私营部门也可以加入特设工作组,还可以请私营部门和社会团体参与和联合委员会工作相关的具体问题。联合委员会还将为国家间仲裁争端的解决确定或设计标准机制。

(三)争端预防和争端解决

争端预防是在调解员和联合委员会这两个层次上实现的。争端的解决途径可以分为国际救济途径(国家间仲裁)和国内救济途径(法院和国内仲裁)。

1. 争端预防

ACFI 规定,双方的调解员和联合委员会协同工作,一起预防、控制和处理双方之间的争端。[1] 在争端预防机制穷尽的情况下,才能将争端提交仲裁。仲裁的目的是确定一方当事人声称不符合投资协定的措施是否符合投资协定。作为仲裁的前置程序,缔约双方之间的任何争议首先要进行磋商和调解。

ACFI 规定了具体的磋商程序:利害关系一方向另一方递交书面磋商请求,请求的内容应包括受影响的投资者的姓名、对方有争议的措施以及请求所依据的法律和事实的调查结果。在递交请求后,双方的对话和磋商程序正式启动。联合委员会应在提出请求之日起 60 日对案件进行评估,若一方提出理由并经双方一致同意后,可再延长最多 60 日对案件进行进一步评估,即最多 120 日。对于提交的事项,联合委员会应尽可能召开特别会议进行审查。在超过第一个 60 日后,双边磋商程序可由任何一方终止。磋商程序终止后的 15 日内,联合委员会将会举行下一次会议,在会议上呈交磋商结果报告。提交的报告内容应包括:当事方身份证明;受影响的投资者;正在协商的措施的说明;双方协商的结论。为便利双方尽可能寻求解决办法,会议应邀请受影响投资者的代表和参与正在协商的措施的政府或非政府实体的代表出席。如果一方没有出席联合委员会会议,争端不能在联合委员会这个层面上解决,那么将进入国家间仲裁的程序,将争端提交仲裁。在调解阶段,除联合委员递交的报告外,其他的会议文件均应保密。

2. 国家间仲裁

在巴西—莫桑比克 ACFI(2015)、巴西—安哥拉 ACFI(2015)中,都只规定

---

[1] ACFI Model 2015, Art. 23 Disputes Prevention.

了由联合委员会为国家间仲裁设计标准,没有对争端解决作具体的规定。[1] 但除此之外的 ACFI 都规定了国家间仲裁的具体标准。2015 年的 ACFI 范本规定,当调解机制用尽时,可由任意一方将争端提交特设仲裁庭,经双方一致同意,也可以将争端提交常设仲裁庭。当调解机制用尽时,由投资引起的争端可以通过母国的外交保护,向东道国提起国家间仲裁。[2]

(1)仲裁的范围[3]

仲裁的范围是由投资协定的适用和解释引起的争端,即东道国采取的措施违反了投资协定规定,但是 ACFI 规定了例外条款,涉及东道国规制权的:①企业社会责任条款;②投资措施、打击腐败和不法行为条款;③环境、劳工和健康的条款,不许进行国家间仲裁,只能选择国内救济。除此之外,双方之间还可以签订具体的仲裁协议,规定哪些事项可以选择仲裁来判定赔偿,然后由仲裁员审查损害赔偿。在时间效力上,规定了在协定生效后发生的争端才可以根据协定提请仲裁,并且有 5 年的诉讼时效,在缔约方知道或应当知道引起争议的事实之日起超过 5 年,诉讼时效期间经过。

(2)仲裁庭的组成[4]

仲裁庭将由 3 个仲裁员组成,每一当事方应在收到仲裁通知后 3 个月内任命仲裁庭成员。在第二名仲裁员任命后 3 个月内,两名仲裁员共同任命第三名仲裁员作为主席。第三名仲裁员应来自与双方保持外交关系的第三国国民。主席必须在任命后 1 个月内得到仲裁双方的批准。如果在规定的期限内没有完成仲裁员的任命,任何一方均可邀请国际法院秘书长作出必要的任命。如果国际法院秘书长是一方的国民,或无法履行上述职能,将邀请国际法院最有资历且不是缔约任何一方国民的国际法院成员进行仲裁员的任命。

(3)仲裁员的要求[5]

仲裁员要求具备国际公法、国际投资或贸易规则,或者解决与国际投资协定有关争端的必要经验和专业知识。且仲裁员应独立于任何一方,不能接受缔约

---

〔1〕 巴西—安哥拉 ACFI(2015)、巴西—莫桑比克 ACFI(2015)对于争端解决只规定了如果无法根据联合委员会的建议解决根据本条第 2 款引起的争端,双方当事人可以使用国家间的仲裁机制解决争端。

〔2〕 See ACFI Model 2015, Art. 24. 1.

〔3〕 Ibid., Art. 24. 3.

〔4〕 Ibid., Art. 24. 6.

〔5〕 Ibid., Art. 24. 8.

任何一方的指示,即是对仲裁员中立性的要求。

(4)仲裁的程序[1]

2015 年的 ACFI 范本规定仲裁应当遵守世界贸易组织《争端解决规则和程序谅解》中适用于争端解决的部分,或者联合委员会确立的其他标准。仲裁的程序应该按照 ACFI 的规定由联合委员会确定或者按照 UNCITRAL 的仲裁规则确定。仲裁庭将根据协定的内容和双方都承认的国际法原则和规则,以多数票作出决定。仲裁庭应在主席任命后的 6 个月内作出判决。仲裁的结果为终局裁决,对双方都具有约束力,各方应毫不拖延地履行该决定。另外,如果争端事前已经提交到了东道国的当地法院或者东道国的仲裁庭,那么只有投资者撤回当地法院或东道国仲裁庭的起诉,才能启动国家间仲裁程序。

(5)仲裁的费用[2]

仲裁费用的承担是由联合委员会来确定的。联合委员会应核准确定仲裁员费用的一般规则,同时参考有关国际组织的做法。在一般情况下,应由双方平等承担仲裁员的费用以及诉讼的其他费用。

(6)仲裁的执行[3]

如果仲裁判决金钱赔偿,接受赔偿的一方在按照程序扣除仲裁费用后,应当将赔偿款转给受影响的投资者。赔偿的一方也可以要求仲裁庭将赔偿款直接转给受影响的投资者。

ACFI 彻底放弃了投资者与国家间仲裁,只保留了国家间仲裁,且规定和细化了国家间仲裁前的强制磋商程序,由双方的投资调解员、投资者、东道国相关政府部门、受影响的第三方一起参与到调解过程中。投资争议的事实问题和法律问题都是在联合委员会查明的。在联合委员会无法调和争议的情况下,才会由双方的代表(投资调解员)将争端提交到仲裁庭。国家间仲裁的标准机制是由缔约双方组成的联合委员会确定的。也就是说,巴西确定的这种国家间仲裁的争端解决机制是以往通过外交保护解决投资仲裁的优化方案,即“争端预防 + 外交保护”模式。

---

[1] See ACFI Model 2015, Art. 24. 9, 24. 10, 24. 11, 24. 12, 24. 13.

[2] Ibid., Art. 24. 13(c).

[3] Ibid.

四、投资协定新范式的优势和缺陷

在投资仲裁多边改革的背景下,巴西推出的投资合作和便利化范本完全放弃了投资者—国家间仲裁的机制选择,形成"争端预防 + 外交保护"的新模式。2015 ~ 2019 年,巴西一共与 10 个国家签订了双边 ACFI,包括 5 个拉美国家(墨西哥、哥伦比亚、智利、苏里南、圭亚那),4 个非洲国家(莫桑比克、安哥拉、马拉维、埃塞俄比亚),以及 1 个亚洲国家(阿联酋)。这种主要在发展中国家之间签订的投资便利化协定,尤其是与巴西关系紧密的非洲国家、南方共同市场国家以及与巴西接壤的国家,契合了 ACFI 要实现开辟新的一体化道路的目标,[1]但是在优势与缺陷方面都很明显。

从实体条款上看,ACFI 对缔约双方权利与义务的设置上比传统的 BIT 更加均衡,更注重平等,对东道国来讲,能够在一定程度上防范监管风险。在征收和待遇问题上,删去了间接征收条款和公平公正待遇,这一方面降低引起投资争端的风险,另一方面这也是过去巴西国会反对 BIT 的核心点。从巴西联邦政府的角度来讲,ACFI 的目标和制度与巴西的宪法法律不存在冲突,更有希望获得国会的批准。ACFI 出台以来,巴西与安哥拉签订的 ACFI 已经生效。

从争端解决条款来看,争端预防和外交保护的模式对于特定类型的外国直接投资具有优势。以巴西作为东道国的情况来看,2016 年巴西推出"投资伙伴计划"以来,不管从联邦政府层面还是州政府层面,都希望吸引更多优质外国直接投资进入政府与私有资本合作的 PPP 项目中。[2] 对于这类政府与外资、私有资本合作的模式来讲,ACFI 倡导的加强东道国政府的透明度建设,提前做好风险评估,建立友好磋商解决争议的机制相对于投资者—东道国仲裁机制有一定的优势。2015 年巴西修订了 1996 年《仲裁法》,修正案扩大了仲裁范围,明确了

---

〔1〕 巴西—安哥拉 ACFI(2015)序言,See Buscando estimular, agilizar e apoiarinvestimentos bilaterais, abrindo novas iniciativas de integração entre os dois Países。

〔2〕 2019 年 5 月 22 日,巴西副总统莫朗(Hamilton Mourão)表示,将加强与中国的关系,在基础设施与能源领域提供更多的投资机会。参见 https://exame. abril. com. br/economia/mourao-procura-reforcar-lacos-com-china-para-atrair-novos-investimentos/,最后访问时间:2019 年 8 月 8 日。2019 年 8 月 3 日,圣保罗州州长 João Doria 抵达中国,以吸引更多贸易和投资合作伙伴为目标,与中国企业们促成公私合作模式(PPPs)。参见 https://exame. abril. com. br/brasil/com-bolsonaro-em-seu-labirinto-doria-vai-a-china/,最后访问时间:2019 年 8 月 8 日。

行政机关也可以仲裁,[1]在涉及 PPP 项目的合同中可以签订仲裁协议。但是对于巴西作为母国的情况来说,ACFI 能在多大程度上保护本国的投资者还需要进一步观察。就投资调解员制度来说,巴西的调解员设立在外贸委员会,其主体是由联邦各部部长组成的部长会议,对于调动与投资相关的行政部门之间的合作相比单一部门有一定优势。而对于其他国家,调解员制度能否协调各部门之间的关系,能否有效解决投资者的关切,能否促进本国的营商环境,还值得商榷。

[1] 赵懿先、魏丹:《巴西仲裁立法改革:友好型仲裁机制的优化》,载肖永平主编:《武大国际法评论》(第 19 卷),武汉大学出版社 2016 年版,第 22 ~40 页。

第五章　联合国国际贸易法委员会项下投资仲裁改革进展报告*

国际投资仲裁的正当性危机已经发酵了一段时间,各国关注的重点已经转向了改革方案的具体设计。自2017年以来,UNCITRAL第三工作组将ISDS改革作为工作重点,试图在多边层面推动国际投资仲裁制度的系统性和结构性改革。在回顾第三工作组谈判历程和工作机制的基础上,本章试图梳理UNCITRAL项下投资仲裁改革的关键问题和可能改革方案,并展望其下一步工作动向。

一、历程简介

(一)第三十四届会议

2017年7月,在UNCITRAL第五十届会议上,UNCITRAL第三工作组就ISDS改革事项获得如下授权:第一,确定并审议与ISDS有关的关切;第二,根据已确定的关切,审议改革是否可取;第三,如果工作组最后认为改革可取,制定向委员会建议的相关解决办法。〔1〕

第三工作组的授权是相对灵活的。第一,工作组具有广泛的自由裁量权,另外,任何解决方案均应考虑相关国际组织正在进行的工作,并着眼于使每一个国家能够选择是否以及在多大程度上希望采用相关解决办法。第二,三个任务授权并不是割裂的,也不存在严格的顺序。任务授权的前两个阶段可以并列放在一起进行审议。〔2〕

就工作方法而言,此次会议指出,第一,ISDS制度改革涉及复杂的国际公法问题,从而突出表明应由政府主导这一过程,这一点已在第三工作组任务授权中

---

* 本章系国家社科基金青年项目"一带一路"背景下国际投资仲裁多边改革与中国对策研究(18CFX084)的阶段性成果。

〔1〕 联合国国际贸易法委员会第三工作组(ISDS制度改革)第三十四届会议工作报告(2017年11月27日至12月1日,维也纳),第一部分A/CN.9/930/Rev.1(以下简称第三十四届会议工作报告),第19段。

〔2〕 第三十四届会议工作报告,第23段。

给予承认。[1] 第二,第三工作组的目标是确定并处理与 ISDS 有关的核心问题,详尽无遗地审议所有问题并不可取。[2] 第三,第三工作组在后续工作中需要明确,是否需要对相关关切的问题进行改革,以及改革方案是渐进的还是系统性的。[3]

(二)第三十五届会议

在第三十五届会议上,第三工作组审议了仲裁结果、仲裁员/裁定人以及国家、投资人和公众的观念等三方面议题。委员会强调指出,工作组任务授权被认为是侧重于投资争议解决的程序方面,而非其中的投资保护标准,从而确保任何拟议改革是可行和可实现的。这方面提到不同改革选项,其中包括制定软性法律文书、上诉机制以及设立一个多边投资法院。第三工作组一致认为,现阶段审议工作考虑这些改革选项尚不成熟,认为第三工作组的首要任务是对各种问题和关切进行透彻分析。[4]

(三)第三十六届会议

在第三十六届会议上,第三工作组将相关关切和问题分为三大类,并进行了相关讨论:与投资争端法庭仲裁裁决缺乏一致性、连贯性、可预测性和正确性有关的关切;与仲裁员和裁定人有关的关切;与投资争端案件费用和延续时间有关的关切(见表5)。

表5 UNCITRAL 第三工作组讨论的主要问题

大类	裁决缺乏一致性、连贯性、可预测性和正确性	仲裁员和裁定人	投资争端案件的费用和延续时间
问题	对实质性标准的不合理的不同解释、对管辖权和可受理性的不合理的不同解释,不合理的程序不一致性; 缺乏处理多重程序的框架; 当下处理仲裁裁定不一致和不正确问题的机制存在局限性	缺乏或看似缺乏独立性和公正性; 披露和回避机制的适足性、有效性和透明度; 裁定人缺乏多样性; 裁定人的资格	投资争端解决程序冗长而昂贵; 缺乏一种处理无根据或无价值索赔的机制; 投资争端解决程序的费用分配; 为投资争端解决程序提供费用担保; 与第三方出资有关的关切(待讨论)

---

[1] 第三十四届会议工作报告,第26段。

[2] 第三十四届会议工作报告,第24段。

[3] 第三十四届会议工作报告,第23段。

[4] 联合国国际贸易法委员会第三工作组(ISDS 制度改革)第三十五届会议(2018年4月23~27日,纽约)工作报告,A/CN.9/935(以下简称第三十五届会议工作报告),第18段。

(四)第三十七届会议

在第三十七届会议上,第三工作组重点审议了第三方资助相关问题,[1]初步确定了适合 UNCITRAL 继续讨论具体改革方案的关切问题列表,由此完成了前两阶段的授权。

第三工作组还讨论了第三阶段的工作计划,即如何推进 ISDS 改革的具体方案。在之前的三次会议中,各国原则同意,工作计划应由政府主导并基于协商共识,具有包容性和开放性,以考虑到广泛的意见,同时对改革方案采取灵活务实的做法,以便工作组适当考虑所有方案。[2] 然而,各国在具体的工作计划上仍存在一定分歧,目前存在四步走法、三步走法、分阶段法、工具箱法等多种方案(见表6)。

表6 UNCITRAL 第三阶段的工作方法提议

工作模式	主要内容
四步走法	各国就已确定关切问题的改革方案提出建议;汇总和识别关键改革方案;讨论推进改革方案的工作安排;制定具体解决办法和提出案文建议,由委员会最后确定或通过并最终由联合国大会通过[3]
三步走法	评估已确定的关切问题,并讨论每一关切问题的可能改革方案;由工作组确定最合适的改革方案,工作组可以决定选择可在短期内实现的改革,而不是着手进行需要很长一段时间才能完成的改革方案;详细讨论最可取的改革方案[4]
分阶段法	优先考虑已有共识的改革方案并寻求解决最紧迫的关切问题,但不排除寻求更大范围改革方案的可能性[5]
工具箱法	工作组应着眼于拟订一份形式可能有所不同的相关解决办法清单,建议各国随后可根据本国的具体需要和利益灵活采用解决办法。在对关切问题进行优先排序的基础上,侧重于可能产生直接实质性影响的协商共识领域。这将避免在各国采取任何改革之前必须由工作组完成所有解决办法的情况[6]

---

[1] 联合国国际贸易法委员会第三工作组(ISDS 制度改革)第三十七届会议工作报告(2019年4月1~5日,纽约),A/CN. 9/970(以下简称第三十七届会议工作报告),第16段。

[2] 第三十七届会议工作报告,第63段。

[3] 第三十七届会议工作报告,第64段。

[4] 第三十七届会议工作报告,第65段。

[5] 第三十七届会议工作报告,第67段。

[6] 第三十七届会议工作报告,第68段。

针对应优先考虑某些基于协商共识的关切问题建议,或某些基于其可行性的改革方案建议,会上指出,第三工作组似宜在其工作计划中采取整体方针,以处理第三工作组确定为需要开展改革的所有关切问题。[1] 会上指出,难以确定关切事项的优先顺序,因其相互交织,而且各国在投资争端解决方面有不同的经验。据指出,处理某些具体问题可能导致其他问题得不到解决。因此,会上提出,需要以更全面的方式处理第三工作组确定的关切事项。[2]

在工作愿景上,第三工作组报告概述了以下改革方案:建立一个包括内置上诉机制的多边投资法院,以遵守透明度、合法性和公平性标准。报告指出,这种系统性改革方案的目的是通过建议对现行投资争端解决制度进行结构性改革来处理所有关切问题;可以通过类似于《毛里求斯透明度公约》的机制来执行这一改革方案,这可能导致投资争端解决制度更广泛的改革;这种改革方案只有在各国选择加入的情况下才具有约束力。[3] 会上提出,这一改革方案还可为各国提供解决办法,以根据本国的优先重点,在现有投资争端解决制度范围内实现改革。会上提出,为多边投资法院制定的裁决人行为守则可适用于仲裁员,而上诉机制可用于审查临时仲裁庭的仲裁裁决。会上提出,可以考虑将设立区域投资法院的可能性作为这一改革方案的一部分。[4] 但是,会上强调,还有一些其他改革方案。因此,会上提出,应从关于工作计划的各种建议中找出共同点,在此基础上以灵活和建设性方式制定工作计划。[5]

在具体工作计划上,工作报告提出设立两个并行工作小组,分工合作,协调推进:第一小组可侧重于拟订仲裁员行为守则、制定处理费用问题(包括费用分配、费用担保、第三方出资和设立咨询中心)和延续时间问题(包括早期驳回无意义索赔)的解决办法,并处理与并行程序、反索赔和预防争端有关的问题;第二小组可侧重于结构改革方案,所涵盖的问题与多边投资法院的管辖权及其组成(包括成员甄选、资格和多样性)、建立(内置或独立)上诉机制、裁定执行以及法律框架(包括一部类似于《毛里求斯透明度公约》的文书)有关。[6] 工作报告

---

[1] 第三十七届会议工作报告,第 69 段。

[2] 第三十七届会议工作报告,第 70 段。

[3] 第三十七届会议工作报告,第 71 段。

[4] 第三十七届会议工作报告,第 72 段。

[5] 第三十七届会议工作报告,第 73 段。

[6] 第三十七届会议工作报告,第 74 段。

指出,并行工作小组的建议是基于认识到各国有不同的政策目标,应当为各国提供机会就其认为适当的改革方案类型作出决定。据解释,拟议工作计划将避免必须确定优先顺序,可在短时间内取得具体成果,同时还便于制定长期改革方案。另据指出,这种工作安排可以减轻各国的负担,各国将能够决定参加哪一个工作小组。[1]

会上指出,在工作计划中确定工作组工作的优先顺序不应被理解为排除某一改革方案,而应理解为努力确定工作起点,然后就所有可能的改革方案进行工作排序。会上指出:"确定优先顺序有利于工作组针对迫切需要改革的情形和已经就解决办法达成协商共识的情形制定解决办法。通过采取这一方针,工作组实际上将能够审视整个投资争端解决制度,因此,将这一方针定性为渐进式改革而非对投资争端解决制度的全面改革是错误的。"最后,会上还指出,确定优先顺序未必会预判工作结果,因为它可能导致工作组将决定拟订任何类型的文书,而这些文书最终也将由各国通过。

二、工作机制

(一)讨论范围

第三工作组的讨论聚焦于程序问题。会上指出,关于 ISDS 制度的可能改革,关键问题涉及的是基本的实质性规则。尽管如此,会上澄清,赋予工作组的任务授权侧重于争议解决的程序方面,而非实质性规定。[2]

第三工作组的讨论聚焦于投资条约中的程序问题。投资条约、国内投资法和投资合同都可能纳入 ISDS 条款。一方面,投资合同、国内立法与国际条约的文本规定可能存在较大差异,背后的政策考量亦有不同。如果强行考虑所有情形,"可能超出工作组任务范围,将那些可能难以处理的投资合同问题包括进去"。[3] 另一方面,"如果投资人选择谈判合同性机制而非依赖于条约规定,完全排除投资合同就有可能削弱可能改革的成果"。[4] 第三工作组将侧重条约争端解决程序,但未来可能将改革成果用于合同和国内法下的投资争端

〔1〕 第三十七届会议工作报告,第 75 段。
〔2〕 第三十四届会议工作报告,第 20 段。
〔3〕 第三十四届会议工作报告,第 28 段。
〔4〕 第三十四届会议工作报告,第 29 段。

解决程序。[1]

(二)工作原则:可持续发展、平衡性、包容性

鉴于投资以及投资争议解决对可持续发展的影响,第三工作组会议强调了工作组任务授权对于发展中国家的重要性。这些发言根据若干国家的国内经验,强调了与投资争议解决有关的问题和关切,其中包括缺少问责制、缺少透明度、缺少一致性和协调性、缺少有效的复审机制以及缺少处理无理索赔的机制。[2] 作为一般问题,会上强调投资争议解决制度的任何改革都需对国家和投资人的权利和义务加以平衡。[3] 发言还强调了在多边一级审议投资争议解决制度可能的改革这一主题的重要性。会上提到,发展中国家和发达国家的积极广泛参与是确保 UNCITRAL 执行这一任务授权进程的有效性和合法性的关键。[4]

(三)重点议题

除了已经明确的仲裁费用、仲裁员、裁决一致性三大类问题,还有一些相关问题虽然没有明确提及,但也没有明确排除,在后续的改革讨论中仍有一定的相关性,例如,替代性投资争端解决机制,包括调解、申诉调查官、协商解决、调停以及其他任何友好解决机制。[5]

关于穷尽当地救济办法,会上一致认为,要求投资人在将其索赔提交投资仲裁之前用尽当地救济办法,是改革投资争端解决制度时需要考虑的一个工具,而不是一个需要处理的问题;[6] 对第三方参与问题需要加强深入研究,其中的某些问题可以与裁决不一致问题一同考虑处理;[7] 关于监管寒蝉效应(Chilling Effect),工作组不会将其作为一个单独的关切事项来处理,而应通过投资争端解决办法对各国监管政策发挥潜在影响作用,以此指引投资争端解决制度改革工作。[8]

---

[1] 第三十四届会议工作报告,第 30 段。
[2] 第三十五届会议工作报告,第 13 段。
[3] 第三十五届会议工作报告,第 14 段。
[4] 第三十四届会议工作报告,第 15 段。
[5] 第三十四届会议工作报告,第 30 段。
[6] 第三十七届会议工作报告,第 30 段。
[7] 第三十七届会议工作报告,第 33 段。
[8] 第三十七届会议工作报告,第 37 段。

三、仲裁费用问题

(一)问题表现

第一,投资仲裁费用较高,时间较长。工作组注意到,基于现有的有限资料,ISDS方面80%~90%的费用与法律代理人和专家费用有关,而且每一程序的费用额平均为800万美元。[1] 会上普遍认为,ISDS程序冗长而昂贵,给被申请方国家和申请方投资人同时带来诸多问题和实际困难。[2] 应对ISDS方面的索赔,给较小国家的官员造成了过重负担。[3]

第二,胜诉方被申请国在从申请方投资人收回费用方面面临的困难。会上指出,投资人可能会使用空壳公司,也可能一贫如洗,致使国家可能无法收回资金。[4]

第三,第三方资助问题已成为一项重大关切,不仅可能造成系统性失衡,还可能损害公平竞争环境,特别是鉴于目前缺乏透明度和对第三方出资的监管。[5] 对第三方出资的关切还包括其可能增加无意义索赔的数量,第三方出资对友好解决争端可能产生的负面影响,以及对外国直接投资流动的普遍影响。会上还指出,第三方出资还给投资争端解决制度带来结构性失衡,如被申请方国家一般无法获得第三方资金;[6] 还影响其他问题,如利益冲突、收缴费用以及执行费用裁决。[7]

(二)可能改革方案

第一,注重整体性程序改革方案。工作组会议提出以下看法:必须作为一个整体审视延续时间和费用方面的关切;其各组成部分以不同方式相互影响。因此,一旦确定各种关切,有必要以系统观点审议这些问题:一是仲裁规则和投资条约的创新(如早期驳回无根据、无价值索赔要求、初步反对、费用担保等);二

[1] 第三十四届会议工作报告,第36段。
[2] 第三十四届会议工作报告,第37段。
[3] 第三十四届会议工作报告,第40段。
[4] 第三十四届会议工作报告,第56段。
[5] 第三十七届会议工作报告,第18段。
[6] 第三十七届会议工作报告,第19段。
[7] 第三十四届会议工作报告,第80段。

是确保决定正确性的必要；三是通过减少不必要的材料提交，增进决定的可预测性。[1] 系统改革不等同于“一刀切”。每个案件在所需要的、合理的时间和费用上是不同的，因此，“一刀切”的规则并不适宜。此外还指出，对发展中国家而言，即使合理的费用也带来巨大的预算影响。一种可能的支助机制或许是设立一个辩护费用基金或其他形式援助，如咨询中心。[2] 会上指出，已查明的关切具有系统性，从而表明需要系统性解决办法，系统性解决办法将通过提高可预测性和增加对程序本身的控制能力降低总体费用。[3] 会上提到是否可能制定可在双边和多边基础上适用的解决办法。在这方面，补充说此类双边和多边解决办法不一定相互排斥，可以有一套同时在双轨制定的解决办法，尤其是考虑到国家之间经验的差异。[4]

第二，减少仲裁程序延迟，控制仲裁总体时限。会上指出，国家有机会采取步骤控制延续时间和费用，为此可以进行有效的案件管理，并作为被申请方在下述方面作出决定，其中包括：预防性或防范性办法、使用仲裁以外的争端解决手段（如调解）、在初始阶段确定预算并随时更新、设定费用最高限额、改进案件管理、加收费用阻止无根据索赔和申请、禁止无根据的临时措施申请、限制兼职（最终减少回避请求数量）、投资人索赔的诉讼时效、针对无根据或无价值索赔的早期驳回机制、诉权限制，以及缩窄投资人可提出索赔的诉由。[5]

第三，规制第三方资助。作为解决与第三方出资有关的关切问题的可能途径，会上提出以下建议：其一，投资争端解决中完全禁止第三方出资；其二，对第三方出资加以规范，例如，采用确保一定透明度的机制，包括披露（这可能也有助于确保仲裁员的公正性），对不予披露实行制裁，以及对第三方出资人以及他们何时能够提供资金作出规定。[6] 在这方面，强调对第三方出资的任何监管都必须有明确的适用范围。会上强调，工作组将制定的任何解决方案都需要保持平衡，以便不会意外地限制企业诉诸司法的机会特别是中小型企业。[7]

---

[1] 第三十四届会议工作报告，第 59 段。

[2] 第三十四届会议工作报告，第 72 段。

[3] 第三十四届会议工作报告，第 76 段。

[4] 第三十四届会议工作报告，第 77 段。

[5] 联合国国际贸易法委员会第三工作组（ISDS 制度改革）第三十六届会议（2018 年 10 月 29 日至 11 月 2 日，维也纳）工作报告，A/CN. 9/964（以下简称第三十六届会议工作报告），第 118 段。

[6] 第三十七届会议工作报告，第 20 段。

[7] 第三十七届会议工作报告，第 22 段。

四、仲裁员问题

(一)问题表现

第一,任命机制导致的独立性偏见。会上普遍持这样看法,即关于缺乏独立性和公正性的观念并非产生于对个别仲裁员职业操守的关切,而是涉及当事人指定仲裁员做法以及由此产生的激励效应。会上指出,投资争议解决方面的不对称性可能是系统性偏见的一个根源。仲裁员往往希望寻求再次任命,于是存在一种激励效应,驱使仲裁员确立所谓的将有助于再次任命的地位。会上还指出,争议各方也会在激励效应驱使下任命将支持其立场的仲裁员。[1] 会上表达了这样的看法,即虽然当事人指定仲裁员是国与国争端解决的普遍做法,但并没有在这方面产生同样批评意见。[2]

第二,仲裁员身份混同与利益冲突。一些个人在某些投资仲裁中担任仲裁员同时又在另一些案件中担任顾问或律师,这就是通常所称的"身兼两职"问题,可能引发潜在和实际利益冲突。会上指出,即使表面上不正当(例如,怀疑仲裁员以有利于他所代表的另一争议当事人的方式作出裁定)也会对投资争议解决制度合法性观念产生不利影响。[3]

第三,仲裁员群体的封闭性,即仲裁员人选相对封闭,且部分仲裁员被重复任命。会上普遍持下述看法,即当前投资争端解决领域裁定人缺乏多样性削弱了投资争端解决制度的合法性。会上强调,多样性涉及更广泛的考虑,例如,应当考虑到年龄、种族、语言、法律背景以及籍贯国,从而反映不同的经济发展阶段。[4]

第四,仲裁员的民主正当性。这个指控的核心是仲裁员对公共利益关切的认知不如担任公职的法官。这个问题涉及国际投资仲裁的实体问题,不仅涉及投资条约所体现的公共政策,还指更广泛的概念(基本权利,包括投资人权利、国家监管权以及其他政策)。会上回顾,工作组的任务授权不包括投资条约中的实质性规定,因此,这一问题的审议应当限于程序方面。[5]

[1] 第三十五届会议工作报告,第56段。
[2] 第三十五届会议工作报告,第59段。
[3] 第三十五届会议工作报告,第78段。
[4] 第三十六届会议工作报告,第92段。
[5] 第三十五届会议工作报告,第82段。

(二)可能改革方案

第一,保留灵活性和中立性,增加平衡性和非政治性。国际投资仲裁机制应当保持现有制度的长处,如灵活性和中立性,同时确保投资争议解决制度所有相关方的利益都得到考虑。[1] 会上提出进一步建议:一是确保所有利益相关方认清独立性和公正性被视为受到损害的起始点;二是制定关于仲裁员资格及其职责的要求以及关于多样性或适当地域代表性的要求;三是考虑仲裁员的不同指定方式,包括更多使用指定机构或者使用国家制定的名册。[2]

第二,改革仲裁员任命机制。那些认为当事人指定仲裁员的做法造成体制性关切的人提出,投资争议解决制度不妨设想由独立机构而不是由当事人指定和选择裁定人。从这一角度看,如果不建立一个由常任法官组成的机构,就不可能解决所确定的问题。在这方面,会上提到不妨考虑其他国际法院和机构(如世贸组织争议解决机构)所使用的机制。[3]

第三,增加投资仲裁的公共义务。争议解决框架的设计和文化理念影响案件的处理方式,以及如何考虑涉及的公共利益。会上指出,世贸组织争议解决机构中的裁决人对国家立场及其谈判立场有深入了解,而投资争议解决案件中的仲裁员通常对国家谈判所涉投资条约的立场和政策没有什么了解。会上表示,这些结构性问题可能是导致类似投资保护标准的解释产生不同结果的原因。会上还指出,有一套共同义务也可解释世贸组织何以能够采取不同的做法。[4]

第四,制定仲裁员行为守则。可以考虑全面的仲裁员行为守则,涵盖与裁定人有关的所有问题,其中包括:独立性和公正性及其他操守要求;利益冲突和涉案问题冲突;兼职;披露要求,包括裁定人与法律顾问之间的关系;保护裁定人免受不当压力;回避程序;对不守规情形的可能制裁办法。会上还提出,操守要求不应仅针对裁定人,还应包括投资争端解决程序的其他参与方(包括法律顾问和专家)。[5]

---

[1] 第三十五届会议工作报告,第63段。
[2] 第三十五届会议工作报告,第65段。
[3] 第三十五届会议工作报告,第67段。
[4] 第三十五届会议工作报告,第86段。
[5] 第三十五届会议工作报告,第77段。

五、裁决一致性问题

(一)问题表现

一直以来,人们都认为,仅仅是不同结果的存在本身并不是问题,因为条约规定的解释可能是正确的,但适用上又有所不同,取决于案件具体情况以及当事人提交的证据。此外,类似条约规定可能作不同解释,仅仅这一点并不被认为是一个问题,因为在依赖于一般条约解释原则时,有可能以不同方式对类似条约语言作出适当解释。当对同样的投资条约标准或者同样的国际习惯法规则作出不同解释,而这种不同解释又没有合理理由时,不一致性才会被认为更是个问题。[1]

(二)可能改革方案

工作组建议考虑以下改革措施:(1)对包含模糊措词的投资条约进行修正;(2)提供解决办法,给予投资条约缔约国更大控制权,如联合解释声明和关于标准解释的准则;(3)采用一种全面的体制性解决办法(上诉机制或常设裁决机构);(4)考虑对国内投资框架进行改革;(5)引入或执行一种依循先例制度;(6)鼓励尽量并案处理以及仲裁庭之间协调;(7)改进现行复审机制和废止程序;(8)加强国内法院的作用。[2]

六、前景展望

从 UNCITRAL 谈判的进程来看,各国的立场仍有分歧:在改革内容方面,就改革的核心议题——ISDS 的程序改革,各国仍然没有形成倾向性意见;在工作方法方面,各国显然意识到谈判日程的设定对谈判的最终结果有重大的影响,因此对第三阶段的工作方法有渐进性改革和系统性改革之别,目前的并行工作组模式,试图弥合两者分歧。

在 2019 年 7 月 18 日,中国向第三工作组递交了意见书,[3]系统阐述中国在 ISDS 机制改革方面的原则与愿景、现存问题评估、多边改革必要性、具体改革

[1] 第三十五届会议工作报告,第 21 段。

[2] 第三十五届会议工作报告,第 43 段。

[3] 《投资人与国家间争端解决制度可能的改革》,参见中国政府提交的意见书,2019 年 7 月 19 日,A/CN. 9/WG. III/WP. 177。

方案与下一步工作方法。中国政府认为,国际投资仲裁是国际公法性质的救济途径,目前存在仲裁裁决缺乏合适的纠错机制、仲裁裁决缺乏稳定性与可预期性、仲裁员的专业性与独立性受到质疑、第三方资助影响当事人权利平衡、期限冗长和成本高昂等问题。而且,"部分制度性问题难以通过成员国彼此间的双边投资协定予以解决,而是需要通过完善投资者与国家间争端解决的多边规则和机制建设予以解决"。

在改革愿景与方案上,中国坚持《二十国集团全球投资指导原则》——"争端解决程序应公平、开放、透明,有适当的保障机制防止滥用权力",主张改革方案"既要维护东道国的合法监管权,又要保护投资者权益,增强争端当事方对投资者与国家间争端解决机制的信心"。中国政府建议,设立常设上诉机制,保留当事人指定仲裁员的权利,制定与仲裁员有关的资质、利益冲突、遴选和回避程序等规则,讨论替代性争端解决措施、仲裁前磋商程序、第三方资助的透明度纪律等规则。同时,中国政府建议,"第三工作组同时考虑所有问题和解决方案建议是一个能够兼顾各方需要的务实安排,但需要在程序上保留一定灵活性,避免忽视部分重要的改革方案建议"。

在各种改革倡议中,欧盟的常设投资法庭倡议最为成熟、最成体系,在谈判议题中占据优势,基本主导了谈判进程。而且,欧盟成员方数量较多,能够通过数量优势影响第三工作组的谈判进程。中国政府此次提出的中国方案,与欧盟方案有一定的相似性,都主张建立常设性上诉机构,但在仲裁庭成员的任命机制上存在显著差异。随着谈判议题日益聚焦,谈判分歧日益显现,欧盟成员方的数量优势将越发明显,中国如何"合纵连横"需要政治智慧和积极谋划。投资仲裁多边改革将走向何方,仍有待进一步观察。

中 国 声 音

第六章　中国关于投资者与国家间争端解决机制改革的建议文件

一、背景情况

自1987年首起基于条约的国际投资争端发生以来，目前已知的国际投资争端已经发生940多起。现行ISDS机制对保护外国投资者权益、促进跨国投资发挥了重要作用，也有利于国际投资治理的法治化建设，避免投资者与东道国之间的经济纠纷升级为国家间的政治矛盾。因此，中国认为ISDS机制总体上是一个值得维护的机制。

2017年7月，联合国国际贸易法委员会第五十次委员会会议作出决定，授权第三工作组讨论ISDS机制的现存问题、改革必要性和潜在的改革方案。经过两年的讨论，第三工作组认为当前的ISDS机制存在需要改革的问题，决定同时研究制定多个潜在的改革方案，包括体制性改革方案。

中国欢迎此项改革动议。中国政府一直坚定奉行多边主义，积极促进"一带一路"国际合作，推动建设开放型世界经济，秉持共商共建共享的全球治理观，推动建设相互尊重、公平正义、合作共赢的新型国际关系。习近平主席早在2013年举行的二十国集团领导人第八次峰会上就提出："要探讨完善全球投资规则，引导全球发展资本合理流动"。2016年9月，二十国集团领导人杭州峰会达成了《全球投资指导原则》，提出"争端解决程序应公平、开放、透明，有适当的保障机制防止滥用权力"。上述努力为推进ISDS机制改革进程指明了方向。

二、投资者与国家间争端解决机制存在的主要问题

从相关实践看，ISDS机制的基本功能是解释条约、适用条约、确定国家责任，因此该机制属于国际公法性质的救济途径。投资仲裁是解决投资者与国家间争端的重要方式。尽管ISDS机制对保护外国投资者权益、促进跨国投资发挥了重要作用，但该机制在实践中也产生了很多问题。中国认为，以下问题值得各方重点关注。

(一)仲裁裁决缺乏合适的纠错机制

当前的投资仲裁缺乏制度化、合理的纠错机制。在《ICSID 公约》项下,专设撤销委员会的审查范围局限于特定事项,谈判历史表明,缔约各方不认为撤销委员会是上诉机制。在 UNCITRAL 仲裁规则项下,当事方可以依据仲裁地的国内法将投资仲裁裁决诉诸国内法院,但由于仲裁地法院与国际仲裁庭在准据法、条约和法律解释、证据等方面适用不同规则,仲裁地法院的判决往往会引起很多争议。

(二)仲裁裁决缺乏稳定性与可预期性

现行投资仲裁规则主要提供了专设仲裁庭的仲裁程序,不同案件可能由不同的仲裁员进行审理,不同案件的仲裁庭难以保证裁决的稳定性与可预期性。很多仲裁庭作出与以往案件不同的裁决,部分仲裁庭明确表示,协调以往和今后仲裁裁决的一致性不是仲裁庭的职责。投资仲裁机制存在诸多裁决不一致的现象,仲裁结果的不确定性已经严重影响了当事方预期,显然不能满足实现国际投资法治的要求。

(三)仲裁员的专业性与独立性受到质疑

现有投资仲裁体系借鉴了商事仲裁的实践经验,仲裁员指定过程未能充分反映投资仲裁所需要的国际公法专业要求。当前的投资仲裁领域缺乏针对仲裁员的行为守则,仲裁员指定机关的程序不够透明,仲裁员回避制度不够合理。投资仲裁领域还存在仲裁员与律师身份重叠的情形,可能存在利益冲突。投资仲裁的仲裁员和律师局限于少数专家的现象值得高度关注,ISDS 机制应该更加开放、更加具有包容性,提高发展中国家专家的参与度。

(四)第三方资助影响当事方权利平衡

投资仲裁中的第三方资助是近年来出现的备受争议的一个现象。该做法产生于商事诉讼活动,可能导致仲裁员与资助方之间存在利益关联,甚至导致利益冲突。第三方和投资者往往居住在东道国境外,东道国政府既缺乏信息,又缺乏管辖权,因此需要国际合作或协助。此外,东道国政府特别是发展中国家也面临投资仲裁的高成本负担问题,需要建立相应机制予以解决。

(五)期限冗长和成本昂贵

投资仲裁案件平均审理时限为 3 ~ 4 年,《ICSID 公约》项下撤销程序平均时限近2年,冗长的程序使当事方投入大量资源。在仲裁成本方面,最新数据显示,仲裁当事方的法律服务成本合计平均超过1100万美元,给当事方造成沉重负担。调解等替代性争端解决措施使用较少,未能充分发挥提高效率、降低成本的作用。

三、中国对此次改革的目标和方案的考虑

中国认为,在已经发现的众多问题中,部分制度性问题难以通过成员国彼此间的双边投资协定予以解决,而是需要通过完善ISDS的多边规则和机制建设予以解决,研究、制定平衡的争端解决规则。此次改革应当弥补现行投资争端解决机制的主要缺陷,促进国际投资领域的法治化进程。改革方案既要维护东道国的合法监管权,又要保护投资者权益,增强争端当事方对ISDS机制的信心。

中国对完善ISDS机制的可能方案持开放态度。中国认为,目前可以考虑的方案包括但不限于以下方面。

(一)常设上诉机制

为解决ISDS机制存在的主要问题,中国支持对常设上诉机制改革方案开展研究。设立基于国际条约的常设上诉机制,明确相应程序、机构、人员,对推动ISDS的法治化进程具有重要作用,有利于完善纠错机制,增强投资争端解决的法律预期,约束裁判人员的行为,也有利于进一步规范和澄清程序,减少当事方滥用权利的行为。近期的国际投资协定(包括中国签署的投资协定)已经开始尝试对上诉机制作出规定,或制定与潜在上诉机制进行对接的条款。但相较双边投资协定,通过制定多边规则规范上诉机制是更有效率的做法,能够最大限度降低制度性成本。从世贸组织争端解决机制的实践经验看,其上诉机制的效率较高,且运转成本适中。

(二)当事方指定仲裁员的权利

从国际仲裁传统实践看,当事方指定仲裁员的权利是国际仲裁的基本特征,也体现了当事方意愿。投资仲裁的参与各方(投资者、东道国政府官员、律师或仲裁员)普遍认为,该特征是国际仲裁核心的、最具吸引力的特征。在一审环节,由于投资争端往往涉及复杂的事实和法律问题,确定仲裁庭的组成需要考虑很多因素,如仲裁员的法律背景、经验、国籍、精力投入及个案可能需要的特殊专业知识,因此当事方需要考虑仲裁员人选是否合适。值得注意的是,其他国际公

法或国际经贸领域的争端解决机制大多保留了类似做法,允许争端当事方选择受到信任的专家审理案件。国际投资仲裁机制发端于投资保护,设置这一机制的初衷不能被忽视。在投资仲裁的一审环节,当事方指定仲裁员的权利是一项被广泛接受的制度安排,对增强争端当事方特别是投资者的信心具有重要作用,应该在改革进程中予以保留。

(三)与仲裁员有关的规则

在保留当事方指定仲裁员权利的同时,需要对仲裁员的资质、利益冲突、遴选和回避程序进行完善。中方注意到第三工作组与ICSID正在联合研究有关行为守则。考虑到ISDS机制的公法属性,仲裁员应具有国际公法、国际经济法领域的专业知识,避免潜在的利益冲突,防止出现仲裁员不当兼任执业律师造成有失公平的情形。不同文化背景的国家对仲裁员的利益冲突或事项冲突往往存在不同理解,因此需要进一步明确利益冲突和事项冲突的具体内涵。本次改革还应完善仲裁员的遴选和回避规则,增加透明度和合理性。

(四)替代性争端解决措施

相比较投资仲裁,投资调解强调“以和为贵”,可以为东道国和投资者提供高度灵活性和自主性,调解员也有更多的机会采取具有创造性和前瞻性的方法来促进解决投资争端,有利于当事方达成双赢结果,并避免冗长的仲裁程序和高昂的诉讼成本。从更广泛的争端解决实践经验看,采用替代性争端解决措施将更有利于维护投资者与东道国政府的长期合作关系,有助于东道国通过合适的措施保护外国投资,从而起到定分止争、避免矛盾激化的作用。中国认为,应当积极探索建立更加有效的投资调解机制。

(五)仲裁前磋商程序

中国支持纳入仲裁前磋商程序,明确磋商主体为投资者和东道国的中央政府,并将磋商规定为双方的强制性义务。很多国际投资协定已经纳入了类似规则,并对化解投资争端产生了十分积极的作用。在启动仲裁程序前,3~6个月时间的磋商程序有助于解决投资争端。投资者与东道国可以利用该程序更清晰地了解彼此诉求,了解涉案措施和东道国法律规定,并探讨可能的解决方案,从而避免将争议升级到仲裁程序。

(六)第三方资助的透明度纪律

中国支持对第三方资助规定透明度纪律,相关方应持续披露有关资助情况,避免仲裁员和第三方资助者之间发生直接或间接的利益冲突。如未履行披露义务,应明确相关方承担的法律后果。

四、对推进第三工作组工作进程的建议

中国注意到,按照授权,此次改革进程由政府主导,并鼓励其他国际机构和公众参与。中国认为,制定多边规则需要成员国的共同努力,多边机制的生命力也取决于成员国的共同参加。中国支持各成员国在 UNCITRAL 项下通过多种方式推进改革进程,也支持 UNCITRAL 与其他国际组织就此问题进行合作。中方认为,UNCITRAL 第三工作组同时考虑所有问题和解决方案建议是一个能够兼顾各方需求的务实安排,但需要在程序上保留一定灵活性,避免忽视部分重要的改革方案建议。

第七章　中国对于 ICSID 规则修订提案的评论意见*

中国欢迎 ICSID 就 ICSID 规则进行修订,并征求公众意见。中方特此就 ICSID 规则修订草案提出以下评论意见,且中方保留进一步修改、补充、撤回该评论意见或在规则修订过程中提出补充意见的权利。

除非另有说明,该意见书中援引的所有规则均为《ICSID 仲裁规则》(AR)或《ICSID 调解规则》(CR)项下的规则条款。

一、《ICSID 仲裁规则》的评论意见

1. 关于条约解释

为避免错误或者明显不合适的条约解释影响到条约规则的正确性和可预见性,中国建议,《ICSID 仲裁规则》中应当加入一项条件,即仲裁庭在解释条约时,应当适用 VCLT 第 31 条及第 32 条中的规则。

2. 关于仲裁员利益冲突问题

鉴于可能的利益冲突问题已经成为多方关注的议题,中国建议,当当事人一方的代理人在投资争议中就某一法律问题或某一诉求作出过明显不合适的解释时,该代理人不应当在其他涉及同一被申请人以及与前案相同的法律问题或诉求的投资争端中担任仲裁员。

3. 关于仲裁申请书及书面陈述

(1)中国注意到,第 13 条第 1 款规定,双发当事人只允许提交一轮书面陈述,当事人双方另有约定的除外。

鉴于投资争议可能涉及复杂的事实和法律争议,更重要的是可能涉及与公共利益有关的一些普遍适用的政府措施,中国认为有必要保障争议双方充分的诉讼权利。因此,建议允许双方当事人提交两轮书面陈述;或者如果当事人双方有约定的,可以选择只提交一轮书面陈述。

---

* 本意见书由中国政府于 2018 年 12 月 28 日提交给 ICSID 秘书处。

(2)中国注意到,第13条第2款规定提出仲裁申请的一方当事人可以选择将仲裁申请书视为纪要书,中国不同意这一建议。

这不利于当事人双方争议得到公平有效的解决。因为《ICSID公约》第36条对仲裁申请书的正式要求不如对纪要书内容的要求严格,申请人拥有的无条件将仲裁申请书视为纪要书的权利有可能会导致其恶意"滞留"或者不披露与事实、法律和争议相关的所有必要的信息,致使被申请人递交答辩纪要书时,仍然不知道其已答辩的案件的全貌。由此导致第二轮提交书面陈述成为提交真正的纪要书和答辩纪要书,这对于被申请国而言既缺乏效率也缺乏公平。故此,中国建议将仲裁申请书与第一轮提交的纪要书分开。

(3)中国注意到,修订草案对于仲裁申请书、纪要书和回复书中的诉求的范围没有作出明确的界定。

鉴于在纪要书和针对纪要书的回复中提出的新的请求可能给被申请人带来不应当且不公平的负担,中国建议,申请人应当在仲裁申请书中充分说明其救济请求,包括申请人主张、适用法律以及寻求的救济。未在仲裁申请书中提出的请求不能够在纪要书和针对纪要书的回复中主张,并且仲裁庭对于此类请求无管辖权。

4.关于平行程序

许多双边投资协定中包含"岔路口"条款(Forle in the Road Clause),并且申请人有可能已经将投资争议诉诸其他途径解决,包括启动国内司法或者行政程序,或者其他争议解决程序。因此,中国认为,要求申请人将相关程序告知仲裁庭可以大大减轻当事人双方和仲裁庭的负担,提高仲裁效率。

因此,中国建议在第13条中增加一项规定,即申请人应当披露与同一争议事项相关的任何行政、司法、仲裁程序或是其他争议解决程序。该披露应当在登记仲裁请求时一并通知秘书处及被申请人,或者如果此程序在仲裁请求被登记之后启动,则应当自该程序启动之日起15日内通知秘书处、被申请人及仲裁庭(若适用)。

5.关于分步仲裁的申请

鉴于被申请人经常提出分步仲裁的请求,尤其是基于属人管辖权异议或属时管辖权异议时,将这些异议作为一个先决争议来解决可以大大提高仲裁的效率。

因此,中国建议,根据第36条第3款及第37条第4款,仲裁庭原则上应当允许分步仲裁,除非分步仲裁所依据的管辖权异议明显不成立或者与案件实体问题密切相关。特别是当被申请人提出属人管辖权和属时管辖权异议并就此要求分步仲裁时,该分步仲裁的申请应当得到仲裁庭的支持。

6. 关于第三方资助

(1)根据第19条第2款,程序费用包括当事双方的法律费用和开支,但是该条款并未明确此类费用和开支是否包括一方当事人从第三方资助所获得的部分。

因此,中国建议明确该费用和开支不包括一方当事人从第三方资助获得的部分,也就是说,获得第三方资助的一方当事人不得就第三方资助所涵盖的费用和支出获得赔偿。

(2)关于第三方资助披露。鉴于第三方资助对仲裁公平性的潜在影响,中国建议提高第三方资助的透明度,并明确未披露第三方资助的后果,以确保遵守。

第一,接受第三方资助的一方当事人负有持续披露任何与资金变动有关的信息的义务,包括在仲裁庭已经组成后或者仲裁庭成员变更后(若有)的有关信息。以便一方当事人与出资人讨论出资人与仲裁庭成员(若有)间的关系。

第二,为避免仲裁员与第三方出资人之间因第三方资助潜在的利益冲突,除了要求披露第21条第2款中规定的信息外,其他的有关第三方出资人的信息也应当披露。例如,出资合同的内容及资金安排,第三方出资人的国籍及其股权结构,第三方出资人与接受资助的一方当事人之间是否为总公司与分支机构的关系或是其他关系,第三方出资人的最终控制实体或者个人,以及其与仲裁相关的利益,等等。

第三,接受第三方资助的一方当事人不得以上述信息属于商业保密信息为由而拒绝披露。

第四,未履行披露义务的法律后果也应当明确。例如,未披露可能导致程序中止,或者接受第三方资助的一方当事人应当承担与其获得的资助同等金额的费用或者其他合适的费用。

(3)第21条第1款规定的第三方资助的定义仍然比较模糊,可能会被规避从而影响该规定的效力。因此,中国建议将该定义修改为:“第三方资助”是指,非争议方当事人的自然人或者法人,通过出资安排直接或间接承担部分或者全部的仲裁费用而提供的资金或者物质支持,资助方由此可以获得保费,或者全部或部分依据争议结果而换取补偿,或者获得捐款或补助金。

7. 关于保密信息的保护

鉴于投资争议可能会涉及与有争议的政府行为相关的国家机密信息,披露这些信息有可能会影响被申请人的根本安全。此类信息可以排除披露义务。

因此,中国建议增加以下条款:被申请人不应被要求披露涉及国家秘密的信息,被申请人披露此类信息会有违其根本安全。基于此,仲裁庭不得基于被申请人未披露此类信息而作出不利于被申请人推论。

8. 关于合并仲裁

中国注意到,《ICSID 秘书处修订规则意见稿》中第 38 条补充规定了强制合并仲裁。鉴于涉及多方的争议可能会产生复杂的事实和法律争议(例如,申请人援引不同的条约提出的主张或者不同条约规定了不同的程序要求),中国建议合并仲裁应当基于当事人双方的同意。因此,中国认为,制定一个不具有约束力的指导方针更为合适。

二、关于《ICSID 调解规则》的评论和建议

第 28 条规定,各方当事人应当同时提交一份简要、初步的书面陈述,以说明争议的问题及各方观点。鉴于在仲裁程序的初始阶段,被申请人往往因为缺乏与争议问题相关的信息而处于不利地位,因此,被申请人很难与申请人同时提交该书面陈述。

因此,中国建议允许被申请人在收到申请人的书面陈述后,在特定的期限内提交上述文件。

第八章 中国加入《能源宪章条约》的成本收益分析*

能源合作是“一带一路”倡议的重中之重。习近平主席在2015年博鳌论坛主题演讲指出,“能源安全等非传统安全和全球性挑战不断增多,南北发展差距依然很大”,“要推进建设亚洲能源资源合作机制,保障能源资源安全”。[1]《推动共建丝绸之路经济带和21世纪海上丝绸之路的愿景与行动》(以下简称《“一带一路”愿景和行动》)将能源合作列为“一带一路”倡议的“合作重点部分”,[2]倡导依托既有合作平台拓宽国际互利合作,“强化多边合作机制作用,让更多国家和地区参与一带一路建设”。亚欧大陆上的能源合作并不是制度洼地,传统上由欧洲国家主导的、成员国涵盖欧洲和苏联国家的能源宪章体系[3]是国际能

---

* 本章由单文华、王鹏与王晗合作发表于《国际法研究》2016年第1期,有删减。本章是在单文华教授应邀提交给能源宪章秘书处的全英文报告“Report on the Compatibility of Chinese Laws and Regulations with the Energy Charter Treaty”的基础上完成。2015年11月26日,在由ICSID秘书处和西安交通大学共同主办的ICSID 50周年国际会议上,单文华教授和能源宪章秘书处法律顾问Alejandro Carballo博士共同发布本报告,并向商务部条法司等政府部门递送报告文本。本报告全文参见 http://www. energycharter. org/what-we-do/publications/report-on-the-compatibility-of-chinese-laws-and-regulations-with-the-energy-charter-treaty/,最后访问时间:2015年12月18日。

〔1〕《习近平:迈向命运共同体开创亚洲新未来》,载新华网,http://news. xinhuanet. com/politics/2015 - 03/28/c_1114794507. htm,最后访问时间:2015年12月18日。

〔2〕《“一带一路”愿景和行动》在合作重点部分指出,“加强能源基础设施互联互通合作,共同维护输油、输气管道等运输通道安全,推进跨境电力与输电通道建设,积极开展区域电网升级改造合作”、“加快投资便利化进程,消除投资壁垒。加强双边投资保护协定、避免双重征税协定磋商,保护投资者的合法权益”;“加大煤炭、油气、金属矿产等传统能源资源勘探开发合作,积极推动水电、核电、风电、太阳能等清洁、可再生能源合作,推进能源资源就地就近加工转化合作,形成能源资源合作上下游一体化产业链。加强能源资源深加工技术、装备与工程服务合作”。参见国家发展改革委、外交部、商务部:《推动共建丝绸之路经济带和21世纪海上丝绸之路的愿景与行动》,载 http://www. sdpc. gov. cn/xwzx/xwfb/201503/t20150328_669089. html,最后访问时间:2015年5月10日。

〔3〕关于术语,在本章中,《能源宪章条约》指代1994年开放签署的、规定了具体的国际法律权利和义务的《能源宪章条约》,“能源宪章组织”泛指依照1991年《欧洲能源宪章》(European Energy Charter)政治宣言和1994年《能源宪章条约》等国际法文件而建立的常设性国际组织,其秘书处设在欧盟总部所在地比利时的布鲁塞尔。“能源宪章”或“能源宪章体系”在本章中泛指以1994年《能源宪章条约》为主体、以多种后续补充法律文件为辅助的法律框架体系以及据此建立的国际组织。

源领域最重要的多边法律治理机制。转型中的能源宪章体系和我国的“一带一路”建设在地理范围上重叠,在政策议题上兼容,极有可能构成“一带一路”能源合作所依托的制度平台。在能源宪章体系转型和中国大力推动“一带一路”的背景下,中国是否应该加入能源宪章体系成为一个需要严肃审视和仔细考量的学术命题。[1] 由此,本章首先讨论能源宪章改革面临的挑战,及其为中国深度参与国际能源治理带来的机遇,其次从成本和潜在收益两方面详细讨论中国参与能源宪章体系的前景。

一、处于十字路口的能源宪章与中国

(一)历史上的《欧洲能源宪章》

能源宪章体系是以1994年签署的《能源宪章条约》为核心的国际能源法律治理体系。它以能源贸易、能源投资、能源过境运输为主,兼及能源效率、竞争政策、金融、税收、保险、环保、人员往来、政策透明度等广泛议题,是一个综合性的能源规制体系。

能源宪章体系可以追溯到20世纪90年代欧洲国家提出的整合东西欧洲能源资源合作框架的政治动议。“冷战”结束后,欧亚大陆尤其是东西欧洲合作的优先政策是建立一个更紧密的能源合作机制。能源宪章体系在此背景下构建,它以1991年《欧洲能源宪章》政治宣言(European Energy Charter)为龙头,以1994年《能源宪章条约》为主体,以《关于能源效率和相关环境议题的能源宪章议定书》(Energy Charter Protocol on Energy Efficiency and Related Environmental Aspects)、《能源宪章条约贸易修正案》(Trade Amendment to the Treaty)等诸多后续法律文件为补充,共同构成了一个以能源规制为核心的多层级的政治和法律框架体系。能源宪章组织的成员国[2]传统上以欧洲和苏联国家为主,逐渐吸

---

[1] 关于中国加入《能源宪章条约》的分析,参见白中红、潘远征:《中国加入〈能源宪章条约〉的利弊论》,载《生态经济》2010年第10期;Sheng Zhang, The Energy Charter Treaty and China: Member or Bystander?,13 *The Journal of World Investment & Trade* 597(2012);Wenhua Shan, *Report on the Compatibility of Chinese Laws and Regulations with the Energy Charter Treaty*, November 2015; Energy Charter, http://www.energycharter.org/fileadmin/DocumentsMedia/CONEXO/20151127-Compatibility_of_Chinese_Laws_and_Regulations_with_ECT_Report.pdf, last visited on 18 December 2015。

[2] 详见 *Members of the Energy Charter Conference*,载 http://www.energycharter.org/who-we-are/members-observers/, last visited on 18 December 2015。

收部分亚洲国家。

(二)《能源宪章条约》的主要实体规则

《能源宪章条约》是能源宪章体系下法律拘束力最强、涵盖议题范围最广的国际条约。条约包括正文50条和14个附件,详细规定了成员方在能源贸易、能源投资、能源过境运输方面承担的法律义务,并规定了详细的争端解决程序。[1]

在能源贸易方面,能源宪章体系与世界贸易组织体系相衔接,并细化了在竞争政策、技术转移和金融领域的规定。在能源投资方面,《能源宪章条约》与一般国际投资协定(International Investment Agreements)类似,规定了较为具体的投资保护和促进义务。但是,《能源宪章条约》所规定的条约义务较高,包括全部的准入后待遇和全面的投资者—国家争端解决机制,总体上高于中国与《能源宪章条约》缔约国签订的双边投资协定。在能源过境运输方面,能源宪章条约规定缔约国应采取必要措施便利能源运输设施的开放和能源运输的进行,并规定了以能源宪章秘书长任命的调解员(conciliator)为主要裁断方的争端解决机制。[2]

(三)结构转型、制度升级、领袖缺位:能源宪章的挑战与机遇

能源宪章的出现与20世纪90年代初苏联解体后东西欧洲紧张的地缘环境密切相关。为了稳定东欧国家的政局和对西欧国家的能源供给,在当时历史条件下,迅速形成为促进西欧充裕资本、技术与东欧能源资源禀赋相互融合,并以此为核心优势的能源宪章制度框架,成为稳定欧洲地区局势、促进经济一体化的重要政策工具。[3]

然而伴随欧洲一体化进程的顺利推进,能源宪章初始的制度功能优势显著下降。欧洲政局稳定,不断出现的一体化程度更高的欧洲区域组织分散了欧洲各国对能源宪章体系的政治注意力。虽然能源国际合作仍是欧盟对外政策的重

---

〔1〕 关于能源宪章争端解决机制的具体研究,参见白中红:《能源宪章条约的争端解决机制研究》,载《外交评论》2011年第3期。

〔2〕 关于能源运输争端解决机制的更具体研究,参见杨泽伟:《跨国能源管道运输的争议解决机制》,载《法学》2007年第12期。

〔3〕 也正因为能源宪章的促进地区政局问题、密切能源合作的功能,有学者指出东亚也应建立类似的能源合作组织,参见杨泽伟:《"东北亚能源共同体"法律框架初探》,载《法学》2006年第4期;舒小昀:《东亚能源共同体建设的背景、进程与前景——基于〈能源宪章条约〉的讨论》,载《世界经济与政治论坛》2010年第3期。

要一环,但其政策优先级不断下降。由于《能源宪章条约》项下义务与其国内能源规制体系的差异,加之尤科斯案件[1]裁决的影响,俄罗斯于2009年停止了《能源宪章条约》的临时适用(provisional application),《能源宪章条约》进一步促进欧洲能源合作和治理的功能遭遇重大挫折。[2] 为扭转局面,2010年11月,能源宪章组织成员方通过了《能源宪章进程现代化路线图》(Road Map for the Modernisation of the Energy Charter Process),能源宪章体系开始了其历史上的最大转型,致力于重塑制度优势、拓宽地理版图。2015年5月,《国际能源宪章》(International Energy Charter)在荷兰海牙举行的能源宪章部长级会议上得以签署,这是能源宪章现代化升级和全球化战略的最新动向,标志着能源宪章进入了2.0时代。

在目前的能源宪章现代化进程中,结构转型和制度升级是其两条生命线。结构转型表现为能源宪章组织正推行去欧洲化的国际化和全球化战略,能源宪章组织希望借助结构转型吸引更多国家(尤其是新兴经济体国家)参与到能源宪章体系中,在地理版图上实现扩张,并以此激活既有成员国对能源宪章的政治热情并增强能源宪章对潜在成员国的吸引力。制度升级则是试图重塑能源宪章的制度优势,使其更加适应不同国家在新形势下的能源需求,在更大范围内更好地发挥以能源投资、能源贸易和能源过境运输为核心的制度优势。

在两条生命线中,结构转型是能源宪章体系现代化的重中之重,直接关乎能源宪章的命运。然而问题在于,能源宪章的现代化进程却面临领袖缺位困境。同所有国际组织一样,能源宪章组织是一个成员国驱动的体系。因此,其秘书处与秘书长虽然能够发挥重要作用,但决定性的力量仍然保留在成员国之手。对能源宪章组织态度积极并有能力大力推动能源宪章体系现代化的成员国是推动

---

[1] 尤科斯公司(OAO Yukos Oil Company)曾是俄罗斯最大的石油公司,后因俄罗斯对其展开的一系列刑事和民事调查而导致该公司运营不善、最终破产,其大部分资产被俄罗斯国有企业收购。尤科斯公司的三个控股股东根据《能源宪章条约》向海牙常设仲裁庭提起仲裁,起诉俄罗斯。俄罗斯被仲裁庭认定违反了《能源宪章条约》第13(1)条,因而需向尤科斯支付上百亿美元的巨额赔偿。具体案情事实和仲裁裁决,参见 *Yukos Universal Limited* (*Isle of Man*) v. *The Russian Federation*, Final Award. PCA Case No. AA 227, 18 July 2014。

[2] 更多讨论,参见 Anna Aseeva, *EU-Russia Energy Relations: the Role of International Law from Energy Investment and Transit Perspective*, Institut Européen de l'Université de Genève, 2010, http://www.isn.ethz.ch/Digital-Library/Publications/Detail/?id=126492&lng=en, last visited on 18 December 2015。

能源宪章全球化战略的主导力量。欧盟成员国传统上对能源宪章影响最大,但目前德、法、英等欧洲大国普遍对其热情不高,主要认为其目前的剩余价值有限。荷兰和波兰等国家比较有兴趣但推动力不足。俄罗斯对能源宪章现代化表示了兴趣,但缺乏明确表态,同时当前俄欧关系也会对其产生一定消极影响。美国已经签署2015年5月的《国际能源宪章》政治性宣言,但对《能源宪章条约》尚未表态。历史上美国曾经积极参与了规则的制订但是最后没有签署《能源宪章条约》,主要因为条约的投资保护水平不及其双边投资协定的保护水平。还有一些地区大国如加拿大、澳大利亚则仍在观望。伊朗参加了2015年5月在海牙举行的宪章大会,这是石油输出国组织(Organization of the Petroleum Exporting Countries, OPEC)成员首次参加能源宪章的重要会议,加之伊朗在石油输出国组织中分量很重,因此其潜在意义较大。但鉴于其目前只是采纳了《国际能源宪章》政治宣言,未来影响力尚难估测。此外还有智利、哥伦比亚等拉美国家和一些非洲国家也已经签署《国际能源宪章》政治宣言。可以说,能源宪章已经吸引了世界能源界的高度关注,但主要能源大国仍在观望,形成了"领袖缺位"的状态。

"领袖缺位"的现状反映了能源宪章现代化的权力困境。如何提供一套具有比较制度优势的国际能源治理体系以保持既有成员国的政治热情并吸引更多国家,尤其是新兴经济体国家的参与,并有效推进能源宪章体系的全球扩张,是能源宪章组织目前所面临的最大挑战,但这对中国很可能意味着一个巨大的机遇。

(四)中国与能源宪章:国际法律关系的现状与未来

在能源宪章所涵盖的能源贸易、能源投资等主要领域,中国已经与能源宪章组织成员国建立了一定的国际法律关系。在《能源宪章条约》所有54个缔约国(包括俄罗斯)中,44个缔约国是世贸组织的成员国,5个缔约国是世贸组织的观察员国,3个缔约国是非世贸组织成员国。中国与50个《能源宪章条约》缔约国订有双边投资协定,与欧盟正在进行双边投资协定谈判,与2个缔约国(阿富汗、列支敦士登)未签订双边投资协定。中国与《能源宪章条约》缔约国签订双边投资协定的时间较早,多数在20世纪80年代或90年代,仅有14个双边投资协定是2000年以后签订或修订的。20世纪80年代或90年代签订的双边投资协定内容较为简略,条约范围和义务程度较低,多不具有全面"投资者—国家争端解决机制”,[1]未给予投资者充分的准入后待遇,特别是国民待遇,因而与《能源宪章条约》项下投资规制体系的差距较大。

能源宪章体系希望借助结构转型吸引更多国家参与到能源宪章体系中,在地理版图上实现扩张全球化,其扩张的重点正是亚洲、非洲和拉丁美洲等新兴经济体国家。[2] 其现有成员版图与我国的丝绸之路经济带规划基本吻合,其扩大的方向则和我国21世纪海上丝绸之路的方向大体一致。[3] 在这个意义上,能源宪章的发展方向和我国的“一带一路”倡议不谋而合。二者合力,完全有可能成功打造一个有全球影响的丝绸之路能源带。

二、中国加入能源宪章体系的可能成本

(一)经济成本

中国加入能源宪章体系的经济成本较低。首先,《能源宪章条约》对中国国内公共政策的挤压效应并不明显,《能源宪章条约》项下的能源贸易和能源投资义务并未超出中国在世贸组织和国际投资协定体系下的条约义务。《能源宪章条约》项下较为独特的能源运输义务的规定以中立和自由的能源运输为政策取向,政治争议较小,反而有助于中国国际能源贸易和运输,保障中国能源需求的有效、稳定供给。

其次,《能源宪章条约》并不会显著增加中国在国际投资仲裁下的被诉风险。原因有二,其一,由于中国与《能源宪章条约》缔约国基本都签订有双边投资协定,且《能源宪章条约》项下的投资保护义务并未超出2012年签署的《中华人民共和国政府和加拿大政府关于促进和相互保护投资的协定》和《中华人民共和国政府、日本国政府及大韩民国政府关于促进、便利和保护投资的协定》(以下简称《中日韩投资协定》),因此中国因签署《能源宪章条约》而被投资者起

---

[1] 更多讨论,参见单文华:《外资国民待遇与陕西的外资政策研究》,载《西安交通大学学报》(社会科学版)2013年第2期;单文华主编:《中国对外能源投资的国际法保护:基于实证和区域的制度研究》,清华大学出版社2014年版。

[2] 关于能源宪章体系的升级计划的简介,参见 *Frequently Asked Question about the Energy Charter Process*, Energy Charter, http://www.energycharter.org/process/frequently-asked-questions/, last visited on 18 December 2015。

[3] 《“一带一路”愿景与行动》。

诉的可能性较小。其二,中国能源行业吸引外商投资的数量小、比重低,[1]外国投资者利用《能源宪章条约》提起投资仲裁的可能性亦不高。

最后,能源宪章秘书处的规模相对较小,成员国的会费压力不大。能源宪章组织会费以联合国会费分担为蓝本,佐以成员国自愿捐助。[2] 如果中国加入能源宪章体系,中国承担的会费比例虽然相对较高,如中国有可能因国内生产总值(Gross Domestie Product,GDP)而成为能源宪章体系最大的会费缴纳国(但国内生产总值不是唯一的衡量因素),但中国缴纳的会费的绝对数额小。[3] 中国的较大或最大会费缴纳国的身份无疑会对能源宪章秘书处的日常运作产生正式的或非正式的影响,从而能够影响能源宪章体系的总体走向。换言之,中国的能源宪章会员缴费的投入产出比高,杠杆效应明显。

(二)法律成本

中国加入能源宪章体系所引致的法律成本不高。首先,中国为履行《能源宪章条约》义务而进行国内立法体系改革的法律转轨成本较低。中国虽然仍未出台综合性的能源法,但中国已经制定了多部能源相关立法,[4]内容涵盖自然资源、煤炭、电力、石油天然气、核电、节能和可再生能源、环境保护等多个方面。尽管《能源宪章条约》涉及了诸如市场经济、金融、税收、环境保护、国有企业等多个政策框架,但对于中国而言,在加入世贸组织后,中国市场经济基础上的现

---

〔1〕 长期以来,中国能源行业所吸引外商投资占中国吸引外商投资总额(实际使用金额)的比例不足1%。以下数据由作者根据中国国家统计局网站的相关统计整理而来。统计科目指标为"对外经济贸易—按行业分外商直接投资额—实际使用金额",搜索关键词为"外商直接投资",参见国家统计局,载 http://data. stats. gov. cn/easyquery. htm? cn = C01&zb = A060G01&sj = 2013,最后访问时间:2015 年 12 月 18 日。

类　型		2008 年	2009 年	2010 年	2011 年	2012 年	2013 年
中国实际利用外商直接投资金额	采矿业/万美元	57, 283	50, 059	68, 440	61, 279	77, 046	36, 495
	总计/万美元	9, 239, 500	9, 003, 300	10, 573, 500	11, 601, 100	11, 171, 600	11, 758, 600
采矿业所占比例/%		0. 62	0. 56	0. 65	0. 53	0. 69	0. 31

〔2〕《能源宪章条约》第 37 条。

〔3〕 据能源宪章秘书处初步估算,以联合国现有会费分担比例为基准,中国应承担的能源宪章会费数额约为 43 万欧元。2016 年联合国会费分担比例调整后,中国承担的能源宪章会费在 50 万~100 万欧元。

〔4〕 关于中国能源立法的简介及中国起草能源法草案的背景,参见清华大学环境资源与能源法研究中心:《清华大学〈能源法(草案)〉专家建议稿立法理由书》(2007 年 11 月),载 http://erelaw. tsinghua. edu. cn/news_view. asp? newsid = 640,最后访问时间:2015 年 12 月 18 日。

代法律体系基本建立,[1]中国国内能源立法体系与能源宪章体系的总体差距不大。如果中国需要为履行《能源宪章条约》义务整合国内分散立法,这种整合在很大程度上是推动本应推进的国内立法,应当视为中国加入能源宪章体系的政策红利,而不是法律成本。

其次,《能源宪章条约》缔约国多数都是世贸组织成员国,[2]且中国与绝大多数《能源宪章条约》缔约国签订有双边投资协定。中国在世贸组织和新近签订的国际投资条约中所承担的国际法律义务水平实际上已经超出《能源宪章条约》,[3]因此中国签署《能源宪章条约》并不会明显增加中国已承担的国际法律义务负担水平。

(三)政治成本

中国参与能源宪章体系的政治成本较小,占用的政策资源较少,且与中国积极主导的"一带一路"倡议在地理范围上相兼容。首先,《能源宪章条约》现有缔约国涵盖欧洲和苏联国家,在地理区位上与丝绸之路经济带相衔接,在政策导向上与中国倡导的国际关系民主化与法治化理念相一致,在制度建设上与上海合作组织、亚洲基础设施投资银行、亚洲相互协作与信任措施会议等丝绸之路经济带建设制度框架相兼容。其次,《能源宪章条约》潜在缔约国涵盖非洲、拉丁美洲中的发展中国家,与21世纪海上丝绸之路规划契合度较高。最后,能源宪章体系是较为成熟的能源治理机制,组织框架较为完善,虽然正处在体系转型期,

---

[1] 国务院新闻办公室:《中国特色社会主义法律体系》(白皮书),载 http://www.gov.cn/jrzg/2011-10/27/content_1979498.htm,最后访问时间:2015年12月18日。该白皮书指出:"截至2011年8月底……涵盖社会关系各个方面的法律部门已经齐全……中国特色社会主义法律体系已经形成。"

[2] 关于世贸组织与能源宪章体系的关系的讨论,参见 Joost Pauwelyn, eds., *Global Challenges at the Intersection of Trade, Energy and The Environment*, Geneva, Centre for Economic Policy Research, 2010; Energy Charter Secretariat, Trade in Energy: WTO Rules Applying under The Energy Charter Treaty, http://www.energycharter.org/fileadmin/DocumentsMedia/Thematic/WTO_Rules_applying_to_the_ECT_2002_en.pdf, last visited on 18 December 2015; Rafael Leal-Arcas, Costantino Grasso and Juan Alemany Rios, Multilateral, Regional and Bilateral Energy Trade Governance, 6(1) *Renewable Energy Law and Policy Review* 38(2015); Pamela Ugaz, Prospects for a Transit Regime on Energy in the WTO, 29 *Agenda International* 247(2011)。

[3] 中国2012年签署的《中日韩投资协定》和正在谈判中的中美双边投资协定所规定的投资保护和投资自由化的程度,已经高于《能源宪章条约》。关于中美双边投资协定及美国2012年双边投资协定范本的可接受性分析,参见单文华、张生:《美国投资条约新范本及其可接受性问题研究》,载《现代法学》2013年第5期。

但并非“一穷二白、白手起家”,如果中国意欲参与能源宪章体系并试图推动其全球化战略进程,中国所面临的制度建构难度将低于“另起炉灶”的全新国际制度。

三、中国加入能源宪章体系的可能收益

(一)经济收益

能源宪章体系与世贸组织体系相兼容,因而《能源宪章条约》对包括能源在内的国际贸易影响较小,《能源宪章条约》的经济收益主要体现在对我国对外投资和外国对华投资的保护与促进。中国加入能源宪章的直接经济收益主要体现在如下两个方面:

1. 保护中国在《能源宪章条约》缔约国的直接投资

(1)保护与促进中国在《能源宪章条约》现有缔约国的直接投资

《能源宪章条约》现有缔约国主要包括欧洲国家、苏联国家和部分亚洲国家,中国对现有《能源宪章条约》缔约国的投资集中于西欧国家和日本。中国对《能源宪章条约》缔约国的直接投资占中国当年对外直接投资总量的比率在10% ~20%,如图3和图4所示,且呈现逐渐上升趋势,这与中国不断增长的对外直接投资趋势相同,但增长比例略低于中国总体对外直接投资的增长率。可以说,中国对《能源宪章条约》成员国投资的增长潜力巨大。

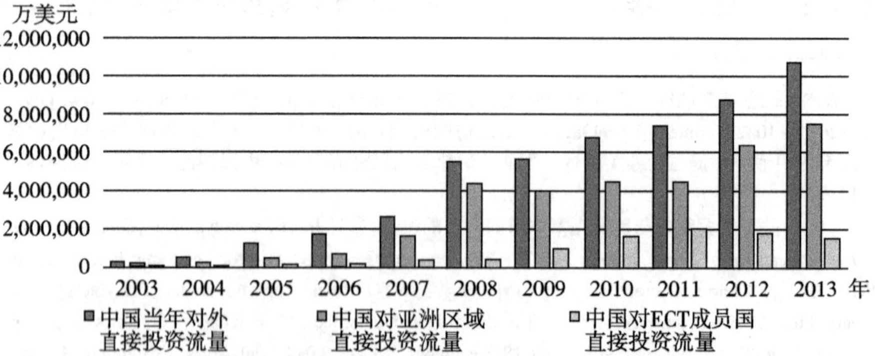

图3 中国对《能源宪章条约》缔约国投资增长流量

[资料来源:图3、图4由笔者根据《中国商务年鉴》(2014年)数据整理得出。参见《中国商务年鉴》编辑委员会编纂:《中国商务年鉴2014》,中国商务出版社2015年版,第179~192页。《中国统计年鉴》也能提供一些中国对主要国别(地区)的对外直接投资数据,详见 http://www.stats.gov.cn/tjsj/ndsj/,最后访问时间:2015年12月20日。]

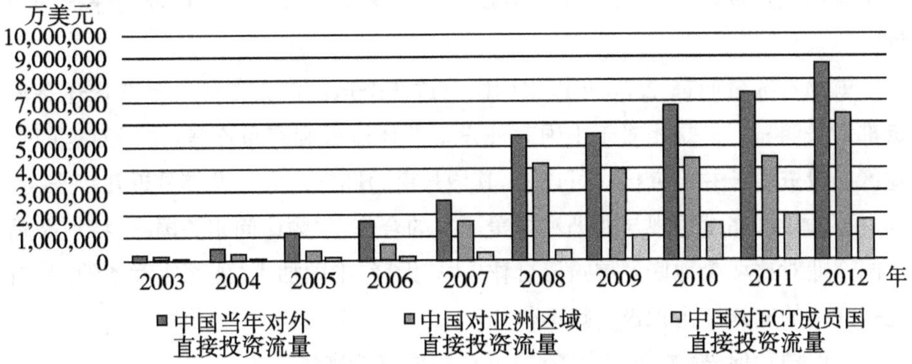

图4　中国对《能源宪章条约》缔约国直接投资存量

值得强调的是,中国签署《能源宪章条约》可以在相当程度上提高对中国在《能源宪章条约》缔约国直接投资的保护水准。目前我国和《能源宪章条约》缔约国签订的投资条约大多数属于我国投资条约在20世纪80年代或90年代的版本,保护范围较窄,保护力度较弱,例如,往往没有提供实质性的国民待遇;投资者可以起诉东道国的争端范围也仅限于征收补偿数额一项等。[1]《能源宪章条约》相对发达的投资保护机制将构成对既有双边投资协定的重要补充。就此而言,《能源宪章条约》对增加中国境外投资的法律保护的作用将较为显著。

(2)保护和促进中国在《能源宪章条约》潜在缔约国的直接投资

中国加入能源宪章体系的潜在经济收益不容小觑,因为《能源宪章条约》可以有效改善中国在拉丁美洲、非洲等《能源宪章条约》潜在缔约国的直接投资的保护。关于能源宪章体系全球化战略,拉美、非洲的国家从正面予以反应,伊朗等海湾国家态度积极。非洲和拉美的国家是中国对外能源投资较为集中的目的地国家。中国与这些国家签订的投资条约也大多属于保护水准较低的早期版本,加之这些国家多为发展中国家,政治的稳定性与法制的健全程度都有待完善。[2] 如果中国加入《能源宪章条约》,这些非洲和拉美国家很有可能跟随中国加入《能源

〔1〕 Alex Berger, The Politics of China's Investment Treaty Making Program, in Tomer Broude, Marc L. Busch and Amelia Porges, eds., *The Politics of International Economic Law*, Cambridge University Press, 2011, p. 174.

〔2〕 Investment Climate Statements 2014, U. S. Department of State, 10 May 2015, http://www.state.gov/e/eb/rls/othr/ics/2014/index.htm, last visited on 10 May 2015.

宪章条约》,而此举无疑将会大大增强中国在这些国家的直接投资受保护的力度。

就绝对数量而言,2000 年以来中国对这两个地区的投资无论是存量还是流量都增长明显。但是相对于中国对外投资总体流量和存量而言,中国对这两个地区的投资增长并不突出。可以说,其增长潜力同样巨大。尤其是近几年来,我国主要领导人高度重视与非洲和拉美国家的合作,频频访问相关国家,特别鼓励中国企业对这两个地区开展投资合作。[1] 无疑,中国加入《能源宪章条约》将对这一战略的实施产生积极的推动作用。

2. 保护和促进《能源宪章条约》缔约国投资者来华投资

中国加入能源宪章体系另一可能经济收益是促进《能源宪章条约》缔约国对中国的直接投资。《能源宪章条约》缔约国中的日本、德国、法国、英国、意大利、荷兰、瑞士等国,长期位列对华投资前十位。来自《能源宪章条约》缔约国的直接投资占中国当年吸引的外商投资总量的比例基本维持在 10% 左右。加入能源宪章体系有助于进一步促进和保护《能源宪章条约》缔约国的在华投资。

(二)法律收益

中国加入能源宪章体系的法律收益明显。从国内看,中国签署以能源行业为核心内容的《能源宪章条约》将为整合国内能源立法提供政策契机,并将推动以市场经济体系为基础的国内现代治理体系建设。从国际看,加入能源宪章体系将使中国有机会深度参与既有国际经济治理制度的改革,积累参与国际组织日常运作的一手经验,为中国更加深入、更负责任、更具建设性地参与和积极改变已有国际法律制度和组织提供“制度实验场”。

1. 国内法律制度改革收益

(1)整合国内能源相关立法

中国至今尚无综合性的专门能源立法。自 2007 年,《能源法(征求意见稿)》

---

[1] 据美国有线电视新闻网报道,2014 年在非洲的投资将达到 2460 亿美元,中国在非洲的投资大约以每年 16% 的速度增长。另据新华社报道,作为拉美第二大贸易伙伴,中国已经在当地投资了超过 800 亿美元,是中国对外直接投资的 13% 。与此同时,中国与拉美之间的贸易额在 2013 年上升到 2616 亿美元,是 2000 年时的 20 倍。2015 年 1 月,习近平在出席中拉合作论坛时则表示,未来 10 年,中国将在拉美地区投资 2500 亿美元。参见《CNN:中国在非洲的投资远超美国》,载新浪网,http://finance.sina.com.cn/stock/usstock/c/20140806/175719932066.shtml,最后访问时间:2015 年 5 月 10 日;《港媒:习近平表示未来 10 年中国将向拉美投资 2500 亿美元》,载凤凰网,http://finance.ifeng.com/a/20150108/13415612_0.shtml,最后访问时间:2015 年 5 月 10 日。

迄今公布已有6年,[1]但至今仍未能进入人大立法审议程序。核心原因之一在于与能源相关的基本立法关系仍未理顺,相关政府部门推动能源立法的政策动力不足、政策窗口有限。[2] 中国加入能源宪章体系将为推动国内能源法的出台提供政策机遇,进一步理顺有限政府原则[3]下的国内能源治理体系。

(2)推动国内现代治理体系综合改革

中国加入能源宪章体系也是中国"以开放促改革"的国内综合治理体系改革战略的重要组成部分,为拟定政府权力清单、深化国有企业改革提供了政策契机。能源产业一直是国有企业改革的重点,加入能源宪章体系有助于进一步完善国有企业的公司治理体系,明确政府监管权限,并以能源产业改革为核心推动国内现代治理体系的综合改革。

2. 国际法律制度改革收益

(1)参与既有国际制度的立法过程

欧盟主导的能源宪章体系是西方发达国家设计、主导的国际经济治理制度的典型代表。中国可以通过参与能源宪章体系深入观察、了解、学习西方国家主导设计的国际法律制度的运作机理,熟悉正式的和非正式的国际制度运作模式,包括议程设定、国际组织日常运作、政治话语、非正式谈判等国际法律技巧,为中国以后参与和建立国际制度积累经验。

中国参与能源宪章体系的经验具有可移植性。中国从参与能源宪章体系所获得的经验,尤其是推动能源宪章体系全球化转型所获得的制度性知识将有利于中国深度参与、影响和改变既有布雷顿森林体系(Bretton Woods System)下的其他国际经济治理框架,如世界银行、国际货币基金组织和世贸组织等制度。

(2)介入并主导国际组织的日常运作

常设国际机构对国际法律体系的运作和发展具有重要作用。作为常设机

---

[1] 2020年,国务院能源局发布了《中华人民共和国能源法(征求意见稿)》,载 http://www.nea.gov.cn/2020-04/10/c_138963212.htm,最后访问时间:2020年12月12日。

[2] Xin Qiu, Honglin Li, Energy Regulation and legislation in China, 42 *Environmental Law Report* 10678, 2012, p. 10683.

[3] 《中共中央关于全面推进依法治国若干重大问题的决定》,载新华网,http://news.xinhuanet.com/politics/2014-10/28/c_1113015330.htm,最后访问时间:2015年5月10日。具体内容为第三部分"深入推进依法行政,加快建设法治政府"明确提出:"行政机关不得法外设定权力,没有法律法规依据不得作出减损公民、法人和其他组织合法权益或者增加其义务的决定。推行政府权力清单制度,坚决消除权力设租寻租空间。"

构,能源宪章秘书处对能源宪章体系的正常运作和改革发展都发挥至关重要的作用,能源宪章的改革议程往往由秘书处首先提出并负责具体操作。能源宪章组织处于领袖缺位期,中国有机会成为能源宪章体系的主导国,将其建设成更加包容、更为公平的国际组织。此外,加入能源宪章体系也能为中国积累参与国际组织运作的经验,培训具有国际组织工作经验和视野的实务人才。

(三)政治收益

中国参与能源宪章体系的政治收益十分可观,在多个层次上与中国近期对外政策相契合。中国加入能源宪章体系有利于建立符合中国利益的国际能源治理框架,搭建丝绸之路能源带的战略平台,推进以能源产业为核心的综合性国际经济治理体系改革的战略。

1. 改善国际能源治理框架

能源安全对崛起中的中国的重要性是显而易见的。国际能源合作与治理显然是中国对外政策的重要组成部分,中国对外直接投资相当部分集中在能源资源领域。一个中立、公平、高效的国际能源治理体系对经济快速发展、能源需求旺盛的中国是一个利好消息,而一个充分反映我国利益诉求并有广泛国家参与的国际能源治理框架对中国而言将是最佳的政策选项。[1] 能源宪章体系正是这种国际能源治理框架的雏形。能源宪章体系以能源产业为核心、基本涉及与能源相关的所有政策维度和侧面,基本具备多边综合性国际能源治理框架雏形。

2. 搭建丝绸之路能源带的战略平台

能源宪章体系可能成为丝绸之路经济带总体外交战略的重要组成。其一,《能源宪章条约》现有缔约国以欧洲和亚洲国家为主,地理上与"丝绸之路经济带"相互耦合,呈梯次展开趋势;《能源宪章条约》潜在缔约国覆盖西亚、非洲、拉美等能源禀赋丰富地区,与21世纪海上丝绸之路相衔接。其二,能源宪章体系在制度框架上具备综合性能源合作的架构,可能构成丝绸之路能源带的制度基础,与以亚洲相互协作与信任措施会议、上海合作组织为主体的丝绸之路安全带、以亚洲基础设施投资银行为主体的丝绸之路投资带、以丝路开发银行为主体

---

〔1〕 相关典型研究,参见国家发展和改革委员会能源研究所、英国帝国理工大学葛量洪研究所:《全球能源治理改革与中国的参与(征求意见报告)》(2014年11月),载 http://www.eri.org.cn/uploadfile/Consultation%20report%20(CN).pdf,最后访问时间:2015年12月18日。

的丝绸之路金融带为配合，构成丝绸之路经济带建设的“四驾马车”。[1]

3. 推进以能源产业为核心的综合性国际经济治理体系改革的战略

加入能源宪章体系将使中国有机会整合能源宪章体系的制度优势与中国作为新兴经济体国家的比较优势，创造中国推进新一轮国际经济治理体系改革的契机。其一，中国的加入将使能源宪章体系的西方国家背景与中国等新兴经济体国家角色相结合，使中国建构国际能源治理体系的政策更具有代表性。其二，能源宪章体系对成员国的国内治理体系具有广泛的社会嵌入性，对以贸易、投资、金融为行业划分的现有国际经济治理体系的关联效应明显。因此，加入能源宪章体系并促进乃至主导其改革更有利于中国“以点带线、以线促面”地促进综合性的国际经济治理体系改革。

四、小结

能源宪章体系的现状与发展方向与我国“一带一路”倡议规划不谋而合。能源宪章体系是以国际能源合作和监管为核心的多边治理框架，但目前正在经历结构转型和制度升级。能源宪章体系的全球化战略面临“领袖缺位”的困境，而这为中国建设性参与全球能源治理、重塑国际经济新秩序提供了重要的战略机遇。2015 年 5 月 20 日召开的能源宪章部长级会议是能源宪章体系转折的一次历史性会议，也是中国积极参与并谋求主导全球能源有效治理的一个重要机遇。中国加入能源宪章体系，成本较小，收益较大，战略意义巨大而深远。鉴于此，建议中国应该积极参与能源宪章进程现代化升级，谋求在能源宪章决策和运行机制中发挥重要甚至主导作用，使能源宪章进程与“一带一路”建设良性互动、优势互补；中国还应在进一步研究的基础上，考虑签署《能源宪章条约》，以核心缔约国身份推动其升级改造，以确保我国在国际能源合作中的合理诉求和平等利益。

---

[1] 关于能源宪章体系与保护中国在中亚的能源投资保护的问题，参见 Zhuwei Wang, *Securing Energy Flows from Central Asia to China and the Relevance of the Energy Charter Treaty to China*, Energy Charter Secretariat, http://www. energycharter. org/what-we-do/trade-and-transit/trade-and-transit-thematic-reports/securing-energy-flows-from-central-asia-to-china-and-the-relevance-of-the-energy-charter-treaty-to-china-2015/, last visited on 18 December 2015。

热点追踪

第九章　投资仲裁

——对外承包工程争议解决的新路径*

一、前言

出于“以和为贵”的文化影响,“走出去”的中国企业在遇到纠纷时,倾向于与东道国政府维持稳定和友好的关系,以利于长远合作。然而,法律救济与友好合作并不直接冲突,适当地运用法律武器很可能起到促进纠纷的解决和维持长期合作的效果。本章以“一带一路”沿线国家的案例为基础,旨在分析对外承包工程履约所面临的常见问题,以及通过投资仲裁解决这些问题的可能性。投资仲裁本质是私人主体(包括公司和个人)依赖其母国与东道国签订的投资协定就其在东道国投资所受到的影响提交国际仲裁的救济途径,通常适用国际公法,因其可以直接将主权国家作为被申请人并在胜诉后可以执行主权国家财产的方式,与商事仲裁和当地诉讼相区别。本章根据投资仲裁的特点,以投资者为视角,从管辖权、实体保护以及损害赔偿的角度,全方位剖析在建设工程领域提起投资仲裁所需要考虑的问题和作出的准备。

二、概述

随着中国企业在对外投资和对外承包工程领域业务的持续增长,合同履行过程中的挑战和挫折也屡见不鲜。由于工程合同通常内容复杂、建设周期长、涉及的当事方多,加上中国企业管理海外工程的经验有限,该类合同不可避免会出现诸如工程延迟、合同变更、违约或是单方终止合同等商业风险。2017 年位列我国企业对外承包工程业务前十大国别(地区)的市场大多属于政治风险级别

---

* 本章作者为中伦律师事务所争议解决部国际仲裁团队合伙人及其团队成员(孙华伟、刘畅、张天舒),系基于作者原载于中伦律师事务所公众号“中伦视界”系列文章《投资仲裁系列 | 对外承包工程争议解决的新路径》修改而成。原系列文章发布时间为2019 年3 月18 日、3 月19 日、4 月9 日和4 月25 日。本章所引用的数据更新均截至2019 年4 月25 日。本章仅代表作者个人观点,不反映其所在律所的观点和所代理的客户观点。

较高的国家,如尼日利亚、巴基斯坦和安哥拉。[1] 这些国家的政策变化或是政权更迭均有可能对于工程合同的履约造成影响。

近期突出的例子是马来西亚新任政府取消了中国公司承建的大型工程项目。上届纳吉布政府执政期间,中国交通建设公司(以下简称中国交建)承建了马来西亚东海岸铁路计划(以下简称东铁),造价总计 550 亿林吉特(现约合人民币 900 亿元)。[2] 东铁原定 2024 年完工,截至停工前已完成 15% 的工程。然而,马哈蒂尔政府上台后于 2018 年 8 月单方面宣布暂停与中国交建的合同。[3] 据报道,现政府希望通过谈判增加当地产品和服务比例,将整个项目的造价降到 400 亿林吉特(现约合人民币 660 亿元)。[4] 中国交建的遭遇并非偶然。根据商务部的总结,中国企业在"一带一路"相关地区需关注的风险与当地的传统、文化、宗教、民族、政局稳定性以及法律环境的健全程度等因素密切相关。[5]

由于对外承包工程业务通常涉及东道国的基础设施工程、合同对方往往为政府部门或者国有企业,东道国政府的政治风险不可避免地渗透到合同履行的方方面面。当分歧或争议发生时,常常既有累积的合同违约,也有东道国政府本身的行为不当侵犯投资者利益的情形。在投资者母国和东道国存在双边投资协定或自由贸易协定(Free Trade Agreement,FTA)的情形下,投资者可以依据 BIT 或 FTA 的仲裁条款,将争议提交解决投资争端国际中心或是其他机构进行投资条约仲裁。[6]

---

[1] Aon,2018 *Risk Maps: Aon's Guide to Political Risk,Terrorism & Political Violence*,https://www. riskmaps. aon. co. uk/. 这三个国家均属于高风险国家。另外根据 Aon 预测,随着中亚地区和中国的"一带一路"倡议合作联系不断加深,该区域风险也会随之增长。

[2] 《赔偿金 359 亿元:马来西亚取消中马合作的东海岸铁路计划》,载 https://www. sohu. com/a/249625593_364974,最后访问时间:2020 年 12 月 12 日。

[3] 张晨静:《马来正式叫停三个中资项目 欲赴华重谈》,载 http://news. sina. com. cn/c/2018 -07 -06/doc-ihexfcvk4587265. shtml,最后访问时间:2020 年 12 月 12 日。

[4] Malaysia Cancels Deal with China Company,Seeks New Conteactor for East Coast Rail Link, Straitstimes,https://www. straitstimes. com/asia/se-asia/malaysia-cancels-deal-with-china-company-seeks-new-contractor-for-east-coast-rail-link,last visited on 12 December 2020.

[5] 参见《中国对外投资合作发展报告(2017)》,图 3 -35。

[6] 位于华盛顿的 ICSID 是处理投资仲裁争议最具有影响力的仲裁机构。此外,瑞典斯德哥尔摩商会仲裁院(Arbitration Institute of the Stockholm Chamber of Commerce,SCC)、新加坡国际仲裁中心(Singapore International Arbitration Centre,SIAC)和中国国际经济贸易仲裁委员会等商事仲裁机构也颁布了相应的仲裁规则或条款以管理投资仲裁程序。另外,还有一大部分的投资仲裁案件是根据联合国国际贸易法委员会仲裁规则进行。

涉及对外承包工程的投资争议围绕的建筑工程合同,不仅指合同协议书以及通用条款和专用条款,通常还包括前期招投标和中标文件、标准规范等技术文件、图纸、工程量清单、其他合同附件和补充协议等,合同当事方除了业主和总承包方,往往还有第三方工程师。从现有项目和既存案例来看,“一带一路”沿线国所涉及的建筑工程纠纷可能集中在以下方面:

第一,合同履行问题,如合同相对方迟延履行、付款问题以及以不恰当的方式单方面终止合同等。例如,*Impregilo* v. *Pakistan* 案中的意大利投资者 Impregilo 提出,在合同履行的过程中,业主拖延或直接没有向投资者的当地工程公司提供施工所需设备、工程师没有及时批准和发布工作指示等作为或不作为严重影响了施工进度。[1] 在 *Desert Line* v. *Yemen* 案中,阿曼投资者完成了绝大部分项目,但也门政府没有支付多笔已到期的工程款,军队和当地武装团体对两处施工点进行骚扰和干涉,导致阿曼投资者的公司员工被逮捕和监禁。[2] *Bosh* v. *Ukraine* 案中,B & P(美国公司 Bosh 控股 94.5% 的乌克兰当地公司)和乌克兰基辅大学签订了一项重建项目合同,基辅大学内部审计和乌克兰财政部总控复核办公室认定 B & P 施工与国内法不符,基辅大学以此为由提起诉讼,要求终止合同。[3]

第二,合同的配套问题,即与合同相关的许可证和配套权利,如土地权利等条件和手续未能得到有关政府部门的配合,进而影响施工工程的进度、将整个投资置于风险之中。如 *McKenzie* v. *Vietnam* 案的美国投资者声称自己计划获得的授权和许可被越南当地政府拖延,导致其投资受到损失。[4] *Amalyan* v. *Russia* 案的希腊投资者提出俄罗斯当地机关先拒绝后以偏袒政府的方式为投资者的当地公司登记争议土地,这一行为最终导致该当地公司破产。[5]

第三,当地政府干预和司法不公等问题,如东道国政府在合同履行过程中提

---

[1] *Impregilo S. p. A.* v. *Islamic Republic of Pakistan*, ICSID Case No. ARB/03/3, Decision on Jurisdiction, 22 April 2005, paras. 13–18 (*Impregilo* v. *Pakistan*).

[2] *Desert Line Projects LLC* v. *The Republic of Yemen*, ICSID Case No. ARB/05/17, Award, 6 February 2008, para. 38 (*Desert Line* v. *Yemen*).

[3] *Bosh International, Inc and B&P Ltd Foreign Investments Enterprise* v. *Ukraine*, ICSID Case No. ARB/08/11, Award, 25 October 2012, paras. 33–93 (*Bosh* v. *Ukraine*).

[4] Investment Arbitration Reporter (“IAReporter”), Vietnam wins treaty arbitration with US investor; a second treaty claim heads to hearings this year, 21 January 2014, http://tinyurl.com/pq7djbs.

[5] GAR, Reclaimed Reservoir Land Prompts Treaty Claim Against Russia, 24 February 2016, http://globalarbitrationreview.com/article/1035330/reclaimed-reservoir-land-prompts-treaty-claim-against-russia.

出不合理要求,东道国当地司法系统无法为投资者提供有效救济。在 *Toto* v. *Lebanon* 案中,意大利投资者 Toto 提出黎巴嫩政府提供错误的设计信息和指示、变更国内监管体系并拒绝纠正错误行为,导致其投资的高速公路施工部分严重拖延、对投资者的经济和名誉产生了持续损害。[1] 在 *Saipem* v. *Bangladesh* 案中,意大利投资者和孟加拉国有公司孟加拉油气矿产公司(Petrobangla)签订了一份建造油气管道的工程合同,后双方因工程延期款项支付争议,进行 ICC 仲裁。Petrobangla 在 ICC 仲裁期间向孟加拉国内法院申请撤销 ICC 仲裁庭管辖权以及中止一切后续程序,而孟加拉国内法院支持了其主张。[2] 尽管如此,ICC 仲裁庭仍旧作出了对 Saipem 有利的裁决。Petrobangla 又在国内法院提起撤裁程序。Saipem 因此提起 ICSID 仲裁,要求 ICSID 仲裁庭对于 Petrobangla 和孟加拉国内司法系统对 ICC 仲裁程序的干涉行为作出裁决。[3]

此外,投资者还有可能因为继任或接手东道国既存的工程项目而引发意想不到的争议。在 *Sunrise Power and Transmission Company* v. *Nigeria and Sinohydro Corporation* 中,尼日利亚能源公司 Sunrise Power and Transmission Company 向尼日利亚政府和中国水电(Sinohydro Corporation)提起 ICC 仲裁。申请人提出,其早在 2003 年就与尼日利亚签订了一份针对蒙贝拉水电站的 BOT 合同,但 2017 年尼日利亚和由中国葛洲坝集团股份有限公司牵头、中国水电参与的联营体签订了另一份蒙贝拉水电项目 EPC 合同,导致申请人被排除在工程之外。据此,申请人提出尼日利亚未能遵守与其之间的一系列协议和承诺,并且指责中国企业在获得 2017 年的 EPC 合同过程中存在违法行为。[4]

可见,对外承包工程争议大多同时涉及合同的履行和东道国政府的行为,因此外国投资者既可以根据施工合同或其他关键合同所约定的争议解决条款,向合同相对方提起仲裁或国内诉讼,也可以利用投资协定中的投资者与东道国间仲裁机制启动投资仲裁。商事仲裁程序和投资仲裁程序有可能是先后提起或同时进行。就投资仲裁而言,对外承包工程争议在管辖权、实体保护和损害赔偿方

---

〔1〕 *Toto Costruzioni Generali S. p. A.* v. *The Republic of Lebanon*, ICSID Case No. ARB/07/12, Award, 7 June 2012, paras. 5 – 6 (*Toto* v. *Lebanon*).

〔2〕 *Saipem S. p. A.* v. *The People's Republic of Bangladesh*, ICSID Case No. ARB/05/07, Award, 30 June 2009, paras. 25 – 51 (*Saipem* v. *Bangladesh*).

〔3〕 *Ibid.*, paras. 102 – 103.

〔4〕 GAR, Tribunal hears claim over Nigerian-Chinese hydropower project, https://globalarbitrationreview.com/article/1179041/tribunal-hears-claim-over-nigerian-chinese-hydropower-project, last visited on 11 January 2019.

面有其自身特点,以下部分将结合案例围绕这几方面展开讨论。

三、管辖权

(一)什么样的投资者能够提起投资仲裁?

对外承包工程争议中常见的直接当事方有:(1)外国投资者和政府机关;[1](2)外国投资者所拥有、控制或投资的当地公司和政府机关;[2](3)外国投资者和东道国国有实体;[3](4)外国投资者和东道国的公共实体。[4] 不过合同争议的当事方不必然等同于投资仲裁的当事方。

根据相关投资协定对于"投资者"的具体定义,较为常见的是外国投资者(承包商)直接向东道国提起仲裁,或者将外国投资者投资的东道国公司一并列为申请人。另外,无论东道国政府机关是否是合同当事人,对于以条约为基础的投资仲裁,被申请人只能是东道国政府。需要留意的是,ICSID 仲裁与其他规则下进行的投资仲裁对此有不同规定:在 ICSID 仲裁中,投资者不仅要满足投资协定的定义,还应符合《ICSID 公约》第 25 条对于投资者(涉及属人管辖权)和争议(涉及属事管辖权)的定义。其中,属人管辖权要求被申请人应是 ICSID 成员国,而申请人至少在提起仲裁时是另一成员国的法人或自然人,用以区分国家间争议或是企业之间的商事争议。

考虑到中国国有企业在"一带一路"沿线国家工程施工项目的重要地位,涉及国有企业的投资仲裁案例需要特别关注。中国国有企业提起的投资仲裁案件

---

〔1〕 See *Bayindir Insaat Turizm Ticaret Ve Sanayi A. S.* v. *Islamic Republic of Pakistan*, ICSID Case No. ARB/03/29, Decision on Jurisdiction, 14 November 2005, para. 10 (*Bayindir* v. *Pakistan*).

〔2〕 See GAR, Vietnam Defeats Treaty Claim over Tourist Resort, https://global arbitration review.com/article/1032994/vietnam-defeats-treaty-claim-over-tourist-resort, last visited on 22 January 2014; IAReporter, Vietnam wins treaty arbitration with US investor; a second treaty claim heads to hearing this year, http://tinyurl.com/pq7djbs, last visited on 21 January 2014; Viet Nam News, Viet Nam wins $3.7b investment case, http://vietnamnews.vn/economy/251906/viet-nam-wins-37b-investment-case.html#0iwFgvY5SK4SOG6b.97, last visited on 5 March 2014.

〔3〕 See *Saipem* v. *Bangladesh*, Award, para. 6.

〔4〕 See *Bosh* v. *Ukraine*, Award, para. 33. 该案有两位申请人:作为外国投资者的美国公司 Bosh International 和其持有 94.5% 股权的乌克兰公司 B & P。B & P 和乌克兰基辅大学签订了一份两期的地产翻修和再开发合同。在该案中,B & P 公司作为共同申请人的依据是美国—乌克兰 BIT 第Ⅵ(8)条。缔约双方在该条同意被美国控股的乌克兰当地公司可以被视为适格投资者。而且乌克兰也没有挑战 B & P 的出庭资格。

有两例:北京城建集团诉也门案(北京城建诉也门案)[1]和黑龙江国际经济技术合作公司等诉蒙古案(黑龙江国际诉蒙古案)[2]。

在北京城建诉也门案中,也门提出北京城建作为中国国有企业,是中国政府的代理人,其通过表面的商业行为履行政府职能,因此不符合《ICSID 公约》第25(1)条的"另一缔约国国民"定义。[3] 仲裁庭同意北京城建是中国政府设立的国有企业的说法,[4]但认为应适用《ICSID 公约》主要起草人之一、ICSID 首任秘书长阿朗·布罗切斯(Aron Broches)所提出的职能测试标准(functional test)判断东道国的异议。该标准规定:"一个混合经济的公司或政府所有的实体不应当被认为不符合'另一缔约国国民',除非它是作为政府的代理人行事或正在执行一项本质意义上的政府职能。"[5]最后,仲裁庭驳回了也门的主张,认为北京城建作为国有企业是适格的投资者,仲裁庭具有属人管辖权。在黑龙江国际诉蒙古案中,蒙古就两家中国国有企业申请人提出了属人管辖权异议。蒙古宣称,北京首钢和黑龙江国际不符合《中蒙 BIT》第1(2)条所规定的"经济实体"定义,[6]主张仲裁庭应对"投资者"定义作狭义解释,[7]并提出两家国有企业是"中国政府的准机构"(quasi-instrumentalities),因此在任何情况下都不属于适格投资者。[8] 仲裁庭没有支持蒙古的主张,表示《中蒙 BIT》文本无法看出缔约双方有意对第1(2)条所规定的"经济实体"施加额外限制性条件,[9]同时认为证据不足以证明两家企业是依中国政府的明确指示进行海外投资,且服务中国外交政策目标,因此不接受所谓的"中国政府的准机构"说法。[10]

从上述裁决可以看出,中国国有企业的性质并不妨碍其就东道国违反投资保护义务的行为寻求投资仲裁这一救济形式,关键是国有企业的海外投资行为

[1] *Beijing Urban Construction Group Co. Ltd.* v. *Republic of Yemen*, ICSID Case No. ARB/14/30 (*BUCG* v. *Yemen*).

[2] *Beijing Shougang Mining Investment Company Ltd.*, *China Heilongjiang International Economic & Technical Cooperative Corp.*, and *Qinhuangdaoshi Qinlong International Industrial Co. Ltd.* v. *Mongolia*, PCA Case No. 2010 – 20 (*Beijing Shougang et al.* v. *Mongolia*).

[3] *BUCG* v. *Yemen*. Decision on jurisdiction, para. 29.

[4] Ibid., para. 32.

[5] Ibid., para. 33.

[6] *Beijing Shougang et al.* v. *Mongolia*, Award, para. 269.

[7] Ibid., para. 270.

[8] Ibid., para. 271.

[9] Ibid., paras. 412 – 417.

[10] Ibid., para. 418.

是出于正常商业决策还是由中国政府指示决定。

虽然对外承包工程争议的外国承包商大多都是法人,但也不排除自然人股东通过投资仲裁向东道国提起索赔的情况。在此情况下,申请人的国籍问题是管辖权成立必须考虑的要素。在当今人员流动和国籍变动相对自由的环境下,如何确定投资者的国籍越发重要。《ICSID 公约》第 25(1)条规定,申请人必须在提交仲裁时和 ICSID 登记仲裁申请时都具有东道国以外的 ICSID 缔约国国籍,并且在前述任一日期不能具有东道国国籍。在 *Soufraki* v. *UAE* 案中,仲裁庭认为申请人在两个相关的时点,即双方同意提交 ICSID 仲裁之日和申请人的仲裁请求被 ICSID 登记之日,都不具有意大利国籍,因此不能视为"适格投资者"。[1] 仲裁庭进一步指出,对于商业活动横跨多个大陆并经常进行跨国商旅的投资者,要求确定其十多年前在意大利居住超过 12 个月是很困难的。同时,仲裁庭提出 Soufraki 先生本可以在上述关键时点之前及时申请意大利国籍并很容易地重获意大利国籍,或者如果 Soufraki 先生不是以自己的名义,而是通过其在意大利的公司签约,该案就不存在属人管辖权的异议。[2]

(二)投资是否能受投资协定的保护?

仲裁庭对适格的投资行使管辖权,而投资协定通常要求投资者的"投资"符合东道国国内法。事实上,对外承包工程项目涉及大量的东道国法律资质条件和监管要求,这意味着企业需要对东道国法律有所了解,尽量通过有资质的当地律师对当地投资环境以及投资合规性进行充分的尽职调查,以避免因为投资违反东道国国内法而失去寻求国际仲裁救济的可能性。如在 *Fraport* v. *Philippines*(Ⅰ)案中,菲律宾公司 PIATCO 和菲律宾政府签署了一份建造和运营国际机场航站楼的许可协议,后德国投资者 Fraport 通过与 PIATCO 部分股东缔结秘密股东协议的方式获得 PIATCO 多数股权权益(包括直接和间接股权)。菲律宾最高法院认定前述许可协议违反菲律宾国内法因此无效。多数仲裁员认为,该案的投资并非基于投资者的善意错误作出;德国—菲律宾 BIT 明确规定受保护的投资必须符合东道国国内法,而且当地律师明确警告过投资者相关的公司股权结构安排将违反菲律宾法律,但投资者依然为了获利而作出了违法安排,

---

〔1〕 *Hussein Nuaman Soufraki* v. *The United Arab Emirates*, ICSID Case No. ARB/02/7, Award, 7 July 2004, paras. 47 – 84 (*Soufraki* v. *UAE*).

〔2〕 *Soufraki* v. *UAE*, Award, para. 83.

因此其投资不属于“符合法律的投资”。[1] 申请人选定的仲裁员作出反对意见,认为即使 Fraport 的投资被用于非法行为,也不影响该等投资本身属于菲律宾法律“接受”(accepted)的财产。[2]

(三)启动投资仲裁之前是否满足了前置程序?

常见的投资仲裁前置程序包括若干个月的协商期、东道国行政复议程序、东道国司法程序等。尤其是对外承包工程项目合同通常规定了专门的争议解决方式(如争议复审机制、仲裁或法院诉讼),如果忽略了涉案的投资协定包含的前置程序和合同约定的争议解决方式而径行提起投资仲裁,有可能发生仲裁庭认为自身没有管辖权或案件缺乏可受理性而驳回请求的情况:投资者耗费了时间、精力和资源,却未能达到充分利用条约保护机制的效果。在 *Kiliç* v. *Turkmenistan* 案中,土耳其公司 Kiliç 与土库曼斯坦政府官员和政府机构签订了多份建筑工程合同,[3]后合同履行均出现了问题,Kiliç 屡次向当地官员写信反映未果,于是提起 ICSID 仲裁。[4] 土库曼斯坦提出,涉案投资协定规定的东道国同意进行仲裁的条件包括投资者先在东道国法院就相关争议进行诉讼程序,且该法院一年之内未作最终决定,[5]仲裁庭的多数成员同意这一条件不仅是程序性事项,而是仲裁庭行使管辖权的基本要素。[6] 最终,仲裁庭的多数成员决定,由于投资者未能满足强制前置程序,仲裁庭对该案无管辖权。[7]

四、实体保护

投资仲裁的核心内容,即投资者主张东道国通过行使主权行为违反了投资协定的义务,对投资者造成损害。从实践中看,对外承包工程争议触及的东道国实体义务有:(1)征收补偿;(2)公平和公正待遇(包括充分保护及保障);(3)拒

---

[1] *Fraport* v. *Philippines* (*I*), Award, paras. 397 - 401.

[2] *Fraport* v. *Philippines* (*I*), Dissenting Opinion of Mr. Bernardo M. Cremades, paras. 11 - 14.

[3] *Kiliç İnşaat İthalat İhracat Sanayi Ve Ticaret Anonim Şirketi* v. *Turkmenistan*, ICSID Case No. ARB/10/1, Award, 2 July 2013, para. 2.2.4 (*Kiliç* v. *Turkmenistan*).

[4] *Ibid.*, paras. 2.2.5 - 2.2.7.

[5] *Ibid.*, Award, para. 6.3.13.

[6] *Ibid.*, Award, para. 6.5.2.

[7] *Ibid.*, Award, para. 6.6.1.

绝司法的保护（经常作为公平和公正待遇的一部分）；（4）东道国遵守承诺的义务（通过“保护伞条款”）。[1]

（一）征收

在国际投资法中，征收一般指“国家没收特定财产或企业，将其所有权或财产权利据为己有或转让给其他经济体”。[2] 征收的形式分为直接征收和间接征收两种，前者指东道国公开地、一次性地将外资收归国有；后者指东道国政府干预外国投资者行使财产权，从而使其失去实质效用。在现代国家实践中，直接征收已经很少见，更多争议围绕的是间接征收。间接征收的一种常见形式就是蚕食征收。[3]

在涉及建筑工程的投资仲裁案例中，常见的引起征收请求的措施包括撤销土地使用权或许可证、东道国政府单方面终止合同或通过行政或司法手段剥夺投资者的合法投资等。征收的证明标准很高，投资者不仅要证明东道国运用公权力实施的征收行为剥夺了投资者在建筑工程合同或是工程本身的权利，还需要证明该行为并非出于公共利益的考虑以及没有对投资者进行相关补偿等条件。

在对外承包工程争议中，合同纠纷通常会引发投资者或其当地实体在东道国法院提起诉讼程序，东道国的法院行为单独或结合其他政府行为有可能被认定为间接征收。例如，*Saipem* v. *Bangladesh* 案仲裁庭认为，投资者针对其投资所享有的合同权利（包括将合同争议提交 ICC 仲裁的权利）属于被征收的财产（expropriated property），孟加拉国法院的行为实质性剥夺了投资者在 ICC 裁决下的利益，虽然不构成直接征收（direct expropriation），但构成与征收效果相同的其他类似措施（measures having similar effects）。[4] 最终，仲裁庭认为孟加拉国

---

〔1〕 *BUCG* v. *Yemen*, Decision on Jurisdiction, para. 53.

〔2〕 UNCTAD, *Expropriation*: *A Sequel*, *UNCTAD Series on Issues in International Investment Agreements* Ⅱ (2012) pp. 5 – 6.

〔3〕 蚕食征收又称为“逐渐征收”或“渐进式征收”，是国际投资法上一种具有特殊时间属性的间接征收形式。UNCTAD 的 2003 年《世界投资报告》将其描述为“涉及对一项或多项范围的被承认的所有权的渐进式累积侵蚀，直至所涉措施最终导致所有权人在该财产中的权益遭到实际否定”。See UNCTAD, 2003 World Investment Report, July 2003, p. 110, http://unctad.org/en/docs/wir2003light_en.pdf, last visited on 12 December 2020.

〔4〕 *Saipem* v. *Bangladesh*, Award, paras. 128 – 129.

法院撤销ICC仲裁庭管辖权的行为构成权力滥用并违反了《纽约公约》,[1]因此构成对意大利—孟加拉国BIT项下的征收条款的违反。

然而,如果投资者的行为导致东道国采取了某些措施,投资者因此要求东道国承担责任的基础将会被相应削弱。这种情形有可能与投资者的履约瑕疵有关,而瑕疵的产生既可能是因为合同约定不合理,也可能是由履约过程中的疏忽所致。

在*GarantiKoza* v. *Turkmenistan*案中,英国投资者GarantiKoza LLP(Garanti)投资者在2008年中标了一项土耳其28座高速公路桥的工程项目,工程合同价值为1亿美元。具体工程合同条款由投资者与东道国国家实体TAY协商。[2]在签订合同后,双方就履行产生纠纷,造成施工中断。TAY在2010年2月22日单方面宣布终止合同,[3]并于同日要求土耳其总检察长在仲裁法院(Arbitration Court)针对Garanti启动法律程序。随后,土耳其仲裁法院作出临时措施,命令扣押投资者的财产作为"其欠TAY相应款项的担保",[4]并在2010年3月进一步作出判决,要求投资者对TAY进行赔偿。[5] 仲裁庭驳回了投资者的征收请求,[6]认为东道国法院根据检察长的申请对于投资者财产的扣押属于正常的国内法院执行程序,而且这些法院行为是由于投资者自身行为导致的,包括其未能及时申请预付款银行保函的延期或更新,因此不能视为征收。[7] 另外,就投资者提出东道国各政府机构之间的行为导致施工延期并最终引起合同终止构成征收的请求,仲裁庭认为,这些行为虽然违反了其他条约义务,但远未达到征收要求的没收或剥夺标准,因此不构成征收行为。[8]

(二)公平和公正待遇

公平和公正待遇条款与征收条款是投资者向东道国索赔时最常援引的两个条款,二者通常相伴相生,但二者的责任认定适用不同的标准。换言之,对征收条款的违反并不意味着对公平和公正待遇的违反,反之亦然。仲裁实践中常被

---

[1] *Saipem* v. *Bangladesh*, Award, para. 170.

[2] *Ibid.*, paras. 53-55.

[3] *Ibid.*, para. 141.

[4] *Ibid.*, para. 142.

[5] *Ibid.*, para. 143.

[6] See *Garanti* v. *Turkmenistan*, Award, para. 258.

[7] *Ibid.*, paras. 364-366.

[8] *Ibid.*, paras. 367, 370-371.

认定为违反公平和公正待遇的行为包括:(1)东道国的措施使投资者的合理预期落空;(2)拒绝司法和违反正当程序;(3)东道国的措施在决策过程或行为上具有明显的任意性、不公平、胁迫和/或恶意;(4)东道国采取了歧视性措施等。构成违反公平和公正待遇的行为既有可能是单独的措施,也有可能是一系列累积的作为和/或不作为。

对外承包工程的投资争议有时可由东道国的单一措施触发。如 *Desert Line* v. *Yemen* 案里,东道国政府胁迫投资者签订和解协议。仲裁庭注意到,该和解协议是在也门当地仲裁裁决作出之后完成的,裁决结果实际对于投资者有利,DLP 公司放弃了超过一半的裁决权益且没有获得相应的对价或补偿。在考虑多项投资者权益受损的事实因素后,仲裁庭得出结论:投资者是在受胁迫的情形下签订了和解协议,这样的和解协议并非公平协商和自由合意的结果,也门因此违反了阿曼—也门 BIT 项下的公平和公正待遇条款;鉴于该和解协议的缔结构成违反条约的行为,因此和解协议本身也不具有任何国际效力(international effect)。[1]

相应地,东道国一系列累积的作为和/或不作为更容易引起争议,因为单一行为未必足以构成条约违反,但累积起来的复合行为却可以。典型案例就是 *Walter Bau* v. *Thailand* 案。该案由投资者 Walter Bau 的破产管理人提起仲裁,争议源于其在泰国投资的合资企业 DMT 中标并签订的高速公路特许工程合同。依据相关的特许合同和修正案,DMT 唯一的获利就是在运营高速公路期间的收费,而高速公路收费上涨必须经过泰国政府当局的批准。申请人作为 DMT 的少数股东提出,泰国政府多次拒绝提高公路的收费,增加了免费高速公路路段和服务,导致合资企业的利益遭受严重损失。仲裁庭最终认定泰国政府违反公平和公正待遇,理由是虽然泰国政府的一系列行为单独来看未必构成对公平和公正待遇的违反,然而综合在一起考虑就达到了违反标准。[2]

(三)拒绝司法

东道国的拒绝司法行为有可能单独或作为组成部分构成东道国征收行为。在实践中,投资者通常将拒绝司法行为作为东道国违反公平和公正待遇的一项

---

[1] *Desert Line* v. *Yemen*, Award, paras. 163 – 190.

[2] *Walter Bau AG* (*in liquidation*) v. *the Kingdom of Thailand*, UNCITRAL, Award, 1 July 2009, para. 12.39(*Walter Bau* v. *Thailand*).

重要组成部分提出。在国际投资法中,禁止拒绝司法意味着东道国法院不得对于投资者在东道国提起的案件存在明显的不当行为,以至于案件结果触犯司法适当性(judicial propriety)。[1] 根据投资仲裁实践,常见拒绝司法表现形式包括:拒绝进入司法程序和法院拒绝裁判、不合理的程序拖延、无法执行法院的最终判决或仲裁裁决、法官腐败、歧视外国原告或申请人、违反基本的正当程序保障(如缺乏程序通知、拒绝提供陈述机会)等。[2] 近年来,越来越多的投资者指控政府行政行为构成拒绝司法,仲裁庭也不再将禁止拒绝司法原则限制在东道国的司法领域。但总体而言,该项请求对于投资者的证明标准要求比较高,在实践中获得仲裁庭支持的难度较大。

在 *Al-Bahloul* v. *Tajikistan* 案(SCC 仲裁规则)中,奥地利投资者依据《能源宪章条约》向塔吉克斯坦提起 SCC 仲裁。投资者认为,东道国法院程序和上诉法院以程序理由驳回其上诉的行为侵犯了其在 ECT 项下的正当程序权利。[3] 仲裁庭不认为东道国法院的决定(包括按照塔吉克斯坦国内法驳回上诉请求)存在明显不当的行为,同时指出申请人并未就其主张提供充分证据,因此并未支持申请人的拒绝司法请求。[4]

(四)充分保护及保障

由于"一带一路"地区许多国家内部存在民主政治转型、民族冲突等多重矛盾,这些国家内部的政治风险已经成为我国"一带一路"政策推进与中国企业走出去进行投资的最大风险之一。[5] 在此类国家进行建筑工程项目投资,有时会遇到来自东道国不同势力的干扰和阻碍。如果中国与该东道国签订的投资协定中存在"充分保护及保障"条款,则意味着东道国有义务采取积极措施保护投资者在其境内的投资不受到不良影响。[6] 而投资者需要负担举证义务,证明东道

---

〔1〕 *Loewen Group, Inc. and Raymond L. Loewen* v. *United States of America*, ICSID Case No. ARB(AF)/98/3, Award, 26 June 2003, para. 132.

〔2〕 UNCTAD, Fair and Equitable Treatment, UNCTAD Series on Issues in International Investment Agreements Ⅱ (2012), p. 80.

〔3〕 *Ibid.*, paras. 21 – 24.

〔4〕 *Ibid.*, paras. 218 – 242. 最终,仲裁庭仅认定被申请人违反了 ECT 第 10(1)条项下的保护伞条款,驳回了申请人其他全部请求(包括征收、公平和公正待遇、拒绝司法、持续保护和保障等)。

〔5〕 《"一带一路"列国投资政治风险研究》,载中国网,http://opinion.china.com.cn/event_3916_1.html。

〔6〕 Christoph Schreuer, Full Protection and Security, *Journal of International Dispute Settlement*, 2010, p. 353.

国的行为对其投资的物理完整性(physical integrity)具有负面影响。

回到*Toto* v. *Lebanon*案,申请人Toto与黎巴嫩重大工程执行委员会(CEGP)签署了一份关于建设阿拉伯高速公路部分路段的工程合同。[1] Toto声称黎巴嫩违反了意大利—黎巴嫩BIT第4.1条的充分保护及保障义务,理由是黎巴嫩政府(主要是CEGP及其继任机构)未能及时阻止当地居民对投资者施工造成的阻碍——这些居民的土地被征收用于施工工程,他们因此阻止投资者进入相关区域。[2] 然而仲裁庭认为,这些居民对于工程施工的暂时阻碍并不足以构成对投资物理完整性的损害;而且投资者没有证明黎巴嫩政府本可以采取预防性或救济措施但选择束手旁观,也没有证明后者的疏忽行为与投资者受阻有关。因此,仲裁庭驳回了投资者的相关请求。[3]

(五)"保护伞条款"

"保护伞条款"是东道国在投资协定中作出的就遵守并履行其关于投资的义务的承诺,其效果是将原本属于合同的义务上升为国家义务,从而赋予投资者提起投资仲裁的权利。然而,基于不同投资协定的措辞,仲裁庭对于其是否可以依据保护伞条款行使管辖权有不同的解读。一些仲裁庭会将国家行为区分为商业行为和主权行为,并指出在一般情况下,国际投资争议仲裁只涉及国家的主权行为,[4]而且该项行为应当与东道国对投资的承诺紧密相关。

实践中,单独依据"保护伞条款"向东道国政府索赔的请求获仲裁庭支持的成功案例较少;一般而言,投资者会将保护伞条款结合征收或者公平和公正待遇的违反的请求一并提出。例如,在*Bosh* v. *Ukraine*案中,投资者提出乌克兰未能遵守美国—乌克兰BIT第2(3)(c)条的"保护伞条款"对其工程合同全力进行保护。[5] 仲裁庭根据条约措辞和乌克兰国内法,认为"保护伞条款"约束的当事方仅限于以国家名义行事的当事方(the Party acting qua State);鉴于基辅大学签订涉案合同的行为并不能归因于国家,因此驳回申请人与"保护伞条款"相关

---

〔1〕 *Toto* v. *Lebanon*, Decision on Jurisdiction, para. 16.

〔2〕 *Ibid.*, Decision on Jurisdiction, paras. 17 - 18; Award, paras. 207, 226.

〔3〕 *Ibid.*, Award, paras. 226 - 230.

〔4〕 *El Paso Energy International Company* v. *Argentina*, ICSID Case No. ARB/03/15, Decision on Jurisdiction, 27 April 2006, paras. 77 et seq; *Pan American Energy LLC and BP Argentina Exploration Company* v. *The Argentine Republic*, ICSID Case No. ARB/03/13, Decision on Preliminary Objections, 27 July 2006, para. 108.

〔5〕 *Bosh* v. *Ukraine*, Award, paras. 39, 229.

的仲裁请求。[1] 另外在 *Garanti Koza* v. *Turkmenistan* 案中,投资者提出英国—土库曼斯坦 BIT 项下的"保护伞条款"义务延伸至其与东道国国家实体 TAY 签署的合同义务,并引用合同条款说明 TAY 是代表东道国政府行事。[2] 仲裁庭分析,单纯违反商事合同并不会因为合同相对方是国家机构而自动构成对投资条约义务的违反;如果政府机构的行为引起了对外国投资者在该国投资相关合同义务的违反,尤其是直接导致合同义务的违反,那么这种情况将落入"保护伞条款"的范围。[3] 仲裁庭认为,TAY 在合同中约定的付款保证,是其以东道国名义作出的关于投资的承诺;由于各政府机构的行为导致 TAY 未能履行合同的付款承诺,造成申请人的投资受到实质性损失,构成了东道国对保护伞条款的违反。[4]

五、损害赔偿

根据联合国贸易和发展会议统计,在投资者成功获赔的案例中,平均获赔金额约为请求金额的 40%;申请人平均请求金额为 13 亿美元,获得仲裁庭支持的平均金额为 5.04 亿美元。[5] 历史上最高的请求金额和获赔金额记录是三起尤科斯股东诉俄罗斯的案件(均适用 UNCITRAL 仲裁规则,仲裁地为荷兰海牙)创造的。[6] 这三起案件请求总金额高达 1140 亿美元,获赔总金额为 500 亿美元。排除该例请求金额和获赔金额,投资者胜诉案例中的平均请求金额将回落至 4.54 亿美元,而平均获赔金额则降至 1.25 亿美元,平均获赔金额的比例大约为 28%。[7]

---

[1] *Bosh* v. *Ukraine*, Award, paras. 242 – 249.

[2] *Garanti Koza* v. *Turkmenistan*, Award, paras. 271 – 272.

[3] *Ibid.*, para. 330.

[4] *Ibid.*, paras. 346 – 354.

[5] UNCTAD, Investor-State Dispute Settlement: Review of Developments in 2017, June 2018, p. 5. 这些金额不包括利息或法律费用。上述所说的申请人成功的案例仅指裁决胜诉的情况,有一些胜诉裁决作出后可能会受到国内法院的撤销(set-aside)程序或 ICSID 的撤销(annulment)程序影响。

[6] 三个股东分别是塞浦路斯公司 Hulley Enterprises Limited 和 Veteran Petroleum Limited 以及英属马恩岛公司 Yukos Universal Limited。

[7] UNCTAD, Investor-State Dispute Settlement: Review of Developments in 2017, June 2018, p. 5. 这些金额不包括利息或法律费用。上述所说的申请人成功的案例仅指裁决胜诉的情况,有一些胜诉裁决作出后可能会受到国内法院的撤销程序或 ICSID 的撤销程序影响。

对外承包工程争议类型变化多端，投资者的索赔方式形态各异，究其根本是投资者希望能够获得金钱赔偿、弥补损失。对外承包工程争议涉及的索赔金额往往数额巨大，经过漫长和复杂的仲裁程序，最理想的结果是投资者能够拿到金额可观的胜诉裁决。因此，理解仲裁庭对于损害赔偿的裁判思路，对于案件结果进行预判无疑十分重要。

（一）仲裁庭采用什么赔偿原则？

投资者获得赔偿的前提条件是仲裁庭认定东道国违反了投资协定或习惯国际法下的国际义务。而东道国的责任性质将影响投资者所获得的赔偿形式和金额。例如，对于征收定性为合法征收（lawful expropriation）或是非法征收（unlawful expropriation）将影响所适用的赔偿原则。投资协定通常仅针对合法征收的补偿作明文规定，以"公平市场价值"[1]或"公平和公正的补偿"[2]为补偿标准，而鲜有提及东道国进行非法征收或是违反其他条约义务时应如何对投资者进行赔偿。那么，投资者的索赔请求适用什么赔偿原则？

对此，仲裁庭以常设国际法院（Permanent Court of International Justice，PCIJ）在霍佐夫工厂案（Chorzów Factory）确立的"充分赔偿"（full reparation）原则作为起点。[3] 该原则指出"赔偿必须尽可能地抹去非法行为所造成的一切后果，并重建该行为出现之前的状态"。[4] 这一原则被联合国《国家对国际不法行为的

---

〔1〕 2009年《中华人民共和国政府和马耳他政府关于促进和保护投资的协定》（以下简称《中国—马耳他BIT》）第4条第1款规定："一、缔约任何一方对缔约另一方的投资者在其领土内的投资不得采取征收、国有化或其他类似措施（以下称'征收'），除非符合所有下列条件：……（四）给予充分补偿（adequate compensation）。"该条第2款进一步规定了："本条第一款所述的充分补偿，应等于采取征收前或征收为公众所知时中较早一刻被征收投资的公平市场价值。该价值应根据普遍承认的估价原则确定。补偿应包括自征收之日起到付款之日按正常商业利率计算的利息。补偿的支付不应迟延，并应可有效兑换和自由转移。"

〔2〕 2006年《中华人民共和国政府和印度共和国政府关于促进和保护投资的协定》第5条第1款："缔约任何一方的投资者在缔约另一方境内的投资不得被国有化、征收或采取效用等同于国有化或征收的措施（以下称征收），除非是为了公共目的、依照法律在非歧视性的基础上采取并给予公平和公正的补偿（fair and equitable compensation）。此等补偿，应等于采取征收前或征收为公众所知时中较早一刻被征收投资的真实价值，并应包括支付前按公平和公正的利率计算的利息，补偿的支付不应不合理地迟延，并应可有效实现和自由转移。"

〔3〕 例如，*Biwater Gauff (Tanzania) Ltd.* v. *United Republic of Tanzania*，ICSID Case No. ARB/05/22，Award，24 July 2008，paras. 776－777。

〔4〕 PCIJ，*Case Concerning the Factory at Chorzów* (*Germany* v. *Poland*)（Claim for Indemnity），Merits，Judgment of 13 September 1928，PCIJ Ser. A，No. 17 (1928)，para. 125.

责任条款草案》吸收为成文规则,并被国际司法实践持续遵循。在本章多次提到的 *Saipem* v. *Bangladesh* 案中,仲裁庭认定孟加拉国的行为构成非法征收,因此,即使意大利—孟加拉国 BIT 明文规定对征收进行"公正补偿"(just compensation)并定义该等补偿为"依据国际承认的估值标准所计算的……投资的真正市场价值",[1] 仲裁庭也没有适用这一补偿标准,而是采用充分赔偿原则,认为与该原则最匹配的赔偿金额应是 ICC 裁决所裁予投资者的金额。[2]

(二)投资者能获得什么形式的损害赔偿?

鉴于恢复原状(restitution)或继续履行(specific performance)未必是适合投资仲裁性质的赔偿方式,绝大多数投资仲裁裁决作出的都是金钱赔偿。[3] 在少数特定情况下,除投资的实际经济损失和利息外,仲裁庭还可能基于充分赔偿原则要求东道国赔偿投资者的间接损失(consequential losses),[4] 包括商誉损失(loss of goodwill)、名誉损失(reputational harm)、管理费用(administrative costs)等。[5] 投资者有时还会主张精神赔偿(moral damage),但仲裁庭对于此类请求极为谨慎:一方面,仲裁庭将严格检验是否存在精神损害的事由和法律基础;另一方面,即便认定存在精神损害事实,仲裁庭也会限制赔偿额度。

在前文提及的 *Desert Line* v. *Yemen* 案中,投资者 DLP 向也门索赔了价值等于 4000 万阿曼里亚尔(现约为 1 亿美元)的精神损害赔偿,理由是也门对 DLP 造成了广泛和严重的精神损害,包括也门政府和当地武装持续骚扰、威胁和关押 DLP 管理人员,使之饱受精神压力和焦虑;投资者的商誉、信用和声誉受到重大负面影响。[6] 仲裁庭注意到也门没有对投资者在 ICSID 程序中获得精神损害的可能性提出异议,并指出在绝大多数法律体系里,精神损害赔偿与纯粹的经济利益赔偿并行不悖,因此没有理由在本案中排除精神损害赔偿;虽然精神损害赔

---

〔1〕 *Saipem* v. *Bangladesh*, Award, para. 201.

〔2〕 *Ibid.*, paras. 201 - 204.

〔3〕 See C. L. Lim et al., International Investment Law and Arbitration: Commentary, Awards and other Materials (CUP 2018), pp. 403 - 404.

〔4〕 J. A. Trenor, ed., *The Guide to Damages in International Arbitraiton*, 3rd ed., GAR 2018, p. 99.

〔5〕 例如,*Tidewater* v. *Venezuela* 案仲裁庭认定根据涉案的巴巴多斯—委内瑞拉 BIT,"商誉和专有技术"构成投资的一部分并因此受条约保护。See *Tidewater Inc.*, *Tidewater Investment SRL*, *Tidewater Caribe*, *C. A.*, *et al.* v. *The Bolivarian Republic of Venezuela*, ICSID Case No. ARB/10/5, para. 89.

〔6〕 *Desert Line* v. *Yemen*, Award, paras. 284 - 286.

偿通常难以量化,但该等困难不能成为投资者无权获得赔偿的借口。[1] 最后,仲裁庭认定投资者遭受了实质损害,但将支持金额降至100万美元且没有裁予利息。仲裁庭强调,其裁予的精神损害金额更具有象征意义。[2]

(三)如何计算具体的损害金额?

无论是充分赔偿原则还是投资协定中的补偿规定,均未细化具体的损失估值方法。因此在实践中,仲裁庭会结合案件的具体情况,采用其认为适合的计算方法对投资者的损失进行量化。不同的计算方法对投资者可能获得的赔偿金额将产生重大影响。根据不同的计算基础,投资仲裁中常见的损害赔偿计算方法大致分为以下几类:

(1)基于收入的方法(Income-based approach):其中的典型代表是贴现现金流法(Discounted Cash Flow,DCF),经常用于计算未来预期的现金流的当前价值,适用于存在可用数据、允许仲裁庭对于未来预期的现金流进行合理预测的情况。但是当预期收益过于投机、没有合理预测基础时,仲裁庭将可能不采用DCF计算损失。[3]

(2)基于市场的方法(Market-based approach):常见于计算征收造成的损失。仲裁庭一般会将涉案投资和市场上出售的相似业务、商业所有权益、证券或无形资产进行比较,尤其是存在和涉案投资非常类似的交易时,仲裁庭会认为此种比较的方法非常适合确认公平市场价值。[4]

(3)基于资产的方法(Asset-based approach):常见于计算被征收资产的损失,一般存在两种选择:账面价值(book value)或置换价值(replacement value)。有评论认为基于资产的方法计算损失主要是由伊朗—美国求偿法庭(Iran-United States Claims Tribunal)的案例法发展而来,但当代的投资仲裁案件越来越不倾向于采取此类方法,主要原因是当代的投资争议涉及的投资价值往往高于

---

[1] *Desert Line* v. *Yemen*, Award, para. 289.

[2] *Ibid.*, paras. 290 – 291.

[3] 例如,假设投资是一个没有任何经营记录、履约历史或其他收益记录的创业公司,无法对其收益进行任何预测,那么仲裁庭会不倾向于用DCF进行计算。但与之相对的,如果是采掘工业方面的投资(煤炭、石油开采等),那么即便项目尚处于开发阶段、没有实际运营记录,但还是能够进行相对可靠的获利预期,那么仲裁庭因此也可能可以通过基于收入的计算方法来量化损失。See J. A. Trenor, ed., *The Guide to Damages in International Arbitration*, 3rd ed., GAR 2018, pp. 104 – 105.

[4] See *Ioannis Kardassopoulos* v. *The Republic of Georgia*, ICSID Case No. ARB/05/18, Award, 3 March 2010, para. 599.

其账面上的资产残值。[1]

除了估值方法,确定损害赔偿的另一要素是确定相关损失的日期。对于合法征收的补偿,通常投资协定本身会明确规定计算时点,如"征收前或征收为公众所知时中较早一刻被征收投资的公平市场价值"。[2] 因此,合法征收下的补偿关注的是征收时点投资者损失的投资价值。对于投资者而言,将东道国行为定性为非法征收对其更为有利,因为这意味着赔偿请求不囿于征收这一时点,该时点之后的投资增值也会被仲裁庭考虑。对于非法征收及其他国家不法行为的索赔,两种不同的估值日期也会带来差异较大的结果:

(1)事前(*ex ante*)估值:仲裁庭基于征收或其他不法行为发生当时的投资价值,通过适当的裁决前利率加以调整,计算至裁决作出时的赔偿金额,并加上裁决后利息直至付款为止。[3]

(2)事后(*ex post*)估值:仲裁庭确定投资损失的日期是征收或其他不法行为发生之后的某一日期,通常是裁决作出的日期,以此计算出赔偿金额后加上裁决后利息。[4]

(四)在对外承包工程争议中的应用

投资仲裁案件中的损害赔偿量化既涉及对于投资项目和所涉行业盈利模式的理解,也涉及技术性极强的计算过程,需要律师和估值专家密切配合,选择最为合适的方法支持己方的损害赔偿计算。仲裁庭在裁决时,不一定遵循任何一方提出的方法。以下两个案例对于理解前述仲裁庭的裁判思路有所助益。

1. 在 *Walter Bau* v. *Thailand* 案中,争议双方分别聘用了交通问题专家和估值专家向仲裁庭提交意见并出庭作证。仲裁庭认定东道国"持续/复合的不法行为"违反公平和公正待遇,因此在计算损害赔偿时重点考虑东道国在不同的

---

〔1〕 J. A. Trenor, ed., *The Guide to Damages in International Arbitration*, 3rd ed., GAR 2018, p. 106. 账面价值通常是企业财务报表反映的企业资产减去负债的差额,或企业资产负债表中所列的被征收的有形资产的价值金额(显示的是在按照通常会计原则扣除累计折旧后的资产的成本);而置换价值采取的是类似方法,只是没有扣除折旧成本。账面价值的方法仅返还投资者原始投资而不附加任何利润损失,对东道国立场有利。

〔2〕 参见《中国—马耳他 BIT》第 4 条第 2 款。

〔3〕 J. A. Trenor, ed., *The Guide to Damages in International Arbitration*, 3rd ed., GAR 2018, p. 108.

〔4〕 这种裁决作出时的计算方法多用于投资价值在征收行为后出现上涨的情况。

时间范围所造成的损害价值。[1] 仲裁庭发现，双方专家基于不同的假设而得出了差异巨大的结果：投资者的估值专家预计损失高达1.183亿欧元，而东道国专家的计算结果为负310万欧元；[2] 投资者专家采用了“股权内部收益率”(Internal Rate of Return on Equity, IRRE)，而东道国专家采用的是“已投金额法”(Amount Invested Approach)。[3] 仲裁庭指出，双方估值专家的计算方法本质相同，只是命名方式不同，[4] 但并未采用任何一方的计算方法，而是认为DCF法才是该案计算投资者出售DMT股份时合理期待的价值损失的最佳方法。[5] 最终，仲裁庭判定东道国应支付投资者的损失金额为2921万欧元，[6] 并向投资者支付相应的利息——利息计算期间是自2006年12月3日(投资者出售其在DMT的股份日期)至裁决作出日期之间，利率是连续6个月欧洲银行间欧元同业拆借利率(Europe Interbank Offered Rate, Euribor)加上2%的年利率，每半年复利一次。[7]

2. 在 *PSEG* v. *Turkey* 案中，两家美国公司PSEG和北美煤炭公司以及一家由PSEG在土耳其设立的项目公司Konya(负责工程项目具体实施)作为共同申请人，依据美国—土耳其BIT针对土耳其提起ICSID仲裁。[8] 争议始于一个煤炭发电站BOT项目。PSEG的当地项目公司Konya在进行可行性研究和多轮谈判后，与土耳其能源和自然资源部(Ministry of Energy and Natural Resources, MENR)签订了一份实施合同(Implementation Contract)和特许合同(Concession Contract)，并支付了804万美元的履约保证金。[9] 随后，Konya应MENR要求

---

[1] See *Walter Bau* v. *Thailand*, Award, paras. 12.43, 13.2.

[2] *Ibid.*, para. 14.2.

[3] *Ibid.*, para. 14.4. 简言之，投资者专家计算的是“损失的回报”(lost returns)，即如果没有东道国政府的不法行为，投资者本可以获得的IRRE。从数学角度看，东道国专家的方法和投资者专家的方法类似，但适用了不同的变量，其本质就是计算申请人实际投入的金额加上裁决作出前的利息。

[4] *Ibid.*, para. 14.5.

[5] *Ibid.*, paras. 14.21 – 14.43.

[6] *Ibid.*, para. 14.44.

[7] *Ibid.*, para. 16.1.

[8] *PSEG Global, Inc., The North American Coal Corporation, and Konya Ingin Electrik Üretimve Ticaret Limited Sirketi* v. *Republic of Turkey*, ICSID Case No. ARB/02/5, Award, 19 January 2007, paras. 1 – 2 (*PSEG* v. *Turkey*).

[9] *PSEG Global, Inc., The North American Coal Corporation, and Konya Ingin Electrik Üretimve Ticaret Limited Sirketi* v. *Republic of Turkey*, ICSID Case No. ARB/02/5, Award, 19 January 2007, paras. 13 – 21.

对项目作进一步研究并多次修改开采计划、装机容量和收费结构等项目核心内容,但由于土耳其国内经济困难和据称来自世界银行和国际货币基金组织的压力,该国政府各部门(包括 MENR)开始拖延并最终放弃了这一项目;该项目始终未能进入实际建造阶段。[1] 申请人主张土耳其违反了美国—土耳其 BIT 项下除直接征收之外的所有投资协定保护条款。[2] 最终仲裁庭仅认定土耳其违反了公平和公正待遇,驳回了申请人的其他请求。[3] 仲裁庭另强调,虽然本案不存在征收事实,但不表示申请人的财产或权利就没有遭受损失。[4] 关于损害赔偿,申请人提出了三种计算方式(见表7)。

表7　申请人三项损害赔偿请求(三者之间是“或者”的关系)

三种赔偿请求计算方式	具体内容
公平市场价值:1.14951 亿美元加10.6%年复利	(1)假设存在征收,征收发生时的投资价值 (2)申请人主张的征收日为:2001 年 3 月(土耳其新的《电力市场法》的颁布时间)[5]
利润损失:2.23742 亿美元加10.6%年复利	(1)假设特许合同得以履行,申请人本可以获得的经济利益[6] (2)基于项目确定的可行性,土耳其政府承诺每年采购最低量的长期购电合同和财政担保付款[7]
投资额:11,467,668 美元	(1)申请人至少应当收回对该项目已投资的金额。该等金额被包含在项目可行性报告和土耳其政府对项目的授权文件中,属于合理费用[8] (2)涉及五大类:法律、矿和原料供应、其他技术研究、环境、项目准备等[9]

针对上述三种计算方式,仲裁庭仔细考量后仅支持了第三种并对申请人的索赔金额进行了相应调整(见表8)。

[1] *Ibid.*, paras. 23–40.
[2] *Ibid.*, paras. 220–221.
[3] *Ibid.*, paras. 246–256, 259, 261–262, 271, 278–280.
[4] *Ibid.*, para. 280.
[5] *Ibid.*, para. 284.
[6] *Ibid.*, para. 287.
[7] *Ibid.*, paras. 295–289.
[8] *Ibid.*, para. 290.
[9] *Ibid.*, para. 290.

表8 仲裁庭的认定

类 别	仲裁庭的认定结果
公平市场价值	(1)不支持。美国—土耳其BIT规定的公平市场价值对应的是征收;在征收不存在的情况下,该方法没有法律基础 (2)公平市场价值更常见于已进入生产阶段的项目的赔偿,而非仅仅处在计划或者协商阶段的项目[1]
利润损失	(1)不支持。该方法通常针对已经作出实质性投资并且有收益记录的项目;如果项目的收益没有任何确定性,则不能采用该方法[2] (2)特许合同的重要商业条款尚未最终确定,项目未有实质运行和盈利记录(如缺乏现金流证明利润)[3]
投资额	(1)支持计算方法,但对金额进行调减[4] (2)经调减,仲裁庭支持的金额为900余万美元[5] (3)准备项目的可行性研究是计算投资投入的起算点,[6]但对于在此之前发生的属于投资前的花费(pre-investment expenses)不予支持[7]
利息	(1)仲裁庭不支持任何一方提出的利率 (2)考虑到PSEG的跨国公司性质,仲裁庭认为土耳其应当支付的利率是:伦敦银行同业拆借利率6个月平均利率加2%的年利率,半年复利[8] (3)利息期间:鉴于土耳其违反的是公平和公正待遇而非征收条款,因此确定损失发生之日存在难度。仲裁庭观察到投资前的花费持续时间约为7年左右(从1995年早期到2002年提交仲裁申请),因此决定了一个中间到期日(mean due date)开始计算利息直到裁决金额支付之日为止[9]

[1] *PSEG Global, Inc., The North American Coal Corporation, and Konya Ingin Electrik Üretimve Ticaret Limited Sirketi* v. *Republic of Turkey*, ICSID Case No. ARB/02/5, Award, 19 January 2007, paras. 305 – 309.

[2] *Ibid.*, para. 310.

[3] *Ibid.*, paras. 310 – 315.

[4] *Ibid.*, paras. 316 – 340.

[5] *Ibid.*, para. 337.

[6] *Ibid.*, paras. 318 – 319.

[7] *Ibid.*, para. 328.

[8] *Ibid.*, para. 348.

[9] *Ibid.*, para. 351.

六、结语

在对外承包工程领域,合同相对方的违约以及东道国政府的作为或不作为经常相互交织。因此,投资者在选择进行合同仲裁还是投资仲裁时,两种途径下预期可得的损害赔偿无疑是投资者考虑的重要因素。实践中,为了向合同相对方或是东道国最大限度地施加压力,有的投资者会选择“双管齐下”,同时进行两个或多个平行程序,即便如此,投资争议的仲裁庭在裁决损害赔偿时,会将投资者已经在其他程序中获得的赔偿相应扣除,以避免投资者获得双重赔偿。好的开始是成功的一半,在案件争议初现之时即对事实和法律进行全面分析,并据此设计最合适的索赔请求和途径,往往会取得事半功倍的效果。反之,匆忙提起索赔金额高昂的仲裁,虽然有可能先声夺人,但往往因为缺乏坚实的基础致使日后面临调整索赔请求的情形,反而无法达到震慑对方的效果。

第十章 新时代《外商投资法》的沿革、特点与展望

利用外资是社会主义现代化建设的必然选择，中国利用外资经历了从探索期到全面开放期四个不同时期，始终坚持在法治的轨道上发展，不断建立和完善外资制度。外资制度也经历了从初步建立到全面开放，最新出台的《外商投资法》将成为中国利用外资的基础性法律，回应了中国进一步对外开放与全面深化改革的新形势和新要求。《外商投资法》有着鲜明的时代特点，体现在扩大对外开放，促进外商投资；保护外商投资合法权益；营造公平竞争市场环境；坚持中国特色与国际通行规则接轨；深化外商投资领域“放管服”改革五个方面。为进一步贯彻落实《外商投资法》，需要加快推进配套法规的“废改立”工作、建立健全投诉工作机制、引导既存的外商投资企业，实施行而有效、稳中求进的配套措施。

一、中国利用外资的历史和现状

1978年12月18日，中国共产党召开了党的十一届三中全会，在国家面临何去何从的重大历史关口作出了把工作重点转移到经济建设，实施改革开放的历史性决策。方向决定前途，道路决定命运。邓小平同志提出要尊重社会经济发展规律，既要对内开放，也要对外开放，任何一个国家要发展，闭关自守是不可能的，而应该加强国际交往，引进发达国家的先进经验、科学技术和资金。[1] 在当时的历史条件下，国家要启动大规模建设，迫切需要解决技术短板和资金缺口的问题，这使改革开放和利用外资成为社会主义现代化建设的必然选择。

改革开放40余年来，中国利用外资的规模不断扩大、质量不断提高，取得了令人瞩目的成绩。截至2018年年底，中国共建立外商投资企业96万家，累计实际使用外资超过2.1万亿美元。[2] 结合图5的数据，从数额的集中情况可以得出中国利用外资的进程可以大致分为四个时期。

---

〔1〕 汪汉昌：《邓小平的对外开放理论》，载《武汉大学学报》（人文科学版）2000年第4期。

〔2〕 《通过〈外商投资法〉中国告诉世界这三件事》，载 http://www.mofcom.gov.cn/article/i/jyjl/e/201903/20190302843936.shtml，最后访问时间：2019年3月18日。

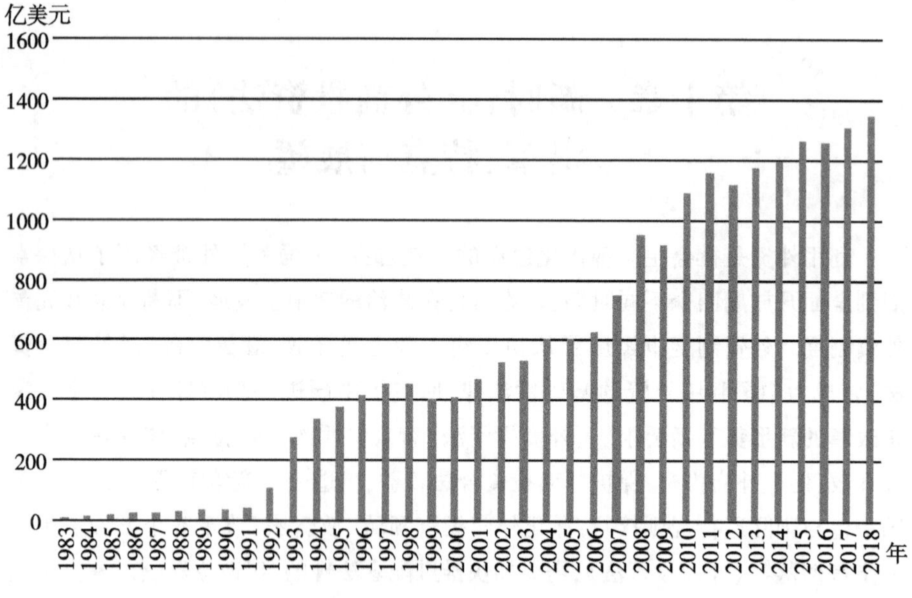

图5 1983~2018 年我国利用外资的数额

第一个时期(1978~1991 年)是利用外资的试点探索期。这一时期党的十一届三中全会作出改革开放的历史性决策,中国通过设立深圳等经济特区,大力吸引外资发展劳动密集型加工出口产业。1984 年,中国进一步开放了 14 个沿海城市,建立了国家级经济开发区,初步形成了由点及线、由线及面的对外开放格局。1986 年,国务院发布了鼓励外商投资的规定,并提出了一系列在税收、信贷、进出口等方面的鼓励政策。中国利用外资在这一时期开始起步,年均实际使用外资达 17.9 亿美元,1991 年实际使用外资达 43.7 亿美元。[1]

第二个时期(1992~2000 年)是中国利用外资的快速发展期。在此期间,党的十四大决定建立社会主义市场经济体制,外商投资的领域从出口加工向高新技术产业扩展,从制造业扩大到服务业,对外开放的范围也从沿海扩大到了沿江沿边,形成了全方位、多层次、宽领域的对外开放格局。[2] 在快速发展期,中国年均利用外资将近 360 亿美元,这一时期的总额是 1978~1991 年试点探索期的

〔1〕《改革开放 40 年来利用外资法律制度的变迁与展望》,载中国人大网,http://www.npc.gov.cn/npc/c541/201902/061c546b82e745bb988389f90d346baa.shtml,最后访问时间:2019 年 2 月 20 日。

〔2〕史本叶、马晓丽:《中国特色对外开放道路研究——中国对外开放 40 年回顾与展望》,载《学习与探索》2018 年第 10 期。

20 倍，可见扩大外商投资领域的重要作用。

第三个时期（2001～2011 年）是利用外资的高层次开放期。该时期的标志性事件是中国 2001 年加入世贸组织，从单方面的自主开放转变为与世贸组织成员在国际规则下相对开放的新格局。2010 年，国务院提出要营造更加开放、优化的投资环境，全面提高利用外资的水平。[1] 与此同时，中国积极履行“入世”承诺，进一步扩大对外开放，利用外资更加注重促进产业优化升级和区域协调发展，年均实际使用外资达 803.2 亿美元。2011 年实际使用外资更是创历年新高，达 1239.9 亿美元，可见加入世贸组织和促进外商投资的产业优化为我国利用外资提供了新的增长机遇。

第四个时期（2012 年至今）是全面开放期。中国在这一时期改革的重点之一是全面实施市场准入负面清单制度，清理废除妨碍统一市场和公平竞争的各种法律和法规，大力支持民营企业发展，激发各类市场主体活力，明确新时代利用外资的顶层设计。[2] 在这个时期，中国外商投资管理体制实现了历史性变革，将实行了 30 多年的全链条审批制度更改或调整为有限范围的审批和告知性备案的管理体系，营商环境将不断改善，年均实际使用外资超过 1300 亿美元。

从试点探索期、快速发展期、高层次开放期，到现如今的全面开放期，中国实际使用外资的增长情况与法治化的发展密不可分，可见法治是最好的营商环境。[3]

二、中国外商投资制度的沿革与发展

中国利用外资始终在法治的轨道上进行。外商到中国投资是有经营周期的，要让外商投资者愿意来、留得住、发展好，不仅要具备硬投资环境，[4]还须营造具备核心竞争力的法治软环境。因此，中国建立健全外商投资法律制度，有助于稳定外国投资者的投资信心，进一步改善投资环境。回顾中国外商投资制度建立和健全的全过程，可分为以下四个阶段，如图 6 所示。

---

〔1〕 2010 年 4 月 6 日，国务院印发《关于进一步做好利用外资工作的若干意见》（国发〔2010〕9 号）。

〔2〕 习近平：《决胜全面建成小康社会　夺取新时代中国特色社会主义伟大胜利——在中国共产党第十九次全国代表大会上的报告》，“五、贯彻新发展理念，建设现代化经济体系”。

〔3〕 2019 年 2 月 25 日，习近平总书记主持召开的中央全面依法治国委员会第二次会议深刻阐述这一重要论断。

〔4〕 硬投资环境指那些具有物质形态的各种影响投资的因素，如交通运输、邮电通信、水电气供应、生活服务设施等。

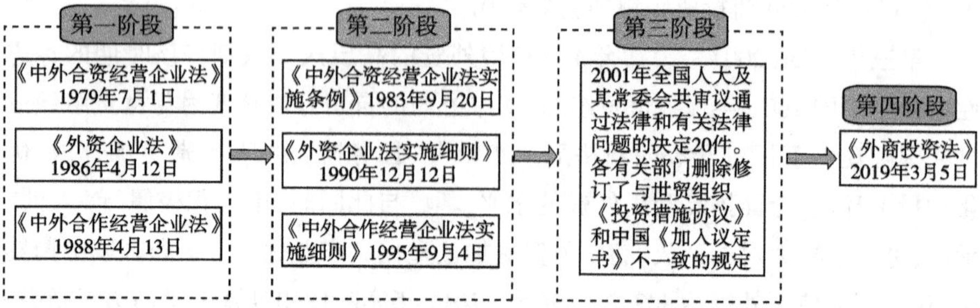

图6　外商投资制度的立法历程

第一个阶段,初步建立利用外资法律制度,制定"外资三法"。1978 年,中国在重型汽车项目技术引进的谈判中,首次探索了中外合资经营模式,并向国务院引进办公室提交了谈判简报。该简报受到党中央和国务院的高度重视,并批示中外合资经营企业可以办。但在研究中外合资经营项目的章程与合同时,"法源"成为不可或缺的重要依据,迫切需要制定一部可以诉诸的法律。经过紧张高效的起草工作,《中外合资经营企业法》于 1979 年 7 月 1 日获得五届全国人大二次会议通过,同年 7 月 8 日颁布施行。这部法律奠定了中国吸引外商投资的法律基础,进而《外资企业法》和《中外合作经营企业法》分别于 1986 年六届全国人大四次会议和 1988 年七届全国人大一次会议通过。三部法律后被统称为"外资三法",共同组成了早年中国利用外资的三部基础法律。

第二个阶段,制定配套法规不断完善中国外商投资法律制度。《中外合资经营企业法》全文一共 15 条,规定多为原则性内容,这是由于当时缺乏外商投资方面的实践经验,规定不宜过细。随后,为了进一步细化相关规定,国务院于 1983 年 9 月发布了《中外合资经营企业法实施条例》,包括企业的设立与登记、组织形式与注册资本、出资方式、董事会与经营管理机构、引进技术等,总共 16 章。《外资企业法》和《中外合作经营企业法》出台后,中国也相应地制定了相关的实施条例,条例的出台使各方的经营活动都有法可依。此外,中国根据利用外资的实际需要还及时出台了有关配套措施,不断完善外资法律体系,其体现在:第一,对合同的期限、境内投资、股权变更、合并分立等事项制定了有关细化规定。第二,制定了外商投资性公司、合股企业和外资并购等方面的规定,积极开拓引进外资的方式。第三,制定了《指导外商投资方向的规定》《外商投资产业指导目录》《中西部地区外商投资优势产业目录》等规定,引导外商投资适应中国国民经济和社会发展的需要。第四,根据逐步扩大开放的需要,制定了相关行业吸收外资的专项规定。第五,制定了《台湾同胞投资保护法实施细则》《国务院关于鼓励台湾同胞投资的规定》《国务院关于鼓励华侨和香港澳门同胞投资的规定》,大力鼓励和保护港澳台同胞回乡投资兴业。

第三个阶段,履行"入世"承诺与国际接轨。中国加入世贸组织后,根据履行加入世贸组织承诺和深化改革的需要,全面清理和修订了涉外经贸法律法规,对"外资三法"及其实施条例都进行了修订,取消了世贸组织规则所禁止的出口实绩、外汇平衡、当地含量等方面的要求。中国还根据入世承诺开放了金融、电信、建筑、分销、法律、旅游、交通等多个服务领域,并对相关法律法规进行了修订。

第四个阶段,外商投资制度开放的新时代。在过去的40年里,中国在外商投资领域始终没有一部专门的、统一的法律。随着国际国内投资条件的深刻变化,"外资三法"已经不能完全适应新形势的发展。2015年1月《外国投资法草案》开始征求意见,引起了国内外广泛关注,该草案共11章170条,1.8万余字。2018年12月该草案修改并更名为《外商投资法》并向社会公布征求意见。经多次审议修改后,《外商投资法》于2019年3月15日正式通过,成为新时代中国利用外资的基础性法律,开创了中国对外商投资制度性开放的新时代。

三、新时代《外商投资法》的特点

《外商投资法》总结了改革开放40年中国外商投资法律制度的实践经验,其制定出台是完善社会法律体系,促进外商投资,扩大对外开放,营造法治化、国际化、便利化营商环境的重要举措,有利于推动形成全面开放的新格局。结合法条的具体规定,《外商投资法》有以下五个方面的特点。

(一)扩大对外开放,促进外商投资

《外商投资法》的内容一共分为6章,分别是总则、投资促进、投资保护、投资管理、法律责任、附则。从章节的框架和结构来看,本法的主基调是对外商投资的促进。在总则中,明确了中国将始终坚持对外开放的基本国策,鼓励外国投资者在中国境内投资,并实行高水平的投资自由化和便利化政策,建立健全和完善外商投资法的机制,营造稳定、透明、可预期和公平竞争的市场环境。在总则的基础上,第二章促进外商投资体现在以下方面:

第一,强调提高外商投资的透明度。该法第10条第1款规定,制定与外商投资有关的法律、法规、规章,应当征求外商投资企业的意见和建议。此处"应

当”的措辞,说明了中国在立法过程中对外商投资企业的尊重和保护。同时,有关外商投资的规范性文件、裁判文书要及时公布,为外商投资企业提供可预期的营商环境。透明度还体现在行业标准方面,该法第15条第1款规定,外商投资企业依法平等参与标准制定工作。[1] 第二,支持设立特殊经济区域,实行实验性政策措施。该法第13条规定为中国目前现有的经济开发区、高新区、国家级新区、自由贸易区、自由港的建设提供了法律依据,并授权特殊区域或地区主动实行实验性政策措施,促进外商投资,扩大对外开放。第三,对外商投资既有鼓励引导,又有优惠待遇。该法第14条和第19条规定,[2] 根据国民经济和社会发展的需要,国家鼓励和引导外商投资在特定的行业、领域、地区投资并能依照相关规定享受优惠待遇。同时,有关部门还应当编制和公布外商投资指引,为外商投资提供服务和便利。第四,授权地方政府制定促进和便利外资的政策措施。该法第18条将授权的政府层级最低规定到县一级,为地方结合地方特色,出台适应地方经济发展需要的便利化措施提供法律依据。

(二)保护外商投资合法权益

首先,《外商投资法》加大了对知识产权的保护力度。有关知识产权的保护是外国投资者非常关切的问题,中国加入世贸组织的承诺中,也表示中国不以技术转让要求为前提批准外资准入。中国切实履行了这一承诺,任何法律法规都没有要求转让技术的规定。《外商投资法》第22条和第23条关于知识产权的规定,充分诠释了中国政府对外商投资合法权益的全面保护,特别是明确了我们国家加强知识产权保护的坚定立场,从而提振外商投资的信心。[3] 就技术转让问题,规定了技术合作的条件,由投资各方遵循公平原则、平等协商确定,行政机关及其工作人员不得利用行政法规强制转移的技术。同时,在第23条对行政管理中涉及商业秘密的保护问题作出了规定,行政机关及其工作人员对履职过程中

---

[1] 《外商投资法》第15条:“国家保障外商投资企业依法平等参与标准制定工作,强化标准制定的信息公开和社会监督。国家制定的强制性标准平等适用于外商投资企业。”

[2] 《外商投资法》第19条:“各级人民政府及其有关部门应当按照便利、高效、透明的原则,简化办事程序,提高办事效率,优化政务服务,进一步提高外商投资服务水平。有关主管部门应当编制和公布外商投资指引,为外国投资者和外商投资企业提供服务和便利。”

[3] 《外商投资法》第22条:“国家保护外国投资者和外商投资企业的知识产权,保护知识产权权利人和相关权利人的合法权益;对知识产权侵权行为,严格依法追究法律责任。国家鼓励在外商投资过程中基于自愿原则和商业规则开展技术合作。技术合作的条件由投资各方遵循公平原则平等协商确定。行政机关及其工作人员不得利用行政手段强制转让技术。”

的商业秘密要依法保密,不得泄露或者非法向他人提供。

其次,强化对规范性文件的约束。近年来,行政性规范文件的制定和监督管理工作在不断加强和完善,但是乱发文、出台“奇葩”文件的现象还不同程度地存在,这无疑会侵犯行政相对人的合法权益,损害政府的公信力。[1] 为切实保护外商投资,该法第 24 条规定行政主体制定有关外商投资法的规范性文件,应当符合法律法规的规定。若没有相关法律法规依据的,要做到“三个不得”:不得减损外商投资企业的权利或增加其义务;不得设置市场准入和退出的条件;不得干预外商投资企业正常生产经营活动。反之,各级人民政府及有关部门可以出台对外商投资更有益的规范性文件。[2]

最后,确保地方政府守约履约。在以往的外商投资实践中,存在“新官不理旧账”的问题,这给经济社会的发展带来了巨大的负面影响,政府的公信力也受到了极大的损害。[3] 特别是在软环境成为核心竞争力的情况下,对地区的营商环境造成严重破坏,直接导致外商投资者对投资心存芥蒂。对此,该法第 25 条规定了地方各级政府及其有关部门不仅应当履行向外国投资者和投资企业依法订立的各类合同,而且应当遵守依法作出的政策承诺。若因国家社会利益需要改变政策承诺、合同约定的,应当按照法定权限和程序进行,并依法予以补偿。从法律保护层面出发,让外商投资者在招商引资阶段有信心,在订立合同阶段有恒心,在生产经营阶段能安心。

(三)营造公平竞争市场环境

公平竞争是投资者之间公开、平等、公正的竞争,对促进外商投资有着重要的作用,一方面可以调动外商投资者的积极性;另一方面可以使竞争者们不断提高竞争力,非常有利于行业的发展乃至社会的进步。党的十九大也明确强调,凡

---

〔1〕《国务院办公厅关于加强行政规范性文件制定和监督管理工作的通知》,载《中国司法》2018 年第 7 期。

〔2〕 李成钢:《改革开放 40 年来利用外资法律制度的变迁与展望》,载中国人大网,http://www.npc.gov.cn/npc/c541/201902/061c546b82e745bb988389f90d346baa.shtml,最后访问时间:2019 年 2 月 20 日。

〔3〕 中国国务院总理李克强在北京向十二届全国人大五次会议作政府工作报告时表示,要落实和完善促进民间投资的政策措施。深化政府和社会资本合作,完善相关价格、税费等优惠政策,政府要带头讲诚信,决不能随意改变约定,决不能“新官不理旧账”。

是在中国境内注册的企业,都要一视同仁,平等对待,坚持内外资一致。[1] 《外商投资法》按照市场化、法治化、国际化的方向,在营造公平竞争市场环境方面有以下举措:

第一,平等的前提是界定清晰外商投资的定义。外商投资的定义条款规定了《外商投资法》的适用对象,直接决定了哪些外国投资者、外商投资企业和外商投资受本法的保护。该法第 2 条采用以基础性定义加列举具体情形的方式进一步完善了外商投资范围,明确了新设、并购、新建项目三种情形。同时,第 2 条第 4 款对于外商投资的情形进行了兜底性的规定,即法律、行政法规或者国务院规定的其他方式的投资。[2] 这意味着,虽然 2018 年草案一审稿和 2019 年草案二审稿将协议控制这一形式从外商投资的定义中剔除,取消了根据实际控制标准认定外商投资的方式,但是今后这类较为特殊的外商投资仍有可能通过兜底条款纳入本法的适用范围。相比较以往的"外资三法",《外商投资法》扩大了投资定义的范围。从单一的在中国境内设立外商投资企业的直接投资形式,扩展到并购和新建项目的间接投资形式。

第二,依法确立投资过程中外商投资企业享有的多项平等权利。《外商投资法》中有四处强调公平,五处明确平等,分别体现在第 3 条、第 9 条、第 15 条、第 16 条、第 20 条、第 22 条。在总则中,《外商投资法》二审稿在一审稿的基础上增加了"公平竞争"四个字。从国家立场层面说明必须营造稳定、透明、可预期和公平竞争的市场环境。在优惠政策方面,外商投资企业平等适用国家支持企业发展的各项政策,内外资待遇一致。在标准制定方面,外商投资企业依法平等地参与制定工作,并且国家制定的强制性标准内外资不能有别。在政府采购方面,外商投资企业与内资企业公平竞争,政府采购时平等对待外商投资企业在中国境内生产的产品和提供的服务。在征收或征用方面,国家为了公共利益的需

---

〔1〕 曹越、孙丽、伍中信、陈文瑞:《改革开放四十年的产权结构与会计变迁》,载《会计研究》2018 年第 10 期。

〔2〕 《外商投资法》第 2 条:"在中华人民共和国境内(以下简称中国境内)的外商投资,适用本法。本法所称外商投资,是指外国的自然人、企业或者其他组织(以下称外国投资者)直接或者间接在中国境内进行的投资活动,包括下列情形:(一)外国投资者单独或者与其他投资者共同在中国境内设立外商投资企业;(二)外国投资者取得中国境内企业的股份、股权、财产份额或者其他类似权益;(三)外国投资者单独或者与其他投资者共同在中国境内投资新建项目;(四)法律、行政法规或者国务院规定的其他方式的投资。本法所称外商投资企业,是指全部或者部分由外国投资者投资,依照中国法律在中国境内经登记注册设立的企业。"

要实行的征收或征用应当给予外商投资者及时、公平、合理的补偿。在技术合作方面,投资双方对技术合作的条件应遵循公平的原则进行平等协商。以上五个方面都在以往的实践中对外商投资产生了不同程度的影响,通过这次立法的明确规定,不仅体现了内外资一致的精神和公平竞争的原则,还解决了实践当中对外商投资者的保护缺乏法律依据的问题。

(四)坚持中国特色与国际通行规则接轨

外商投资不仅需要一国国内法的保护,还需要国际法的保障。目前,中国已经和134个国家和地区签订了双边投资协定。[1] 在投资协定中有多项核心条款,比如投资待遇条款、征收补偿条款、外汇转移条款等。《外商投资法》中的多项重要规定也与国际规则接轨,对标国际通行的高标准经贸规则,进一步推动了中国在制度方面的开放,主要体现在以下三个方面:

第一,确立准入前国民待遇负面清单的投资管理制度。该模式是中国适应经济全球化新形势和国际投资规则新变化的制度变革。[2]《外商投资法》第4条和第28条明确规定了"准入前国民待遇+负面清单"管理制度。[3] 准入前国民待遇,是外国投资者在可以投资的领域、设立的过程以及相关的实体和程序要

---

[1] 陈兆源、田野、韩冬临:《双边投资协定中争端解决机制的形式选择——基于1982~2013年中国签订双边投资协定的定量研究》,载《世界经济与政治》2015年第3期。

[2] 2018年6月28日,中华人民共和国国务院新闻办公室发表《中国与世界贸易组织》白皮书,其中写道:(三)大幅放宽外商投资准入。对外商投资实行准入前国民待遇加负面清单管理模式,是中国适应经济全球化新形势和国际投资规则变化的制度变革。2016年9月,全国人大常委会对《外资企业法》等4部法律进行了修订,将不涉及国家规定实施准入特别管理措施的外商投资企业设立及变更事项,由审批改为备案管理。2018年上半年,中国完成修订外商投资负面清单工作,出台《国务院关于积极有效利用外资推动经济高质量发展若干措施的通知》,进一步大幅度放宽市场准入,包括稳步扩大金融业开放,持续推进服务业开放,深化农业、采矿业、制造业开放。对于船舶行业,中国将于2018年取消外资股比限制,包括设计、制造、修理各环节。对于飞机制造行业,中国将取消外资股比限制,包括干线飞机、支线飞机、通用飞机、直升机、无人机、浮空器等。对于汽车行业,中国将取消专用车、新能源汽车外资股比限制,并将在未来5年内逐步取消汽车行业的全部股比限制。

[3] 《外商投资法》第4条第1~3款:"国家对外商投资实行准入前国民待遇加负面清单管理制度。前款所称准入前国民待遇,是指在投资准入阶段给予外国投资者及其投资不低于本国投资者及其投资的待遇;所称负面清单,是指国家规定在特定领域对外商投资实施的准入特别管理措施。国家对负面清单之外的外商投资,给予国民待遇。负面清单由国务院发布或者批准发布。"《外商投资法》第28条:"外商投资准入负面清单规定禁止投资的领域,外国投资者不得投资。外商投资准入负面清单规定限制投资的领域,外国投资者进行投资应当符合负面清单规定的条件。外商投资准入负面清单以外的领域,按照内外资一致的原则实施管理。"

求等方面具有与东道国国民平等的待遇。[1] 这就意味着,投资者在准予投资的领域、投资准入的条件以及投资审批等方面不再进行外资和内资的区分。同时,负面清单是禁止外国资本进入的行业清单,明确指出了外国投资者不能投资的领域和产业。那么,负面清单里面没有列举的行业,都可以自由投资并享受准入前国民待遇。“负面清单”的规定是原则的例外,体现的是“法无禁止即可为”的法律理念。[2] 目前,《外商投资准入特别管理措施(负面清单)(2018 年版)》中有 48 项内容,预计随着开放程度的不断提高,负面清单的内容会逐渐缩减。在过去的“外资三法”中,外商投资是由商务部进行逐案审批;而现如今的外国投资主管部门仅对负面清单中列明领域内的投资实施准入许可,审核时的内容也不再是合同和章程,而是外国的投资者及投资行为。这一管理制度为大量希望进入中国的外资减轻了审批方面的成本,使外商来华投资更为公平、高效、便捷。

第二,征收补偿条款对外商投资的保护力度超过《物权法》。[3] 外国投资者在一国进行投资时,首先要考虑的就是该国的法治环境。只有在确保其投资足够安全的情况下,才会再去考虑投资收益。由于国际投资仲裁中,有关征收的争端频频出现,有关征收的法律规定成为外国投资者的重要关切。以往的征收条款仅出现在双边投资条约中,因此只有与中国已经签订双边投资条约国家的投资者才能受到明确的法律保护。此次《外商投资法》的规定将范围扩大到一切外国投资者,且保护力度大于适用于国内的《物权法》。根据《外商投资法》第 20 条第 1 款的规定,对外国投资者的投资不实行征收。将该规定放在第 1 款说明不征收是原则,征收是例外。[4] 我国的《物权法》中是没有明确规定不实行征收

---

〔1〕 单文华:《外资国民待遇与陕西的外资政策研究》,载《西安交通大学学报》(社会科学版)2013 年第 2 期。

〔2〕 龚柏华:《“法无禁止即可为”的法理与上海自贸区“负面清单”模式》,载《东方法学》2013 年第 6 期。

〔3〕 随着我国《民法典》的出台,《物权法》将于 2021 年 1 月 1 日失效。

〔4〕 《外商投资法》第 20 条:“国家对外国投资者的投资不实行征收。在特殊情况下,国家为了公共利益的需要,可以依照法律规定对外国投资者的投资实行征收或者征用。征收、征用应当依照法定程序进行,并及时给予公平、合理的补偿。”

的。同时,《物权法》中对征收征用的补充只规定了合理,[1]但《外商投资法》中不仅要求补偿要合理,还要求做到及时和公平,即对征收的补偿不能拖延时间,或采取双重标准。由此可见,针对征收行为中国给予外商投资者的待遇高于了本国国民。

第三,转移条款。外商投资能够带来中长期稳定的外汇资金流入,对于抵御跨境资本流动冲击和维持人民币汇率稳定起到积极作用。自由地汇入,必然要求外商投资者可以同样自由地汇出。《外商投资法》第21条采用了可转移项目清单的例举方式,明确了出资、利润、资本收益、资产处置所得、知识产权许可使用费、依法获得的补偿或者赔偿、清算所得等,可以依法以人民币或者外汇自由汇入、汇出。清单明确的列举让外商投资者可以从根本上实现对投资收益的可支配。

(五)深化外商投资领域"放管服"改革

《外商投资法》体现了"放管服"精神,在扩大开放和放宽市场准入的同时,也在同步完善事中事后的监管和优化服务。在《外商投资法》的投资管理章节,新规定的信息报告制度和安全审查制度,体现了对外商投资先进的制度化管理。

1. 关于信息报告制度。《外商投资法》第34条规定,外国投资者或者外商投资企业应当通过企业登记系统以及企业信用信息公示系统向商务主管部门报送投资信息。外商投资信息的内容和范围按照确有必要的原则确定;通过部门信息共享,能够获得的投资信息,不得再行要求报送。该制度的先进性和有效性在于外资进入中国时,中国政府首先要知道外资的身份情况以及所投资的领域和金额。这也是世界各国的通行做法,商务部门有必要及时、全面、准确地掌握外商投资的情况,这样才能更好地制定和完善外商投资者的政策措施。同时,本法还对外商投资企业的报告规定成一项义务,如果违反了这个义务,就要承担相应的法律责任。

2. 关于安全审查制度。《外商投资法》第35条第1款规定,对影响或者可能影响国家安全的外商投资进行安全审查。安全审查制度是外商投资的一项重要

---

[1] 《物权法》第42条:"为了公共利益的需要,依照法律规定的权限和程序可以征收集体所有的土地和单位、个人的房屋及其他不动产。征收集体所有的土地,应当依法足额支付土地补偿费、安置补助费、地上附着物和青苗的补偿费等费用,安排被征地农民的社会保障费用,保障被征地农民的生活,维护被征地农民的合法权益。征收单位、个人的房屋及其他不动产,应当依法给予拆迁补偿,维护被征收人的合法权益;征收个人住宅的,还应当保障被征收人的居住条件。任何单位和个人不得贪污、挪用、私分、截留、拖欠征收补偿费等费用。"

管理措施,审查的对象是触及国家红线的问题,不是一般的常态化审查。对外商进行安全审查是国际上的通行做法,与中国坚持对外开放的基本国策并不矛盾。

此外,《外商投资法》规定了一些加强服务外商投资者和企业的措施。例如,建立健全外商投资服务体系,为外国投资者和外商投资企业提供法律法规、政策措施、投资项目信息等方面的咨询和服务。[1] 该法第19条规定,各级人民政府及其有关部门应当按照便利、高效、透明的原则,简化办事程序,提高办事效率,优化政务服务,进一步提高外商投资服务水平。有关主管部门应当编制和公布外商投资指引,为外国投资者和外商投资企业提供服务和便利。

四、贯彻落实《外商投资法》的配套措施

中国早期吸引外资是依靠优惠政策,而现在更多的应该是改善投资环境。《外商投资法》的出台为打造一流的营商环境提供了有利的法律保障,下一步为贯彻落实《外商投资法》需要做好以下几个方面的工作。

(一)加快推进国内配套法规的"废改立"工作

《外商投资法》是新时代中国利用外资的基础性法律,在具体操作方面没有规定细节性内容,原则性的规定比较多。因此,需要加快制定配套法规,确保严格实施《外商投资法》,进一步细化《外商投资法》确定下的法律制度有可操作性的具体规则。同时,现有的法规、规章和规范性文件内容规定上与《外商投资法》不相符的,需要对其全面清理,坚决废止或修改。如《上海市人民代表大会常务委员会关于贯彻实施〈中华人民共和国外商投资法〉若干问题的决定》的内容中,明确自2020年1月1日起废止《上海市外商投资企业审批条例》,该条例的主要制度将不再具有上位法依据,主要内容已经不符合《外商投资法》的精神。

(二)建立健全投诉工作机制

切实加强外商投资企业的合法权益保护,《外商投资法》明确规定建立外商投资企业投诉的工作机制,及时处理外商投资企业或者其投资者反映的问题,协商完善相关政策的措施。投诉工作机制是新设的外国投资者的维权途径,体现

[1] 《外商投资法》第11条:"国家建立健全外商投资服务体系,为外国投资者和外商投资企业提供法律法规、政策措施、投资项目信息等方面的咨询和服务。"

了对保护外商投资合法权益的高度重视,有助于更好地解决外商投资企业及其投资者反映的问题和完善相关的政策措施,为外商投资营造更加良好的营商环境。在多元化解决纠纷的大背景下,建立健全投诉工作机制,畅通政府与外商沟通协调的渠道,使之成为维护外商投资企业合法权益的有效平台。同时,投诉机制与原有的行政复议和行政诉讼需要做好衔接工作,在受理层级、受理权限、调解规则上进行统筹考虑,合理安排。

(三)引导既存的外商投资企业

改革开放初期,我们国家的外资法律制度一片空白,在制定“外资三法”时没有《公司法》《合伙企业法》《合同法》等涉及经济领域的法。因此,当时的情况下,“外资三法”中规定的外商投资企业组成形式、组织机构与后出台的《公司法》《合伙企业法》《合同法》中的规定出现了不一致的情况。如按照《公司法》的规定,公司应当建立股东会,董事会、监事会的架构,[1]而《中外合资经营企业法》规定应当设立董事会或者联合管理机构,作为合作企业的权力机构而不设股东会。[2] 同时,在企业决策程序方面,也存在外商投资企业和内资企业不一致的情形。《外商投资法》颁布实施以后,“外资三法”全部废止,新设的外商投资企业应当符合《公司法》《合伙企业法》的规定。现存的外商投资企业在组织形式上也应当按照《公司法》《合伙企业法》的规定进行调整。同时,为了避免对现存外商投资企业造成太大的冲击过渡期,明确了此前按照“外资三法”设立的外商投资企业,在新的《外商投资法》实施5年内,可以继续保留原企业的组织形式和组织机构,但并未对过渡期内合资企业可以保留的“原组织形式等”如何过渡予以明确界定,这也关系到合资企业各方的核心利益,需要有关部门进行引导。

---

[1] 《公司法》第25条:“有限责任公司章程应当载明下列事项:(一)公司名称和住所;(二)公司经营范围;(三)公司注册资本;(四)股东的姓名或者名称;(五)股东的出资方式、出资额和出资时间;(六)公司的机构及其产生办法、职权、议事规则;(七)公司法定代表人;(八)股东会会议认为需要规定的其他事项。股东应当在公司章程上签名、盖章。”

[2] 《中外合资经营企业法》第6条:“合营企业设董事会,其人数组成由合营各方协商,在合同、章程中确定,并由合营各方委派和撤换。董事长和副董事长由合营各方协商确定或由董事会选举产生。中外合营者的一方担任董事长的,由他方担任副董事长。董事会根据平等互利的原则,决定合营企业的重大问题。董事会的职权是按合营企业章程规定,讨论决定合营企业的一切重大问题:企业发展规划、生产经营活动方案、收支预算、利润分配、劳动工资计划、停业,以及总经理、副总经理、总工程师、总会计师、审计师的任命或聘请及其职权和待遇等。正副总经理(或正副厂长)由合营各方分别担任。合营企业职工的录用、辞退、报酬、福利、劳动保护、劳动保险等事项,应当依法通过订立合同加以规定。”

第十一章 国际投资争端解决中心第四轮规则修订概述

国际投资争端解决中心成立于1966年,是依据同年生效的《ICSID公约》建立的专门解决外国投资者与东道国之间因投资引起的争端的机构。根据《ICSID公约》以及ICSID的有关条例和规则,到目前为止,ICSID主要向争端双方提供三种争端解决服务,即调解、仲裁和事实查明。目前正在修订的新规则中还考虑引入一种新的调解机制,ICSID官方将其称为调停(mediation)。[1]

作为一个致力于为投资者和东道国提供"独立、非政治化的、有效的争端解决"的机构,ICSID每年都会处理大量的投资争端,这些投资争端既包括依据投资条约提起的争端,也包括依据投资法和投资协议提起的争端。截至目前,中心处理了超过650起的投资仲裁案件,是当今世界上解决国际投资争端的最主要的平台之一。

ICSID的建立为通过有效的争端解决机制增进跨国投资者的信心、促进国际投资起到了积极的作用。而在ICSID运作的过程中,特别是经过投资争端解决实践,暴露出规则本身的一些不足。对规则进行完善,以弥补漏洞、明晰规则,特别是要求规则能更好地体现投资争端解决的特殊性,适应投资争端解决的发展状况的需要日益凸显。此外,欧盟大力推动的投资法庭体系以及发展中国家和非政府组织等对当前以投资仲裁为核心的投资者—东道国争端解决体系的质疑甚至是反对[2]等外部压力也促使ICSID不得不考虑通过优化规则来应对挑战。正是在这一背景下,ICSID秘书处于2016年10月正式开启的投资争端解决规则的大规模修订工作。截至目前,ICSID秘书处已经发布了三个版本的修订规则建议稿,按原定计划,最终的修改建议稿将会在2019年10月或2020年10月提交

---

〔1〕 本章中如无特别说明,国际投资争端解决中心及相关中文译名系根据ICSID秘书处在其网站公布的第一版《工作文件》的中英文概要译出。

〔2〕 Michael Waibel, Asha Kaushal, Kwo-Hwa Chung and Claire Balchin, *The Backlash Against Investment Arbitration: Perceptions and Reality*, *in Michael Waibel, Asha Kaushal*, Kyo-Hwa Chung and Claire Balchin, eds., The Backlash Against Investment Arbitration, London, Kluwer Law International, 2010.

成员国进行审议。[1]

本章将以ICSID秘书处先后发布的三个版本的修改建议稿为基础,结合部分成员国和社会公众提出的评论意见以及国际投资争端解决的发展现状,对ICSID规则的修改进行简要评述,特别是对2019年后发布的新版本与ICSID秘书处的初始修订计划进行对照分析。

一、ICSID规则体系及其修订历史概述

1965年的《ICSID公约》是ICSID得以建立的基石,但它并不是ICSID据以解决投资争端的规则的全部,而仅仅对投资争端解决的若干方面的主要内容进行了规定。除了《ICSID公约》外,在解决依据该公约提起的投资争端时,ICSID还必须依据《行政与财务条例》(Administrative and Financial Regulations)中的相关条款、《程序启动规则》(Institution Rules)、《调解规则》(Conciliation Rules)、《仲裁规则》(Arbitration Rules)这一系列规则来进行。在依据《ICSID公约》提起的投资争端以外,ICSID还设有附加便利机制,用以解决投资争端一方(或其母国)不是《ICSID公约》缔约国的投资争议或争端一方(或其母国)是该公约缔约国的非投资争议以及适用事实查明程序的争议。[2] 目前有效的附加便利机制共由四组规则组成,分别是《附加便利规则》(Additional Facility Rules)、《附加便利事实查明规则》(Fact-Finding (Additional Facility) Rules)、《附加便利调解规则》(Conciliation (Additional Facility) Rules)和《附加便利仲裁规则》(Arbitration (Additional Facility) Rules)。

此外,ICSID根据争端当事双方的选定还可以管理基于其他仲裁规则进行的投资仲裁案件,如依据联合国贸易法委员会仲裁规则。但就ICSID本身来说,其投资争端解决规则系统总体包括两大体系,一类是公约规则体系,一类是附加便利规则体系。

ICSID的规则最早制定于1967年,1978年又制定了《附加便利规则》。这些规则先后进行了三次大的修订,分别是在1984年、2004年和2006年进行的。本

---

[1] ICSID秘书处《ICSID规则修订建议稿》(第一版),第3页。

[2] Rules Governing the Additional Facility for the Administration of Proceedings by the Secretariat of the International Centre for Settlement of Investment Disputes (Additional Facility Rules) Art. 2.

次修订起始于 2016 年,是 ICSID 规则的第四次大规模修订。[1]

1984 年的修订成果主要体现在:

(1)引入了庭前会议机制。在这次修订前,ICSID 已经受理了 20 个投资仲裁案件,这些案件大多是以终止审理或达成和解结案的。考虑到设立独立的庭前会议阶段,能够为争端各方提供更多机会来摆明事实,有助于双方和解,因此本次修订中明确了庭前会议机制。[2]

(2)赋予当事人向一国法院申请临时措施的权利。《ICSID 公约》规定除非另有约定,当事人不能在仲裁庭可采用的措施之外寻求临时措施。修订后的规则则规定,当事人可以向一国法院寻求临时救济,但应当在仲裁同意书中作出明确的权利保留表示。[3]

(3)增强了裁决信息的公开。《ICSID 公约》规定只有经当事人同意,ICSID 才能公开裁决。[4] 但鉴于案例的公开获取将有助于裁判尺度的把握,对国际投资法的发展至关重要,新修订的规则在只有当事人同意才能公开裁决的基础上,进一步扩大了裁决信息的公开,规定 ICSID 可以公开仲裁裁决的法律说理部分。[5]

(4)进一步明确了支付仲裁员和调解员费用的问题。如根据修订后的《行政和财务条例》第 14 条,ICSID 可以定期调整仲裁员和调解员的收费标准。

2003 年的修订成果主要体现在:

(1)消除了附加便利规则之间一些不必要的表述差异。在 1984 ~ 2003 年间,ICSID 开始受理依据投资条约的仲裁,在这一时期,大量的投资条约开始将 ICSID 作为条约项下的投资争议解决场所。特别是在"北美自由贸易协定、能源

---

〔1〕 其实在 20 世纪 70 年代,ICSID 的《行政和财务条例》进行过一些细微的修订,如鉴于 ICSID 行政理事会主席同时也是世界银行行长,而行政理事会和世界银行大会要在同一天召开这一困境,在 1970 年将 ICSID 行政理事会主席出席理事会年度会议,修改为行政理事会主席可以指定临时主持官员(temporary presiding officer)出席理事会年度会议。在 1975 年,则对向仲裁员和调解员支付费用的规则进行了修订。对仲裁员和调解员的日均费用不再区分是否是出席庭审日和其他工作日的做法而采用统一的日费率标准。但由于这些修订都比较细微和不成体系性,因此本章不将其列为规则修订活动。

〔2〕 现行版本《仲裁规则》第 21 条。

〔3〕 现行版本《仲裁规则》第 35(6)条。

〔4〕 《ICSID 公约》第 48(5)条。

〔5〕 1984 年版本《仲裁规则》第 48(4)条。

宪章和大量双边投资条约中,都规定了东道国同意接受依据附加便利规则的仲裁”。[1] 在管理依据附加便利机制的争端解决实践中,ICSID 意识到附加便利机制规则与公约规则在一些相同功能条款上有不必要的不同表述,因此通过本次修订,尽力消除了这些不一致之处。[2]

(2)澄清了当事人指定仲裁员的国籍问题。修订后的仲裁规则[3]规定一方当事人可以指定一名本国国籍仲裁员,但必须获得另一方当事人的同意。仲裁员的国籍问题涉及仲裁员的独立性问题,与当事人同一国籍的仲裁员常被怀疑会“同情和偏向与其有同一国籍联系的当事人”。[4] 因此历来为仲裁所重视,在此前的 *Mr. Eudoro Armando Olguín* v. *Republic of Paraguay* 案中,被申请人即以申请人指定的仲裁员与申请人为同一国籍为由要求该仲裁员回避。[5]

(3)明确了企业申请人提起仲裁的“内部程序用尽”规则。这一规则是受 *Vacuum Salt Products Limited* v. *Republic of Ghana and Scimitar Exploration Limited* v. *Bangladesh and Bangladesh Oil, Gas and Mineral Corporation* 案的启发而制定的,它要求企业提起仲裁申请时,必须提供授权其提起仲裁的所有内部程序都已经走完的证据。[6]

(4)明确了案件登记与管辖权的关系。修订后的《启动程序规则》规定,秘书处对案件的登记,不影响仲裁庭对所有的管辖权和实体问题的决定权。这一修订也体现了国际仲裁界普遍采用的自裁管辖权(Competence-competence)[7] 在 ICSID 这一投资仲裁系统中的适用。

(5)引入其他加速和便利庭审的制度。例如,在《行政和财务条例》中明确仲裁庭秘书可以对庭审制作简化笔录。[8] 再如,《仲裁规则》对仲裁员的任命、

---

[1] Antonio R. Parra, The Development of the Regulations and Rules of the International Centre for Settlement of Investment Disputes, *ICSID Review Foreign Investment Law Journal*, p. 62.

[2] Ibid.

[3] 现行版本《仲裁规则》第 1(3)条。

[4] Chiara Giorgetti, The Arbitral Tribunal: Selection and Replacement of Arbitrators in, *Litigating International Investment Disputes: A Practitioner's Guide* 143 – 172 (2014).

[5] *Mr. Eudoro Armando Olguín* v. *Republic of Paraguay*, ICSID Case No. ARB/ 98/ 5, Award (July 26, 2001), paras. 15 – 16.

[6] 《启动程序规则》第 2 条。

[7] Alan Redfern, *The Jurisdiction of an International Commercial Arbitrator*, (1986) 3(1) J1A 19 at 30.

[8] 条例第 25 条。

回避、裁决书的制作都规定了较短的时间,[1] 以使仲裁活动加速进行,提高效率。此外本次还修订了一些其他条款。

2003 年的修订对当时国际投资仲裁理论和实践界普遍关心的裁决公开、法庭之友意见、设立上诉机构等热点问题并没有触及。在第二年即 2004 年,ICSID 就启动了新一波修改工作。[2] 2006 年的修订成果主要体现在:

(1)引入了早期驳回制度。《仲裁规则》第 41(5)条规定,除非当事人另有约定,一方当事人可以在第一次开庭前但不迟于组庭后 30 日内提出仲裁申请明显缺乏法律依据的异议,要求仲裁庭驳回申请人的仲裁申请。通过设立早期驳回制度,可以"过滤"某些明显缺乏法律依据的滥诉申请,从而有助于降低当事人的仲裁费用,减少仲裁时间。

(2)明确了第三方提交的地位。修订后的《仲裁规则》第 37(2)条规定,在征询当事人意见后,仲裁庭可以接受非争端第三方就与争议有关的事项提交书面意见。同时该规则对第三方提交也明确了必要的条件,要求其提交不得干扰仲裁程序,不得对当事人造成不必要的成本支出,引发不公平。第三方提交的确立为社会公众了解投资仲裁,为法庭之友表达意见提供了保障,在此之前仲裁庭是否应该接受法庭之友意见常常被认为是仲裁庭自由裁量的问题,尽管在先前的 Aguas del Tunari 诉玻利维亚案[3] 等 ICSID 案件中,仲裁都认为其有权接受第三方意见。

(3)强化了仲裁员的披露义务。进入新世纪,随着大量仲裁案件的出现,仲裁员的利益冲突问题也更加突出,迫切需要强化仲裁员的披露义务,以保障仲裁的公信力。《仲裁规则》第 6(2)条就是在这一背景下被提出来的。[4] 经过修订,明确了仲裁员的披露义务是一个持续的过程,在程序进行中的任何时间,当发现可能存在利益冲突的情形时,仲裁员都有持续披露信息的义务。

2006 年修订还完善了其他规则,但对学术界和实务界普遍关心的是否建立国际性上诉机制的问题,虽然秘书处曾设想由中心建立一个单一的、国际性上诉

---

[1] 2003 年版《仲裁规则》第 4、9、46 条。

[2] Https://icsid. worldbank. org/en/Documents/resources/Possible% 20Improvements% 20of% 20the% 20Framework% 20of% 20ICSID% 20Arbitration. pdf.

[3] *Aguas del Tunari* v. *Bolivia*, ICSID Case No. ARB/02/03 (hereinafter Aguas del Tunari), Decision on Respondent's Objections to Jurisdiction, 21 October 2005, paras. 15 – 18.

[4] Aurélia Antonietti, The 2006 Amendments to the ICSID Rules and Regulations and the Additional Facility Rules, *ICSID Review Foreign Investment Law Journal*, p. 431.

机制,但在咨询成员国的意见后,ICSID 最终放弃了该设想。[1]

二、本次 ICSID 规则修订情况

1. 本次规则修订的时间线

ICSID 自 2016 年 10 月开始本次修订,先后经历了向成员国和社会公众征询意见、制作建议稿、再完善的过程。按照计划,ICSID 秘书处原计划于 2019 年 10 月在行政理事会会议期间审议通过新修订规则。但据 ICSID 秘书长 Meg Kinnear 女士在第三稿的序言中所说,届时将无法提交审议。[2] 如果无法完成,将不得不拖延到 2020 年的行政理事会上讨论该修订稿。自决定修订规则近三年来,修订工作大致经历了如下阶段:

(1)2016 年 10 月,宣布修订规则,并向成员国征询修订议题意见。

(2)2017 年 1 月,公开向社会公众征集意见。

(3)2017 年 4 月,向成员国发出履行仲裁裁决情况调查问卷,截至 2017 年 11 月,共收回 71 份问卷。[3]

(4)2017 年 5 月,ICSID 规则修订网站上线,并发布《ICSID 潜在修订规则议题清单》(List of Topics for Potential ICSID Rule Amendment)。[4]

(5)2018 年 8 月,发布第一稿规则修订稿和工作文件,同期向公众征集对第一稿的意见。

(6)2019 年 3 月,发布第二稿规则修订稿和工作文件。

(7)2019 年 8 月,发布第三稿工作文件。[5]

2. 本次规则修订的目标

诚如 Meg Kinnear 在一次公开演讲中所言,ICSID 开展本次修订的一个重要目标就是要成为"确保 ICSID 规则继续为国家和投资者提供一套现代化的争端

---

〔1〕 Https://icsid.worldbank.org/en/amendments/Pages/Background%20Material/History-Amendment-ICSID-Rules.aspx, last visited on 12 December 2020.

〔2〕 Introduction to Working Paper #3-August 16, 2019 第 7 段。

〔3〕 Https://icsid.worldbank.org/en/Documents/about/Report%20on%20ICSID%20Survey.pdf, last visited on 12 December 2020.

〔4〕 Https://icsid.worldbank.org/en/Documents/about/List%20of%20Topics%20for%20Potential%20ICSID%20Rule%20Amendment-ENG.pdf, last visited on 12 December 2020.

〔5〕 上述规则修改稿和工作文件以及公众和成员国评论意见均可见 https://icsid.worldbank.org/en/amendments/Pages/default.aspx.,最后访问时间:2020 年 12 月 12 日。

解决备选项的里程碑”。[1] 秘书处认为,投资者和东道国应该拥有在一系列选项中选择更加适合自己的争端解决机制,[2]因此对ICSID规则体系进行更新以更适应投资者和东道国的需要就成为ICSID规则更新的重要动力。在当前投资争端解决机制越来越多元化,特别是面对欧盟提出的ICS以及以CPTPP为代表的规定详尽程序性规则的区域协定,以及ICC、SCC和PCA等争端解决机构规则更新和投资调解等多元化争端解决机制的逐渐兴起,可能对ICSID业务带来的冲击,ICSID提出了修改的四大目标:

(1)实现ICSID程序的持续现代化。通过将ICSID仲裁中形成的优良做法和国际投资争端改革讨论中的建议纳入规则,实现ICSID规则更好地满足投资法发展的需要。

(2)规则优化。通过“选择措辞、重新安排条款顺序和采用中性的语言”[3]来优化规则,同时消除规则的不同官方语言版本之间的差异性。

(3)压缩程序时间和成本。通过规则的修改和明晰化来推进争端解决程序的进程,特别是对仲裁各环节设定明确的时限、引入可选的快速仲裁程序,以加快程序运转,节约当事人的费用。

(4)体现环保要求。通过减少纸质文书的传递,运用电子信息技术来传递文件和管理程序,从而降低绿色排放,减轻对环境的影响,并降低当事人成本。

三、本次ICSID规则修订的主要特征

本次规则修订是一次全方位的修订。除了因《ICSID公约》本身必须要154个成员国全部一致同意才能修改而无法在短期内实现外,本次修订涵盖了除公约外的所有规则。

(一)本次规则修订的形式特征

此次修订在形式上的特点主要体现为兼顾了公约项下的争端解决和附加便利机制下的争端解决的体系严整性,形式更加完备。

一是制定了专门的《附加便利行政和财务条例》,该条例在内容和形式上都

---

[1] Https://www. mayerbrown. com/en/perspectives-events/publications/2018/08/extensive-revisions-to-icsids-rules-amid-challenge, last visited on 12 December 2020.

[2] ICSID秘书处《ICSID规则修订建议稿》(第一版),第1页。

[3] ICSID秘书处《ICSID规则修订建议稿》(第一版),第2页。

与公约项下的《行政和财务条例》相似,用于附加便利规则下的仲裁、调解、事实调查和调停。

二是建立了新的公约项下的《事实查明规则》,从而成为和《附加便利事实查明规则》相对应的另一事实查明规则。

三是设立了新的调停规则,调停规则包括公约项下的《调停规则》又包括《附加便利调停规则》。ICSID 通过设立调停规则以更好地适应 2019 年 7 月在新加坡开放签字的《联合国关于调解所产生的国际和解协议公约》(以下简称《新加坡公约》)[1]所带来的争端解决的新变化。

四是制定了比较详尽的明细表。在第三版修订稿中,共有 8 个明细表,涉及仲裁费用以及仲裁员、仲裁庭指定专家、临时委员会成员、调解员、事实查明委员会成员、调停员声明等内容。这些明细项目通过被引用而成为 ICSID 投资争端解决规则的一部分,具有了法律效力。

五是使用语言的中性化。语言的中性化[2]已成为西方语言社会学的一个潮流性现象,甚至披上"政治正确"的外衣。本次规则修订也反映了中性对这股潮流的认同。修订者大量地将某些英语阳性名词改为中性词。例如,在第三版修订稿中可以看到原本的"chairman"均改成了"chair",《行政与财务条例》第 3 条中全部将行政理事会主席由"chairman"改为了"chair"。再如,在《行政与财务条例》第 9 条,关于从副秘书长中指定一人代行秘书长职责的规定中,删除了原规则中的"如无此类决定,则应按照担任副秘书长的资历来决定顺序",从而表现为资历中性。但这一删除随之产生一个问题,也就是说秘书长必须向理事会提交如何指定代理秘书长的规则的决定,否则将面临无法指定的困境。

(二)本次规则修订在内容上的特色

总体来看,此次规则修改是历史上修订幅度最大的一次。作为一篇报告,显然本章不可能对所有修订都面面俱到予以论述。因此,本章只能选择其中最突出的,也是和本书关系最密切的投资仲裁部分的修订变化情况予以择要分析。以下分析中所提到的修订规则如无特别说明均指 2019 年 8 月发布的第三版修订稿中的规则。经过三轮的征求意见和修订,相对于前两版,第三版规范内容更

---

[1] Https://uncitral.un.org/zh/texts/mediation/conventions/international_settlement_agreements/travaux, last visited on 12 December 2020.

[2] Gustafsson Sendén M, Bäck EA and Lindqvist A (2015) Introducing a Gender-neutral Pronoun in a Natural Gender Language: The Influence of Time on Attitudes and Behavior, *Front. Psychol* 6:893.

加准确,也更体现经过对征求来的意见的回应而更显深思熟虑后的稳定性。但必须说明的是,第三版并非最终版本,ICSID 计划在 2019 年 11 月 11 ~ 15 日向成员国进一步征询意见。尽管 ICSID 希望这次征询是最后一次,但仍无法预料最终生效的版本会是什么样子。

将第三稿与现行有效的 2006 版进行比较,可以看到 ICSID 对仲裁规则的改变非常大,可以说基本是沿着其设定的前述规则修订的四大目标进行的。

1. 就体现环保要求来说,《程序启动规则》第 4 条要求仲裁请求应通过电子方式提交;《仲裁规则》第 4 条要求所有的文件都应以电子方式提交,除非仲裁庭根据情况有其他要求。而《仲裁规则》第 50 条甚至规定,如果当事人同意,仲裁员也可以用电子签名来签发裁决。这一规定可以大大减少纸张的用量,同时也能够更加便利地传递仲裁文书。此外,在快速仲裁程序中,《仲裁规则》第 79 条还鼓励当事人和仲裁庭通过电子通信的方式召开首次讨论(first session)。不过,尽管电子方式具有环保、便捷的优点,但考虑到网络安全和投资仲裁中涉及的商业秘密和国家利益过于重大,[1] 当事人特别是东道国是否愿意接受这种方式还是存疑的。

2. 就规则优化来说,整个修订中有相当一部分数量的修订属于这种规则优化目的的修订。修订者出于形式上、语言表达上和立法技术上的考虑,对条约文本进行了修订,从一定意义上可以起到明晰规则的作用,但这种优化是细微而琐碎的,实质性影响并不太大。如《行政与财务条例》第 14 条中在仲裁员或调解员收费标准中的参加庭审(hearing)、讨论(session)的花费中间,增加了参加会议(meeting)的收费。这主要是考虑到在《调解规则》中通常使用 meeting 而非 hearing 和 session 等指代三方面对面(person-person)解决争端的过程。[2] 再比如《仲裁规则》第 13(4)条将几类应当回避但可以不回避的人士中的调解员与法官和调停员的位置进行了互换。

3. 就压缩程序时间和成本来说,这类修订也不胜枚举。如在《仲裁规则》第 2 条中,起草者将"快速和经济"(expeditious and cost effective)和"善意"(in good faith)一起作为仲裁庭和当事人在仲裁中所应承担的一般性义务。第 5 条

---

〔1〕 S. Cohen and M. C. Morril, TDM Special Issue Cybersecurity in International Arbitration Introduction TDM 3 (2019), http://www. transnational-dispute-management. com., http://www. transnational-dispute-management. com/article. asp?key = 2641, last visited on 12 December 2020.

〔2〕《调解规则》第 32 条。

则规定,证明材料(supporting documents)应和它要证明的文件一起提交,这样一来可以加快程序,防止不必要的拖延审理时间。此外,本条第2款还规定了证明材料可以以摘要的形式提交,而不一定非要全文提交,从而可以进一步减少材料数量,提高审理效率。

在第三稿中,一个明显的特点是修订后的规则规定了相当多的明确的期限规定,据笔者统计,除公约原有的规定外,《仲裁规则》等其他公约项下涉及仲裁的规则中共有37条规定了81个期限,这些期限既包括当事人应当遵守的期限还包括仲裁庭应当遵守的期限。这些明确的期限也有助于加快庭审程序,防止久拖不决而造成的时间和金钱的浪费。

在制度层面,修订后的规则进一步强化了早期驳回制度、快速审理制度等有助于程序快速推进的规则,为及早了结案件提供了机制。

(1)早期驳回。对于明显缺乏法律依据的申请的早期驳回是在2006年修订时引入ICSID规则,当时规定在第41(5)条中,修订稿中将"明显缺乏法律依据"单列一条。对比两条可以发现,新的规则更加完善。首先,是对申请早期驳回的理由进行了解释性说明。新规则规定不论是仲裁申请的实体事项还是中心或仲裁庭的管辖权事项,只要当事人认为该事项明显缺乏法律依据,就可以申请仲裁庭早期驳回该仲裁申请。而现行规则并没有这种规定,仅仅规定当事人可以提起明显缺乏法律依据的驳回申请。与此同时,现行规则最后一句规定"仲裁庭(对早期驳回申请)的决定不影响当事人依据本条第一款提出驳回申请的权利",而该条第1款规定的驳回申请的依据即ICSID或仲裁庭缺乏管辖权。由此会给人造成这两类管辖权事项不属于早期驳回的事项的印象,而新修订规则的细化,则明确赋予当事人就这类事项申请早期驳回的权利,而不需要依据新修订规则第44条的初步异议规则。其次,新规则延长了当事人申请早期驳回的期限,将期限从现行规则规定的仲裁庭组建之日起30日内改为45日内。这一期限的延长是建立在现有早期驳回实践的基础上,毕竟早期驳回虽然称为"明显缺乏法律依据",但毕竟还不是那么"明显",加之如果仲裁庭支持驳回则将会制作裁决书,从而终结案件的审理,这都需要慎重行事,需要申请人做一定的准备。最后,相比于现行规则,修订版中增加了当事人在组庭前提起早期驳回申请的处理的内容,规定由ICSID秘书长确定就申请提交书面意见的时限,"以便于仲裁庭在组庭后能立即对该申请进行审查”。[1]

(2)分阶段审理。现行规则中并没有分阶段审理的规定。但实践中则不乏分阶段审理的案件,如在 *Cem Cengiz Uzan* v. *Republic of Turkey* 案中,仲裁庭决定分出一个单一事项即对人管辖权(*ratione personae*)问题先进行审理。[2] 仲裁庭最后驳回了申请人的仲裁申请,从而也就无须审理其他问题,从而减少了当事人的费用和时间。本次修订不仅吸收了分阶段审理实践的经验,还规定了更为详尽的规则。新规则明确了仲裁庭在决定是否分阶段审理时必须考虑所有相关的因素,为具体仲裁提供了指引。这些因素包括:①分阶段是否可以实质性缩减审理时间和花费;②对被分出来的事项的决策是否会全部或实质性解决争议;③在分开的各阶段处理的事项是否是相互纠结不宜于分阶段审理。[3] 此外,新规则还规定了分阶段审理后仲裁程序的状态,即除非当事人同意,否则应该终止其他环节的程序。除了第 42 条的分阶段审理外,新规则还在第 44 条专门规定了初步异议中的分阶段审理。所谓初步异议的分阶段也就是将管辖权和可受理性的异议作为单独的一个阶段进行先期审理。第 44 条与第 42 条的分阶段审理不同。根据第 42 条,仲裁庭可以就程序性事项也可以就实体争议甚至是程序和实体事项混合在一起进行“切割”,成为单独的审理环节。而在第 44 条下,仲裁庭只对程序性事项即中心和仲裁庭的管辖问题进行分阶段审理。正是基于此,新规则在仲裁庭决策考虑的因素中,除与第 42 条相应部分相同的要求外,还要求仲裁庭必须考虑初步异议与实体是否交织在一起不宜于分阶段审理。

(3)快速仲裁程序。晚近越来越多的仲裁规则开始引入快速仲裁程序作为提升仲裁效率的手段。新规则专列一章在第 78 ~ 87 条规定了快速投资仲裁程序,这也是 ICSID 投资争端解决规则中第一次引入快速仲裁程序。快速仲裁程序是一个可供选择的程序,只有当事人双方一致以书面形式向 ICSID 秘书长提出申请,才可以适用快速仲裁程序。为鼓励当事人多用快速程序解决争议,新规则第 78 条允许当事人在仲裁进程的任何时候提出加速仲裁程序的意思表示。然而这就带来两个问题:一是如果当事人在常规的仲裁庭组建后提出转换为快

---

[1] ICSID 秘书处《ICSID 规则修订建议稿》(第三版)第 41(2)(d)条。

[2] *Cem Cengiz Uzan* v. *Republic of Turkey*, SCC Case No. V, 2014/023, Award on Respondent's Bifurcated Preliminary Objections (April 20, 2016), para. 24.

[3] ICSID 秘书处《ICSID 规则修订建议稿》(第三版)第 42(4)条。

速仲裁程序怎么处理的问题。对此新规则规定,此时只有获得仲裁庭全体仲裁员一致同意才可以转到快速程序,否则将仍然按照常规程序进行审理。[1] 新规则第79~82条规定了快速仲裁的仲裁庭的组成和仲裁员的任命,包括独任仲裁员和三人仲裁庭仲裁员。相比较而言,快速仲裁程序是很多商事仲裁机构所采用的一类仲裁程序,如SCC和ICC都有各自的快速仲裁程序。二是新加坡国际仲裁中心的投资仲裁规则中的紧急仲裁员问题。新近的新加坡国际仲裁中心的投资仲裁规则(以下简称《新仲规则》)[2]没有规定快速仲裁程序,其规定的紧急仲裁员(emergency arbitrator)与快速仲裁员类似但并不相同。在《新仲规则》中,紧急仲裁员为独任仲裁员,是处理紧急的临时救济申请(emergency interim relief)的仲裁员。对紧急仲裁员的任命,《新仲规则》的规定也较为粗线条但规定了更为紧张的时限,如要求收到紧急仲裁申请和费用后一天内完成指定。[3] 这与新仲规定的是紧急仲裁员有关。而新规则所规定的快速仲裁程序仲裁员则可以根据当事人的申请处理任何仲裁事务。在快速仲裁下也有首次讨论制度(第83条)并规定了开庭程序,要求首次讨论必须在组庭后30日内举行。申请书和答辩书都应在60日内提交,并且不得超过200页;辩驳书和对辩驳书的答辩可以在40日内提交,且不得超过100页。庭审将在最后一次书面意见提交后60日内举行。在第87条规定了当事人退出快速程序的权利。只要当事人双方同意,他们可以在任何时候向秘书长提出退出快速程序的申请。

4. 就实现ICSID程序的持续现代化而言,新规则采纳了国际投资争端改革中的许多建议内容,如合并审理制度、庭前程序、透明度规则、第三方参与、第三方资助等。

(1)合并审理。"合并审理在国际商事仲裁领域并不是新鲜事物,它常被用于已经开始的多重或平行仲裁程序中",[4]但在投资仲裁领域却是个新现象。最早规定合并审理的是NAFTA,而第一个提出合并审理的投资仲裁案也来源于NAFTA成员国,在Corn Products International, Inc. 诉墨西哥、Archer Daniels

---

〔1〕 ICSID秘书处《ICSID规则修订建议稿》(第三版)第78(3)条。

〔2〕 Http://www.siac.org.sg/images/stories/articles/rules/IA/SIAC%20Investment%20Rules%202017.pdf, last visited on 12 December 2020.

〔3〕 《新仲规则》Schedule 1, Art. 3。

〔4〕 Catherine Yannaca-Small, Consolidation of Claims: A Promising Avenue for Investment Arbitration?, *International Investment Perspectives*, 2006, OECD.

Midland Company and Tate and Lyle Ingredients Americas, Inc. 诉墨西哥案[1]中,墨西哥政府提出将案件合并审理。此后合并审理制度被历届美国投资协定范本所采纳。在2012年美国投资协定范本中规定了比较详细的合并仲裁制度。它规定申请合并的案件应基于"共同的法律或事实问题并且都出于同一事件或情况"。[2] 这一规定反映出合并审理的基础,即被合并的案件拥有共同的法律基础、共同的案件事实、源于同一个事件或情况。此外,在国际商事仲裁领域,还要求合并审理必须基于当事人的合意,一方当事人无权决定合并案件。但在投资仲裁中情况略有不同。正如在NAFTA下的Canfor等诉美国案中所表明的,"当事人自治与根据(NAFTA)第1126条考虑合并审理问题无关"。[3] 与NAFTA的规定不同,ICSID新规则规定,合并审理必须得到当事人的同意。[4] 此外,在新规则中还规定了被称为"协调审理"(Coordination of Arbitrations)的仲裁裁决合并形式。在协调审理下,各相关案件在某些程序性活动上将协调一致,但各仲裁仍是独立的程序,并各自制作裁决书。[5] 与新规则在快速审理程序中所反映出的详细周到相比,在合并审理问题上,新规则有不少的缺位,如合并审理的标准是什么、合并后的仲裁庭如何组成,当事人对合并有异议如何处理,这些都需要今后的规则实践予以回答。

(2)首次讨论、庭前会议等启动程序规则。本次修订对首次讨论进行了仔细的修改。在现行版本中首次讨论只是仲裁庭组成人员的讨论(这也是传统上仲裁首次讨论的方式),其意义主要在于仲裁员之间就后续程序性事项交换意见。不过在新修订稿中规定,首次讨论召开前如果仲裁庭首席仲裁员认为无法与当事人或其他人员联系,则仲裁庭可以依据当事人之前提交的书面材料进行首次讨论。首次讨论中仲裁庭讨论的内容主要是程序性的,包括:①适用的仲裁规则;②预付款分配;③程序适用的语言、翻译;④提交和传递文书的方式;⑤书

---

[1] *Corn Products International, Inc.* v. *United Mexican States*, *Archer Daniels Midland Company and Tate and Lyle Ingredients Americas, Inc.* v. *United Mexican States*, Order of the Consolidation Tribunal, May 20 2005.

[2] 美国投资协定范本(2012年版)第33(1)条。

[3] *Canfor Corp.* v. *United States of America*, *Terminal Forest Products Ltd.* v. *United States of America* and *Tembec Inc. et al.* v. *United States of America*, Order of the Consolidation Tribunal, 7 September 2007.

[4] ICSID秘书处《ICSID规则修订建议稿》(第三版)第45(1)条。

[5] 同上。

面提交资料的数量、长度、种类和形式;⑥庭审地点;⑦当事人之间资料的获取及其范围、时间和程序;⑧程序日历;⑨庭审录音和记录的方式;⑩文件和资料的公开;⑪保密和受保护信息的处理。除了首次讨论外,新的修订规则要求仲裁庭在庭审前可以召开一次或多次案件管理会议。案件管理会议也叫作"庭前会议"(pre-hearing conference),是国际商事仲裁领域常见的案件管理方式。[1] 通过庭前会议的沟通可以达成明确无争议事项,进一步界定争议,从而有助于快速而经济地解决争议。此外,庭前会议也就与解决争议有关的程序或实体事项进行探讨。本次修订进一步明确了庭前会议的地位,但必须指出的是,要达成良好的庭前会议效果,仅仅有规则还不够,还需要良好的会议管理手段。

(3)透明度条款。透明度条款是本次 ICSID 规则修改的重头戏之一。ICSID 在新修订的《行政与财务条例》中再次重申了其希望通过"根据各程序可适用的规则公开程序中产生的文件"来"推动与投资有关的国际法的发展"的愿望。透明度意味着投资争端解决活动能够为公众所知悉并获得表达自己观点的机会。然而仲裁实践中,特别是商事仲裁中出于当事人保密的原则常常不会公开案件信息,造成仲裁活动的不透明。对此社会反应很大,特别是 21 世纪初部分 NAFTA 下的投资仲裁案件公开后,所暴露出来的投资仲裁的问题造成公众特别是一些国际非政府组织对仲裁透明的关心,由此也带来投资条约开始对透明度规则的关注。特别是在 2013 年,UNCITRAL 通过了《投资人与国家间基于条约仲裁透明度规则》,进一步扩大了透明度的适用范围。在上一轮修订中,ICSID 在法庭之友参与、公开裁判要旨等的透明度方面取得了一定成果,本次修订则在上次修订的基础上趋于丰富和完备。

本次修订中对透明度规则的完善首先体现在对案件信息的公布上。《仲裁规则》第 61 条规定了仲裁裁决的公开。相较于现行规则仅在第 48(4)条用一款规定了裁决的公开,新规则共有四款。在新规则中不仅仅是裁决而且包括裁决的补充、补正、解释和修改都属于公开的范围。此外,与现行版本一致,新规则要求公布裁决全文应获得当事人的同意。出于商业秘密的考虑当事人可以同意公开隐去双方信息的裁决节本也可以选择全文公开裁决。与现行版本的一个重大

---

[1] Albert Janvanden Berg, OrganizinganInternational Arbitration: Practice Pointers, in Lawrence W. Newman & Richard D. Hill eds., *The Leading Arbitrators' Guide to International Arbitration*, 2004, pp. 163, 170.

不同在于,新规则采取“沉默即同意”的原则来处理当事人同意公开裁决问题,即“在发出裁决书后60日内,如果没有当事人书面提出反对公开的意见,即视为已经获得了公开第一款所述文件的同意”,[1]而现行规则则采用“明示方视为同意”的原则,即“如果没有当事人的同意,中心不得公开裁决”。相比而言,新规则的规定更有利于裁决的公开,但这种将沉默视为同意的做法是否能够得到成员国和投资者的认可尚难以确定,毕竟对考虑保密的国家和企业来说,这种做法显然存在更高的风险。最后,对于当事人不同意公开的裁决,ICSID可以公开其法律说理部分。新规则对公开法律说理部分制定了比较详细的规则,相比于现行规则是一大进步。

除裁决外,新规则对仲裁庭命令和决定、当事人提交的文件等的公开也都制定了相应的规则。

(4)第三方参与。原则上来说,第三方参与也属于透明度的一部分。新规则相比于现有规则增加了第67条(非争端缔约方的参与)。这一条的增加,一方面是鉴于投资仲裁实践中,出于条约解释的需要,一些投资者母国或第三国会提交其意见供仲裁庭采纳,如在Methanex诉美国案中,加拿大和墨西哥都作为非争端的NAFTA成员国提交了意见;[2]另一方面也体现了国际投资法领域对非争端缔约方参与的认可,在ICSID之前的《新仲规则》、CIETAC《投资仲裁规则》和美国2012年投资协定范本等都已经有此类安排。

同时,在第66条(Submission of Non-Disputing Parties)中,新规则对现行规则进行了极大的补充。新规则第66条在保障法庭之友提交意见的基础上,也更加注重维护程序的快捷和降低成本,并注重保护当事方的权利。新规则第66(6)条规定非争端方可以查阅有关文书材料,回应了非政府组织关于难以获得充分信息以针对法庭之友意见的呼声。同时,第66(3)条和第66(7)条规定当事方有对许可非争端方提交材料和对其提交的材料内容进行质证的权利,以保障当事方的程序权利。此外,第66(2)条中还将非争端方的性质、活动、附属关系和财政来源明确为决定是否允许其提交法庭之友意见的考虑因素,以回应对法庭之友公正性和独立性的质疑。总之,新规则兼顾了非争端第三方参与和当事方权利之间的平衡,体现了对国际法发展趋势的顺应。

---

[1] ICSID秘书处《ICSID规则修订建议稿》(第三版)第61(3)条。

[2] *Methanex Corporation* v. *United States of America*.

(5)第三方资助。第三方资助(third party funding)是近年来逐渐兴起的一个行业领域。第三方资助通过对缺乏诉讼资金的当事人的资助并从裁判结果的赔偿款中收回投资。第三方资助既有促进弱者维权、促进社会公平实现的一面,又有对诉讼结果存在利益需求而可能不当影响公正的一面。特别是人们会担心当第三方从诉讼中盈利时,其可能会不当影响裁判者的行为。近年来曝光的投资仲裁案中,已经不乏第三方资助者的身影。[1] 在这种情况下对第三方资助进行规制已经势在必行,"如果 ISDS 中允许第三方资助,那这个领域需要强制性的、全面披露第三方协议,并辅之以强制性的成本担保"。[2] ICSID 新规则第 14 条作为全新的一条,就是用来规范第三方资助的。对于何为第三方资助,该条第(1)款规定,凡是对一方当事人或其关联公司和个人包括其代理人,提供资金以支持其仲裁活动的都属于第三方资助。第三方资助不仅包括从争端结果获取投资回报的资助,而且包括不以营利为目的的赠与和捐赠。从该定义看,ICSID 对第三方资助的界定是广泛的,这也与其他一些仲裁机构的做法基本一致。对于该定义,律师界和一些联邦国家都提出质疑。前者认为,如果依据该定义,那风险代理也可以被视为一种第三方资助,会对这类传统律师业务带来不利。为此,在第二稿中,修订者加入了第 2 款,将一方当事人的代理律师排除在第三方资助之外。[3] 加拿大等联邦制国家的疑虑是其省州政府和联邦之间依据分权是独立的,如果在一个案件中州或省政府提供了一定资金是否会被视为第三方。对此,修订者认为这种情况至今没有发生,应当留待以后的个案情况再说,而没有在规则文本中予以调整。[4] 对于第三方资助与其他条款的关系,国际投资法学界主要关注两个方面:

---

〔1〕 如下述案件普遍被认为是由第三方资助进行的:*Abaclat* v. *Republic of Argentina*, ICSID Case No. ARB/07/5, Decision on Jurisdiction and Admissibility, 4 August 2011; *Abaclat* v. *Republic of Argentina*, ICSID Case No. ARB/07/5, Dissenting Opinion, Georges Abi-Saad, 28 October 2011; *RSM Production Corp.* v. *Grenada*, ICSID Case No. ARB/05/14, Annulment Proceeding, 28 April 2011; *Ioannis Kardassopoulos and Ron Fuchs* v. *Republic of Georgia*, ICSID Case No. ARB/07/15, Award 3 March 2010; *ATA Constr., Indust. & Trading Co.* v. *The Hashemite Kingdom of Jordan*, ICSID Case No. ARB/08/2, Annulment Proceeding, August 2011 (unpublished), as reported by Hepburn, J. August 2011.

〔2〕 Thrasher, R. D. (2018). The regulation of third party funding: Gathering data for future analysis and reform. *Boston College Law School Law and Justice in the Americas Working Paper No.* 9. Retrieved from http://lawdigitalcommons.bc.edu/ljawps/9.

〔3〕 ICSID 秘书处《ICSID 规则修订建议稿》(第二版),第 121 页。

〔4〕 ICSID 秘书处《ICSID 规则修订建议稿》(第二版),第 122 页。

一是第三方资助对仲裁费用分配的影响。一般认为,通过获得外部资金,一方当事人会更加拖延仲裁进程,增加仲裁成本,因此一种观点认为应该在仲裁费用的分担中考虑是否有第三方资助的情形,这种观点也为《新仲规则》第33(1)条所采纳,但也有仲裁庭认为第三方资助并不影响仲裁庭对费用分配的考虑。[1]

二是第三方资助对仲裁员独立性的影响。一般认为,如果仲裁员与当事人一方或其案件有利益冲突,将影响仲裁员的独立性。第三方资助者与仲裁员存在利益冲突的情形,将难以察觉。为此一般仲裁规则要求当事人必须披露第三方资助信息,并将该信息向仲裁员(也包括其他仲裁参与人,如仲裁庭指定的专家等)充分告知,以确保其能进行充分的信息披露。这一做法即为ICSID新规则第14(4)条所采纳。

四、小结

作为处理了世界上一半以上公开的投资仲裁案件的机构,ICSID已经走过了50余年的历程。从起初的连续近十年没有案件到如今的每年几十件新案,ICSID独具特色的争端解决规则发挥了重要作用。几十年来伴随国际投资法的发展,ICSID规则也在不断完善并与国际法形成互动,其间不乏褒贬。面对新一轮挑战与压力,ICSID自2016年开始的大规模规则修订,一定会对相关国际法规则的发展提供经验,甚至对作为仲裁法的发展带来影响。但同时也不得不看到,此轮修改还存在一些不足之处,特别是有些规则过于烦琐而有些规则又有过于简单之嫌。当然,由于其修订工作尚未完成,也许最终的生效版本会带给我们更多惊喜。

---

〔1〕 *Ioannis Kardassopoulos and Ron Fuchs* v. *Georgia* (ARB/05/18 and ARB/07/15), Award (3 March 2010), para. 691.

第十二章　国际投资仲裁第三方资助的法律问题:一种实证分析

"无论对其是否支持,第三方资助在诉讼或晚近的仲裁中出现已是不争事实。"[1]第三方资助,是指与法律争议原没有直接利益关系的第三方向争议其中一方当事人提供资助进行诉讼或仲裁的行为。根据资助协议的安排,如果受资助的当事人胜诉,资助方将在案件结果中取得一定比例的"分成";反之,倘若败诉,资助者不仅不会获得任何补偿,还要承担受资助方的法律费用或其他不利诉讼费用。[2] 第三方资助肇始于澳大利亚,随后在英国、美国、新加坡等国家和地区逐渐蔓延兴盛,并于近些年来在国际仲裁领域蓬勃发展。国际投资仲裁是东道国和外国投资者之间就国际投资争端进行的仲裁,由于具有不同于国内诉讼和商事仲裁的特点,尤其受到第三方资助机构的青睐。第三方资助者并非投资争议的当事人,与案件的实体争议也并无直接利害关系,但是由于其对于案件的结果具有直接的经济利益,且在一些情况下对案件的仲裁进程拥有一定程度的控制权,因此这一行为引起了广泛争议。在仲裁实践中,已有仲裁庭对于当事人提出的基于第三方资助的主张作出裁断。

本章在对国际投资仲裁中第三方资助的现状及其兴起的原因进行分析的基础上,对于目前国际投资仲裁中第三方资助的实践进行分析,考察仲裁庭在第三方资助下对于管辖权和可受理性、第三方资助的披露、仲裁费用担保和仲裁费用分配四个主要问题上的裁断,在此基础上对其进行解读分析,探讨在现有的国际投资仲裁机制下对第三方资助的可能规制措施。

---

[1] B. M. Cremades Concluding Remarks, in B. M. Cremades Sanz-Pastor and A. Dimolitsa, eds. ,*Third-Party Funding in International Arbitration* (ICC Dossier), Kluwer, 2013, p. 153.

[2] ICCA, Report of the ICCA-Queen Mary Task Force on Third-Party Funding in International Arbitration, April 2018, http://www.arbitration-icca.org/publications/Third-Party-Funding-Report.html, p. 18, last visited on 12 December 2020; Mark Kantor, Third-Party Funding in International Arbitration: An Essay about New Developments, 24 *ICSID Review-Foreign Investment Law Journal*, 2009, p. 37.

一、国际投资仲裁中第三方资助的法律问题:产生与影响

由于仲裁的保密性以及第三方资助协议往往要求当事人保密等原因,[1]对于国际投资仲裁中第三方资助案件的确切数据仍难以统计。但是有第三方资助机构的从业者认为,目前世界上的投资仲裁案件中至少有40%都存在第三方资助的情况;[2]甚至有第三方资助机构的从业者表示,在2013年提交ICSID的案件中,至少有2/3涉及第三方资助。[3] 第三方资助在国际投资仲裁中的发展可见一斑。

第三方资助在国际投资仲裁中的快速增长主要可归于以下三个原因。第一,市场需求。国际投资仲裁通常耗时长、投入大,[4]投资者可能并无足够的资金支持,尤其是在投资已经遭受损失的情况下。向第三方寻求资助便成了一个合适的选择。此外,即便投资者有足够的资金,其也未必愿意投入仲裁程序中,接受第三方资助可以使其自身资金投入到其他的商业活动中,产生更多的利润。而投资仲裁裁决执行的不确定性更为投资者寻求第三方资助提供了理由,接受第三方资助可以分担这一风险。[5] 第二,利益驱使。国际投资仲裁吸引大量第三方资助涌入的另外一个原因是其收益可观。以从事第三方资助为主要业务的

---

〔1〕 Eric De Brabandere and Julia Lepeltak, Third-Party Funding in International Investment Arbitration, 27 *ICSID Review-Foreign Investment Law Journal*, 2012, pp. 395 – 396; Alison Ross, The Dynamics of Third-Party Funding, *Global Arbitration Review*, 2012, p. 19; Maxi Scherer, Aren Goldsmith and Camille Fleéchet, Third Party Funding in International Arbitration in Europe: Part 1 – Funders' Perspectives, *International Business Law Journal*, 2012, pp. 217 – 218.

〔2〕 Stavros Brekoulakis, The Impact of Third Party Funding on Allocation for Costs and Security for Costs Applications: The ICCA-Queen Mary Task Force Report, February 2016, http://kluwerarbitrationblog.com/2016/02/18/the-impact-of-third-party-funding-on-allocation-for-costs-and-security-for-costs-applications-the-icca-queen-mary-task-force-report/, last visited on 12 December 2020.

〔3〕 William W. Park and Catherine A. Rogers, Third-Party Funding in International Arbitration: The ICCA Queen-Mary Task Force, *Austrian Yearbook on International Arbitration* 2015, p. 116.

〔4〕 根据OECD统计,国际投资仲裁案件的法律费用平均超过800万美元,一些个案甚至超过3000万美元,仲裁程序费用平均为40万美元左右。在涉及主权债务案件之类的群体性求偿案件时,仲裁费用则会更高。See OECD, *Investor-State Dispute Settlement, Public Consultation*: May 16 – July 23 2012, p. 19.

〔5〕 Mark Kantor, Third-Party Funding in International Arbitration: An Essay about New Developments, 24 *ICSID Review-Foreign Investment Law Journal*, 2009, p. 379.

Burford 公司 2015 年年报显示，该公司投资回报率高达 70%。[1] 此外，在由 Burford 资助的 Teinver 诉阿根廷案中，第三方资助协议约定，Burford 首先有权收回其垫资约 1300 万美元，并得到垫资金额 3 倍的“优先回报”（priority return），接下来还可以得到 1 亿美元执行款中的 40%，以及剩余 2.8 亿美元执行款中的 30%。[2] 本案已在 2017 年作出裁决，申请人 Teinver 获得支持的裁决金额包括裁决前利息将近 3.8 亿美元，并部分收回将近 350 万美元的法律费用。[3] Burford 在本案中可以得到约 1.4 亿美元的回报，第三方资助对国际投资仲裁进行“投资”的高额回报由此可见一斑。第三，法律“漏洞”。一方面，尽管一些国家和地区的国内法对诉讼或仲裁中第三方资助的行为予以禁止或规制，[4] 但这些规则对国际仲裁却几乎没有影响；另一方面，国际投资仲裁庭的管辖权具有相对性，其管辖范围是投资者与东道国间的投资争端，而第三方资助协议是资助方与受资助方之间签订的协议，仲裁庭很难审理由该协议产生的争议，这也为第三方资助者开展业务提供了便利性。

目前，国际投资仲裁对于第三方资助态度分两种。支持者从保护投资者的立场出发，认为第三方资助拓宽了投资者的救济渠道，为投资者提供了接近司法（access to justice）的机会，尤其是在东道国确实存在违反相关投资保护条约的义务的行为、对投资者的投资造成损失的情况下。对于投资者而言，接受第三方资助既意味着获得进行仲裁的条件，又意味着避免在投资已经受到影响的情况下进一步投入资金进行耗时又费钱的仲裁程序，从而加剧其经济困难。此外，第三方资助机构对投资者的仲裁请求进行资助前会运用其专业知识对案件进行调查分析，包括案件胜诉的概率，这一方面可以减少滥诉，另一方面又可增加受到损失的投资者的胜诉概率。[5] 反对者则站在国际投资仲裁体制角度，认为第三

---

〔1〕 Burford Capital's 2015 Annual Report, 3 October 2018, http://www.burfordcapital.com/wp-content/uploads/2016/03/25029_Burford_RA_2015_WEB_3.pdf, last visited on 12 December 2020.

〔2〕 转引自万邦法律：《落袋为安！TPF 公司变现投资仲裁裁决权益！回报率 736%！》，载 http://kuaibao.qq.com/s/20180319B0FBQH00? refer = spider，最后访问时间：2018 年 4 月 28 日。

〔3〕 *Teinver S. A., Transportes de Cercanías S. A. and Autobuses Urbanos del Sur S. A.* v. *Argentine Republic*, ICSID Case No. ARB/09/1.

〔4〕 例如，2017 年以前的新加坡国内判例法就全面禁止对诉讼和仲裁的第三方资助。See Consultation Paper of the Third Party Funding for Arbitration Sub-committee of the Hong Kong Law Reform Commission, p. 93, 20 March 2018, http://www.hkreform.gov.hk/en/docs/tpf_e.pdf, last visited on 12 December 2020.

〔5〕 Mark Kantor, Third-Party Funding in International Arbitration: An Essay about New Developments, 24 *ICSID Review-Foreign Investment Law Journal*, 2009, pp. 383 – 384.

方资助的出现无疑加剧目前国际投资仲裁体制的危机。第三方资助在拓宽投资者救济渠道的同时加剧了投资者滥诉的可能,甚至有不少学者认为,目前国际投资仲裁案件数量不断高涨的原因之一就是第三方资助的兴起。[1] 此外,如上文所述,第三方资助有可能影响仲裁员的独立性和公正性,破坏国际投资仲裁程序的透明度;由于有第三方资助者的支持,投资者可能故意拖延仲裁程序,并在索赔中"狮子大开口",这都会严重影响国际投资仲裁程序的公正性和有效性。

与商事仲裁不同,国际投资仲裁一方当事人为主权国家,因此应当具有更强的透明度和可预测性。第三方资助的涌入使这一争端解决机制涉及的利益主体更复杂,资助协议和资助行为的保密性与国际投资仲裁透明度相冲突,资助行为商业化的特质与投资仲裁的公法特点相违背,因此必然在仲裁实践中引发讨论和关注。

二、国际投资仲裁中第三方资助的法律问题:实证考察

国际投资仲裁中公开作出裁决的涉及第三方资助的案件中,东道国提出的主张主要涉及管辖权与可受理性、第三方资助的披露、仲裁费用担保和仲裁费用的分配四个问题。

(一)管辖权与可受理性

国际投资条约通过规定"投资"定义和"投资者"定义的方式确定其保护范围。大多数投资条约规定,"投资者"系指拥有缔约一方的国籍且在东道国领土内作出受保护投资的自然人或实体。在存在第三方资助的国际投资仲裁中,东道国可能主张,投资者与第三方签订资助协议并约定转让其部分权利,尤其是胜诉后所获的赔偿,因此第三方资助者才是案件真正当事人,但是第三方资助者并不符合投资条约下"投资者"的定义,由此提出管辖权或可受理性异议。目前该主张尚未得到任何一个仲裁庭的支持。

在 RosInvest 诉俄罗斯案[2]中,原告 RosInvest 属于一个名为 Elliott Group

---

[1] ICCA, Report of the ICCA-Queen Mary Task Force on Third-Party Funding in International Arbitration, April 2018, http://www. arbitration-icca. org/publications/Third-Party-Funding-Report. html, pp. 201 – 202, last visited on 12 December 2020. Mark Kantor, Third-Party Funding in International Arbitration: An Essay about New Developments, 24 *ICSID Review-Foreign Investment Law Journal*, 2009, pp. 385 – 387.

[2] *RosInvest Co UK Ltd.* v. *The Russian Federation*, SCC Case No. 079/2005.

的基金集团,[1]且与该集团下属的另一成员签署了资助协议。俄罗斯据此主张,RosInvest 只是 Yukos 公司股份名义上的所有者,实际所有者是 Elliott Group,因此 RosInvest 不符合英国—俄罗斯双边投资协定下"投资者"定义。[2] 仲裁庭驳回了俄罗斯的主张,认为:原告已提供足够证据证明其在"表面上"符合英国—俄罗斯 BIT 下"投资者"的定义,即"根据英国现行法律组建的公司";此外,根据《维也纳条约法公约》第 31 条对英国—俄罗斯 BIT 下投资者定义的通常意义作出解释,原告应当符合投资者的标准。由于条约用语宽泛,仲裁庭不应当对其作出狭义的解释。[3] 本案仲裁庭从投资者定义的解释入手解决了管辖权的问题,但并未对第三方资助与管辖权的问题作出解释。

在 Quasar de Valores SICAV 等诉俄罗斯案[4]中,SCC 仲裁庭首次遭遇了基于第三方资助协议本身提出的管辖权异议,也首次就第三方资助与管辖权的关系作出裁断。本案原告 Quasar 是 Yukos 公司的美国存托凭证持有者,其主张俄罗斯对其投资的征收违反了西班牙—俄罗斯 BIT 的规定。俄罗斯主张,Quasar 在本案中接受了 Menatep 集团的资助,其在选择代理人、专家和仲裁策略等问题上并无完全自主权,真正利益相关的当事人是第三方资助者 Menatep。因此,Quasar 与本案并无真正的利害关系,其提起仲裁实为滥用程序,仲裁庭不应对其管辖。仲裁庭驳回了俄罗斯的主张,指出:原告享有维护其在 BIT 下的权利的权利,以及接受第三方协助的权利,而第三方的动机与本案争议双方无关。[5] 这是首个对第三方资助者与投资仲裁案件当事人关系作出裁断的案件。

在 Teinver 诉阿根廷案[6]中,阿根廷在管辖权阶段主张,由于原告 Teinver 与第三方 Burford 公司签订了资助协议,约定在胜诉后将其所获赔偿的一定比例

---

[1] 俄罗斯主张,Elliott Group 运作方式之一是"收购诉讼"。*RosInvest Co UK Ltd.* v. *The Russian Federation*, Final Award (12 September 2010), para. 5.

[2] Ibid.

[3] *RosInvest Co UK Ltd.* v. *The Russian Federation*, Final Award (12 September 2010), paras. 322 - 323, 381 - 383.

[4] *Quasar de Valores SICAV S. A.*, *Orgor de Valores SICAV S. A.*, *GBI* 9000 *SICAV S. A. and ALOS* 34 *S. L.* v. *The Russian Federation*, SCC Case No. 24/2007.

[5] *Quasar de Valores SICAV S. A.*, *Orgor de Valores SICAV S. A.*, *GBI* 9000 *SICAV S. A. and ALOS* 34 *S. L.* v. *The Russian Federation*, Award (20 July 2012), para. 33.

[6] *Teinver S. A.*, *Transportes de Cercanías S. A. and Autobuses Urbanos del Sur S. A.* v. *Argentine Republic*, ICSID Case No. ARB/09/1.

转移给 Burford 公司,因而 Teinver 不再是本案的当事人,而 Burford 公司由于具有与 Teinver 所谓的"法律共同利益",似乎是唯一一个可能在阿根廷败诉的裁决中获益的当事人。[1] 仲裁庭指出,管辖权是根据案件提起的日期确定的,本案原告是在提起仲裁后才与 Burford 公司签署了第三方资助协议,因此协议的签署不影响原告的身份,由此也不会对本案管辖权产生影响。[2]

(二)第三方资助的披露

第三方资助可能造成潜在的利益冲突,由此影响仲裁员的公正性、仲裁程序的透明度和完整性。因此对国际投资仲裁中第三方资助的披露是理论和实践领域关注的一个重点问题。目前的仲裁实践中,仲裁庭对于第三方资助是否应当披露、在何种条件下披露以及披露的程度仍存在不同观点。

在 EuroGas & Belmont 诉斯洛伐克案[3]中,原告主动披露其接受来自卢森堡的一个第三方资助,但是仲裁庭仍要求进一步披露该第三方资助者的名称,以确定是否存在仲裁员利益冲突。[4] 除上述内容外,仲裁庭并未要求进一步披露第三方资助协议的具体内容。这是 ICSID 历史上作出的第一个要求当事人披露第三方资助的命令。

在 Muhammet 诉土库曼斯坦案[5]中,仲裁庭不仅要求原告披露第三方资助者的名称,还进一步要求披露第三方资助协议的内容。本案仲裁庭曾在 2014 年

---

[1] *Teinver S. A., Transportes de Cercanías S. A. and Autobuses Urbanos del Sur S. A.* v. *Argentine Republic*, Decision on Jurisdiction(21 December 2012), paras. 245 - 246.

[2] *Teinver S. A., Transportes de Cercanías S. A. and Autobuses Urbanos del Sur S. A.* v. *Argentine Republic*, Decision on Jurisdiction(21 December 2012), paras. 254 - 255. 本案仲裁员 Kamal Hossain 在其反对意见中指出,第三方 Burford 公司以资助原告的法律费用的方式"投资"了本案的仲裁程序,但这一"投资"是基于有可能在本案裁决中获得相当比例的利润的基础上的,因此不能作为 BIT 下受保护的"投资"。BIT 是为了保护在东道国领土内作出"投资"的"投资者"的权利,而并非一个既非"投资者"也没有受保护的"投资"的第三方资助者,其参与仲裁的唯一目的是在仲裁裁决中"分一杯羹"。因此,Burford 公司在任何情况下都不能作为受 BIT 保护的投资者,仲裁庭对 Burford 公司的行为无管辖权。See *Teinver S. A., Transportes de Cercanías S. A. and Autobuses Urbanos del Sur S. A.* v. *Argentine Republic*, ICSID Case No. ARB/09/1, Dissenting Opinion of Kamal Hossain, 21 July 2017.

[3] *EuroGas Inc. & Belmont Resources Inc.* v. *Slovak Republic*, ICSID Case No. ARB/14/14.

[4] *EuroGas Inc. & Belmont Resources Inc.* v. *Slovak Republic*, Transcript of the First Session and Hearing on Provisional Measures (17 March 2015), para. 145.

[5] *Muhammet Cap & SehilInsaat Endustrive Ticaret Ltd. Sti.* v. *Turkmenistan*, ICSID Case No. ARB/12/6.

7月23日作出的2号仲裁程序令中驳回土库曼斯坦要求原告披露第三方资助者及第三方资助协议的申请，并列举了若干作出披露命令的正当情形，即"根据案件的具体情况"：(1)在存在第三方资助的情况下，避免仲裁员的利益冲突；(2)为透明度之目的确定本案真正的当事人；(3)为仲裁庭在仲裁程序即将结束之际公正裁决仲裁费用的分配；(4)当事人申请仲裁费用担保；(5)确保在仲裁程序中有可能会出现的保密信息不被别有用心地披露给当事人。[1] 但是，仲裁庭也保留了被告根据新的理由再次提出申请的权利。

土库曼斯坦随后于2015年4月基于新的理由再次向仲裁庭提交披露申请。[2] 在3号仲裁程序令中，仲裁庭支持了土库曼斯坦的申请，基于两个"主要原因"及两个"附加因素"。"主要原因"是：在存在第三方资助的案件中(如本案)，仲裁程序透明度尤为重要，因此要确保仲裁程序的完整性、确定仲裁员是否受到第三方资助的影响；土库曼斯坦表示将要申请仲裁费用担保，其理由可能是原告无力偿付被告的仲裁费用和(或)存在第三方资助。[3] "附加因素"是：原告并未否认过其接受第三方资助；在 Kılıç 诉土库曼斯坦案[4]中，原告并未支付仲裁庭作出的有利于被告裁决的费用，尽管该案中原告在申请裁决无效程序中接受了第三方资助。[5] 仲裁庭表示其充分理解被告的担忧，即倘若被告胜诉且仲裁庭作出了有利于被告的费用裁决，原告可能无力支付这些费用，而第三方资助者由于并非本案当事人，也有可能拒绝支付这些费用。[6] 该案是目前国际

---

[1] *Muhammet Cap & SehilInsaat Endustrive Ticaret Ltd. Sti.* v. *Turkmenistan*, Procedural Order No. 2 (23 June 2014), para. 10.

[2] 土库曼斯坦提出的主张基于以下理由：确认是否存在仲裁员或代理人利益冲突，确认原告"仍是本案的真正当事人"。土库曼斯坦还援引了2014年《IBA关于利益冲突的指南》中"一般准则"7(a)和关于"一般准则"7(a)的解释，并表明由于存在第三方资助，其正在考虑申请仲裁费用担保。See *Muhammet Cap & SehilInsaat Endustrive Ticaret Ltd. Sti.* v. *Turkmenistan*, Procedure Order No. 3, para. 2.

[3] *Muhammet Cap & SehilInsaat Endustrive Ticaret Ltd. Sti.* v. *Turkmenistan*, Procedure Order No. 3, paras. 9 – 10.

[4] *Kılıç İnşaat İthalat İhracat Sanayive Ticaret AnonimŞirketi* v. *Turkmenistan*, ICSID Case No. ARB/10/1.

[5] *Muhammet Cap & SehilInsaat Endustrive Ticaret Ltd. Sti.* v. *Turkmenistan*, Procedure Order No. 3, para. 2. 仲裁庭并未解释这两个案件之间的联系，除了 Muhammet 案的原告和 Kılıç 案无效程序中的申请人是由相同的律师代理的。

[6] *Muhammet Cap & SehilInsaat Endustrive Ticaret Ltd. Sti.* v. *Turkmenistan*, Procedure Order No. 3, para. 12.

投资仲裁庭作出的唯一要求披露第三方资助者及资助协议的命令。值得注意的是,本案仲裁庭作出2号程序令是在2014年7月,而IBA于2014年10月通过了《IBA关于利益冲突的指南》,这似乎也可以解释仲裁庭为何在随后的3号程序令中支持了被告的主张。

在另外一起由PCA审理的案件South American Silver (SAS) 诉玻利维亚案[1]中,尽管玻利维亚以和Muhammet案类似的主张向仲裁庭申请披露第三法方资助者的身份和资助协议的内容。[2] 本案仲裁庭以"为透明度之目的,并考虑当事人的立场"要求SAS披露资助者的身份,但认为并无理由要求SAS披露资助协议的内容,因而驳回玻利维亚这一主张。[3]

(三)仲裁费用担保

Guaracachi诉玻利维亚案[4]是第一个在第三方资助存在的情况下就仲裁费用担保作出裁定的投资仲裁案件。本案仲裁庭驳回了玻利维亚的仲裁费用担保申请,认为:尽管投资仲裁庭有权批准临时措施,仲裁费用担保仍是非常少见且例外的措施。被告认为原告接受第三方资助表明其将无力偿付对其不利的仲裁费用这一推论并无足够的因果联系,而原告的资产账单及其他财务文件也不足以证明其无力支付仲裁费用。由于被告并未提供足够的证据证明存在需要仲裁费用担保的例外情况,因此仲裁庭驳回其申请。[5]

而随后的RSM诉圣卢西亚案(以下简称RSM案)[6]则引起了广泛的讨论。该案是目前投资仲裁中唯一在第三方资助的情况下作出仲裁费用担保命令的案

---

〔1〕 *South American Silver Limited* v. *Plurinational State of Bolivia*, PCA Case No. 2013 - 2015.

〔2〕 玻利维亚的理由是原告的经济状况以及其接受第三方资助的事实。玻利维亚同样援引了《IBA关于利益冲突的指南》,主张第三方资助者应当与被资助者同等对待,以检验是否存在利益冲突,且被资助的当事人有义务披露其(包括第三方资助者)与仲裁员之间的任何关系。See *South American Silver Limited* v. *Plurinational State of Bolivia*, Procedural Order No. 10 (11 January 2016), paras. 25, 29.

〔3〕 *South American Silver Limited* v. *Plurinational State of Bolivia*, Procedural Order No. 3 - Decision on Requests for Provisional Measures (23 June 2015), paras. 79, 80, 84.

〔4〕 *Guaracachi America, Inc. and Rurelec PLC* v. *The Plurinational State of Bolivia*, UNCITRAL, PCA Case No. 2011 - 17.

〔5〕 *Guaracachi America, Inc. and Rurelec PLC* v. *The Plurinational State of Bolivia*, Procedure Order No. 14 (11 March 2014), paras. 6 - 7.

〔6〕 *RSM Production Corporation* v. *Saint Lucia*, ICSID Case No. ARB/12/10.

件，也是 ICSID 历史上作出的第一个仲裁费用担保命令。[1] 圣卢西亚申请仲裁费用担保的理由是：RSM 在另外两起 ICSID 仲裁中曾不遵守仲裁费用命令，[2] 且在本案中接受第三方资助。[3]

仲裁庭首先裁断，根据《ICSID 公约》第 47 条和《ICSID 仲裁规则》第 39 条，仲裁庭有权作出仲裁费用担保的命令。[4] 随后仲裁庭对于圣卢西亚的主张一一作出回应。仲裁庭强调，与之前的 ICSID 仲裁庭在没有足够证据表明另一方当事人的财务状况驳回了仲裁费用担保申请相反，本案仲裁庭认为已经可以确定原告没有足够的财务能力。尽管仲裁庭普遍认为财务限制并不足以作为仲裁费用担保的理由，本案的情形与此并不相同，尤其是原告在其他 ICSID 和非 ICSID 程序中相同的程序历史，为仲裁庭支持被告的主张提供了令人信服的理由。[5] 仲裁庭就此得出结论，认为本案可以作出仲裁费用担保的命令。而有关被告提出的存在第三方资助的主张，在仲裁庭 15 页纸的论述中，仅有一段涉及："此外，原告承认接受第三方资助也进一步支持仲裁庭的裁断，即原告将不遵守一个对其不利的仲裁费用裁决，因为在缺少保证的情况下，难以确定第三方资助者是否会承担遵守这一裁决的责任。在此背景下，仲裁庭认为由于无法确定未知第三方是否愿意遵守一个有利于被告的仲裁费用裁决，将被告置于此风险下是不合理的。"[6]

本案的另外两名仲裁员也分别提交了独立的意见。其中 Griffith 博士的"赞同意见"引起了广泛的关注。尽管赞同仲裁庭的决定，Griffith 认为，"本案中作

---

〔1〕 在 RSM 案之前的案件中，当事人提出的非基于第三方资助的仲裁费用担保申请均被仲裁庭予以驳回。See *Commerce Group Corp & San Sebastian Gold Mines, Inc.* v. *Republic of El Salvador*, ICSID Case No. ARB/09/17, Annulment Proceeding, Decision on El Salvador's Application for Security for Costs (20 September 2012); *Rachel S Grynberg, Stephen M Grynberg, Miriam S Grynberg and RSM Production Corporation* v. *Grenada*, ICSID Case No. ARB 10/6, Decision on Respondent's Application for Security for Costs (14 October 2010); *Gustav FW Hamester GmbH & Co KG* v. *Republic of Ghana*, ICSID Case No. ARB/07/24, Award (18 June 2010); *Libananco Holdings Co Limited* v. *Republic of Turkey*, ICSID Case No. ARB/06/8, Decision on Preliminary Issues (23 June 2008).

〔2〕 *RSM Production Corporation and others* v. *Grenada*, ICSID Case No. ARB/10/6; *RSM Production Company* v. *Republic of Cameroon*, ICSID Case No. ARB/13/14.

〔3〕 *RSM Production Corporation* v. *Saint Lucia*, Decision on Saint Lucia's Request for Security for Costs (13 August 2014), paras. 26–37.

〔4〕 Ibid., para. 54.

〔5〕 Ibid., para. 82.

〔6〕 Ibid., para. 83.

出仲裁费用担保命令的主要理由与第三方资助有关”,他指出:“由实名或匿名的第三方资助 BIT 仲裁越来越普遍,这种形式或是与一个名义上的投资者相结合,或是与一个以资助原告的仲裁为贷款商业模式的主体相结合,尤其是一个在胜诉后分享回报的合资企业,如果不要求其提供给仲裁费用担保的话,那么这样的企业在败诉的情况下除了其已经支付的费用外没有任何损失。……这种资助者应当与名义上的原告就费用承担同样的风险。”[1] Griffith 表明其目的是“提出一个转换证明责任的‘决定性建议’,即一旦案件中出现了投资者接受第三方资助的情况,那么原告应当披露所有有关第三方资助的信息,并对为何仲裁庭不应作出仲裁费用担保命令负有证明义务”。[2] 而另一位仲裁员 Nottingham 法官则在其“反对意见”中认为“第三方资助和仲裁费用担保受到的普遍关注可以并且应当由 ICSID 管理委员会通过制定规则的方式解决”。[3]

随后的 EuroGas & Belmont 诉斯洛伐克案[4]与 SAS 诉玻利维亚案[5]的仲裁庭则均驳回了被告仲裁费用担保的申请,并采用了 RSM 案仲裁庭的标准,即第三方资助者的存在并不能证明存在仲裁费用担保的例外情况。

(四)仲裁费用分配

在国际投资仲裁中,第三方资助涉及的另一个重要问题就是仲裁费用的分配。目前国际投资仲裁庭在仲裁费用分配上大多采取“美式规则”(pay-as-you-go rule),即双方当事人各自负担自己的费用。在存在第三方资助的情况下,东道国通常以此为由,要求仲裁庭在分配仲裁费用时予以倾斜。目前投资仲裁中共有 5 个案件在仲裁费用分配时涉及第三方资助的问题,而仲裁庭在裁决上也保持了高度的一致性。

首个在仲裁费用分配中涉及第三方资助的案件是 Siag & Vecchi 诉埃及

---

[1] *RSM Production Corporation* v. *Saint Lucia*, ICSID Case No. ARB/12/10, Assenting Reasons of Gavan Griffith (12 August 2014), paras. 12 – 14.

[2] Ibid., paras. 17 – 18.

[3] *RSM Production Corporation* v. *Saint Lucia*, ICSID Case No. ARB/12/10, Dissenting Opinion of Edward Nottingham (13 August 2014), para. 20.

[4] *EuroGas Inc. and Belmont Resources Inc.* v. *Slovak Republic*, Procedural Order No. 3-Decision on Requests for Provisional Measures (23 June 2015), para. 123.

[5] *South American Silver Limited* v. *Plurinational State of Bolivia*, Procedural Order No. 10 (11 January 2016), para. 74.

案。[1] 本案中原告与其律师事务所签订了胜诉收费协议,[2] 仲裁庭知晓该协议但并不知其具体内容。仲裁庭在裁决中指出:由于原告的财务状况,他们向律师事务所提出,仅在律师费获得仲裁庭支持后支付该费用。律师事务所接受了这一安排。原告主张,因为其有支付这一费用的合同义务,其有权获得与其律师工作时间价值相等的仲裁费用补偿。[3] 仲裁庭支持了这一主张,但并未对律师事务所资助的问题详述。[4] 本案仲裁庭似乎默认了在第三方资助情况下对仲裁费用分配采取中立原则,而这一原则在随后案件的仲裁庭裁断中更加清晰。

在 Kardassopoulos 诉格鲁吉亚案[5]中,格鲁吉亚主张原告在本案中得到了第三方资助,因此无权在仲裁费用上得到补偿。仲裁庭认为,就其所知"没有任何原则规定在确定原告仲裁费用的补偿金额时,应当将第三方资助协议作为一个考虑因素",[6]因此驳回了被告的主张。在其关联案 Ron Fuchs 诉格鲁吉亚案[7]中,同一仲裁庭作出了同样的裁断。[8] 这一仲裁庭的论述被随后的两个 ICSID 案件 RSM 诉格林纳达案[9]和 ATA Construction 诉约旦案[10]的仲裁庭再次引用。

[1] *Waguih Elie George Siag and Clorinda Vecchi* v. *Arab Republic of Egypt*, ICSID Case No. ARB/05/15.

[2] 与律师事务所签订的胜诉收费协议是否构成第三方资助目前尚存在争议。就其目的而言,二者并无差异:通过投资一个案件,以期获得一定的回报或在该案件的结果中获益。

[3] *Waguih Elie George Siag and Clorinda Vecchi* v. *Arab Republic of Egypt*, ICSID Case No. ARB/05/15, Award (1 June 2009), para. 604.

[4] *Waguih Elie George Siag and Clorinda Vecchi* v. *Arab Republic of Egypt*, paras. 623 - 625.

[5] *Ioannis Kardassopoulos* v. *Georgia*, ICSID Case No. ARB/05/18.

[6] *Ioannis Kardassopoulos* v. *Georgia*, Award (3 March 2010), paras. 691 - 692.

[7] *Ron Fuchs* v. *Georgia*, ICSID Case No. ARB/07/15, Award(3 March 2010), para. 691.

[8] 此外,格鲁吉亚—希腊 BIT 和格鲁吉亚—以色列 BIT 的代位条款均规定,缔约国在仲裁任何阶段不得以投资者已根据投资保险合同就其所受的全部或部分损失获得补偿或赔偿为由提出反对意见。仲裁庭认为,尽管代位条款在此处不可直接适用,但是以赔偿投资者的全部损失为目的而言,第三方资助协议与海外投资保险合同并无差异。See *Ioannis Kardassopoulos* v. *Georgia*, Award, 3 March 2010, paras. 691 - 692.

[9] *RSM Production Corporation and others* v. *Grenada*, ICSID Case No. ARB/10/6, Order of the Committee Discontinuing the Proceeding and Decision on Costs (28 April 2011).

[10] *ATA Construction, Industrial and Trading Company* v. *Hashemite Kingdom of Jordan*, ICSID Case No. ARB/08/2, Order Taking Note of the Discontinuance of the Proceeding (11 July 2011).

三、国际投资仲裁中第三方资助的法律问题:分析与建议

除上述案件外,当事人还在挑选仲裁员、仲裁程序终止、仲裁裁决执行中止等问题上基于第三方资助提出了主张。[1] 但由于这些问题并非第三方资助协议本身引起,在此不予进一步讨论。从对于前述案例的分析可以看出,目前国际投资仲裁庭在处理第三方资助问题时主要有以下三个特点。

(一)国际投资仲裁庭规制第三方资助动力不足

前述案件中,仲裁庭仅在东道国要求披露第三方资助的主张上部分给予了支持;在仲裁费用担保上,尽管 RSM 案的仲裁庭最终支持了圣卢西亚的主张,但其考虑的决定性因素是 RSM 在其他投资仲裁案件中已有不遵守仲裁费用裁决的前科;而在管辖权和可受理性、仲裁费用分配的问题上,东道国提出的基于第三方资助的主张均被仲裁庭驳回。由此可以看出,国际投资仲裁庭在对于第三方资助的规制问题上,采取了十分保守的态度。

仲裁庭对第三方资助规制动力不足的首要原因在于其管辖权的缺失。如前所述,国际投资仲裁庭仅有权对投资者和东道国之间的投资争端进行管辖,而第三方资助协议作为商事合同一般约定了单独的争议解决方式。[2] 仲裁庭如果贸然对其进行规制,既会破坏商事行为中"当事人之间"(inter partes)原则,还有可能造成投资仲裁管辖权毫无根据的扩张。因此,尽管在不少案件中东道国都向仲裁庭申请对于第三方资助进行规制,但大多数仲裁庭仍采取了"睁一只眼闭一只眼"的态度。例如,在上述 Kardassopoulos 诉格鲁吉亚案中,仲裁庭虽然有很多正当理由来命令当事人对第三方资助的情况予以披露,但是仲裁庭拒绝

---

〔1〕 Jean-Christophe Honlet, Recent decisions on third-party funding in investment arbitration, 30 *ICSID Review-Foreign Investment Law Journal* (2015).

〔2〕 例如,在 S&T Oil 诉罗马尼亚案中,第三方资助机构 Juridica 对 S&T Oil 的仲裁请求进行了资助,同时要求 S&T Oil 给予其获知所有与案情有关信息的权利。但是,后来 Juridica 以 S&T Oil 隐瞒了重要证据为由不再提供资助。这导致该投资者无法支付案件仲裁费用,最后案件被 ICSID 撤销。于是 S&T Oil 向美国联邦法院起诉 Juridica,称其违反了资助合同。S&T Oil 在起诉书中甚至将其与 Juridica 的第三方资助协议提交给了法院。See *S&T Oil Equipment and Machinery Ltd.* v. *Romania*, ICSID Case No. ARB/07/13; *S&T Oil Equip.* v. *JuridicaInvs. Ltd.*, 456 Fed. Appx. 481 (5th Cir. 2012).

这样做;[1]而在另外一起 ICSID 案件——KT Asia Investment Group 诉哈萨克斯坦案中,仲裁庭甚至表示对于支付仲裁费用的资金来源并不关心。[2]

(二)投资仲裁中对于第三方资助的披露有限

国际投资仲裁一方当事人是主权国家,涉及的行为大多与东道国行使管辖权有关,因此透明度在投资仲裁中更为重要。但是第三方资助在实践中通常秘密进行,第三方资助机构通常又与国际投资仲裁员群体有千丝万缕的紧密联系。[3] 第三方资助的介入无疑会导致仲裁程序透明度的缺失,并进而影响裁决的公正性和公信力。但是目前,国际投资仲裁庭对于第三方资助的披露仍十分有限。在 EuroGas 诉斯洛伐克案和 SAS 诉玻利维亚案中,仲裁庭都要求投资者对于第三方资助者身份进行披露,仅在 Muhammet 诉土库曼斯坦案中,仲裁庭在土库曼斯坦两次申请披露第三方资助者及仲裁协议内容的情况下,最终支持了其主张,主要基于对仲裁程序透明度的考虑,即确定是否存在仲裁员利益冲突以及确保仲裁程序完整性,以及土库曼斯坦表明将要申请仲裁费用担保。

目前国际投资法实践对于第三方资助的规制也主要集中在披露义务。例如,加拿大和欧盟签订的《综合性经济贸易协定》(Comprehensive Economic and Trade Agreement,CETA)[4]第 8.26 条以及欧盟和美国正在谈判的《跨大西洋协定》[5]建议文本的第 8 条均规定,接受第三方资助的一方对第三方资助"应当"

---

〔1〕 *Ioannis Kardassopoulos* v. *Republic of Georgia*, ICSID ARB/05/18, Award, 3 March 2010, § 691.

〔2〕 *KT Asia Investment Group B. V.* v. *Republic of Kazakhstan*, ICSID Case No. ARB/09/8, Award, 17 October 2013, para. 50.

〔3〕 欧洲的非政府组织欧洲公司天文台(Corporate Europe Observatory)曾在其研究报告中揭示,目前在国际投资仲裁领域最有影响的 5 家第三方资助机构包括美国的 Burford Capital 和 Fulbrook Management、英国的 Juridica Investment 和 Calunius Capital、荷兰的 Omni Bridgeway;目前在国际投资仲裁领域最常被指定的仲裁员包括法国的 Brigitte Stern、美国的 Charles Brower 等 15 人,这 15 位顶级国际投资仲裁员参与了世界上已知的国际投资仲裁案件中的 55% 的案件的审理,而在争议标的额为 40 亿美元以上的案件中这 15 位仲裁员参与案件的比例更是高达 75%。See P. Eberhardt and C. Olivet, *Profiting from Injustice: How Law Firms, Arbitrators and Financiers are Fuelling an Investment Arbitration Boom Corporate Europe Observatory and Transnational Institute*, 2012, pp. 38, 57. http://corporateeurope.org/sites/default/files/pub-lications/ profiting-from-injustice.pdf, last visited on 6 March 2018.

〔4〕 Comprehensive Trade and Economic Agreement between Canada and the European Union, http://investmentpolicyhub.unctad.org/Download/TreatyFile/5380, last visited on 24 April 2018.

〔5〕 Transatlantic Trade and Investment Partnership, http://ec.europa.eu/trade/policy/in-focus/ttip/, last visited on 24 April 2018.

予以披露,披露的内容是第三方资助者的名称和地址,披露的时间是提起仲裁时,如果第三方资助协议是在仲裁提起后签署的,那么应在资助协议签署后立即作出。与此同时,以仲裁机构为主导的第三方资助规则也在不断出炉。2017 年 1 月 1 日生效的《新仲规则》规定,仲裁庭有权命令一方当事人对其所受到的第三方资助情况及细节予以披露,有关细节包括资助人的身份、资助人的获利安排、资助人是否保证败诉后承担对方当事人的仲裁费用。[1] 但该规定仅是赋予了仲裁庭这一权力,并未强制要求其对第三方资助予以披露。而在中国国际经济贸易委员会 2017 年 9 月颁布的《投资仲裁规则》[2] 与 CIETAC 香港仲裁中心颁布的《第三方资助仲裁指引》[3] 在此问题上则作出了强制性的规定:获得第三方资助的当事人应在签署资助协议后,“毫不迟延”地将第三方资助安排的事实、性质、第三方的名称与住址,书面告知仲裁庭和对方当事人。此外,上述 Muhammet 诉土库曼斯坦案的仲裁庭还确立了作出第三方资助披露命令的五个正当情形。[4] 这些规则和实践将为未来形成统一的对第三方资助披露规则产生积极的影响。

(三)涉及第三方资助的仲裁费用担保存在争议

对于仲裁庭是否有权作出仲裁费用担保一直存在争议,有人认为这会阻碍贫穷的申请人提出有价值的主张,在 RSM 案之前也从未有过投资仲裁庭作出仲裁费用担保命令的实践。但是,随着第三方资助的兴起,仲裁双方当事人之间的平衡被打破,仲裁费用担保可保证被申请人在胜诉后获得补偿。从近些年的商事和投资仲裁中仲裁庭的处理来看,仲裁庭有权作出担保命令。[5] 第三方资助

---

〔1〕 Singapore International Arbitration Center, SIAC Investment Arbitration Rules (1st Edition, 1 January 2017), http://www.siac.org.sg/images/stories/articles/rules/IA/SIAC%20Investment%20Arbitration%20Rules%20-%20Final.pdf, last visited on 23 April 2018.

〔2〕 中国国际经济贸易仲裁委员会:《中国国际经济贸易仲裁委员会国际投资争端仲裁规则(试行)》,载 http://www.cietac.org.cn/Uploads/201709/59c8d60367bb5.pdf,最后访问时间:2018 年 4 月 24 日。

〔3〕 China International Economic and Trade Arbitration Commission, Hong Kong Arbitration Center, Guidelines for Third Party Funding in Arbitration, https://hkarbitration.files.wordpress.com/2016/05/cietac-draft-guidelines-17-may-16.pdf, last visited on 25 January 2018.

〔4〕 *Muhammet Cap & SehilInsaatEndustriveTicaret Ltd. Sti.* v. *Turkmenistan*, ICSID Case No. ARB/12/6, Procedural Order No. 2 (23 June 2014), para. 10.

〔5〕 Katherine Lynch, *Security for Costs in Domestic and International Arbitration in England and Hong Kong*, Kluwer Arbitration, pp. 20 - 22.

是否构成仲裁庭作出仲裁费用担保命令的合理依据,从目前的实践来看答案是否定的。但是RSM案的仲裁员Griffith博士"赞同意见"给出了另外一种解释,即从风险承担的角度通过仲裁费用担保将费用风险分摊至第三方资助者,尽管该意见在很大程度上反映了其个人的观点,但是由于仲裁费用担保在国际投资仲裁中尚属新的问题,不排除今后可能将第三方资助纳入作为其正当理由的可能。

四、小结

从整体看,第三方资助的出现在某种程度上加剧了目前国际投资仲裁体制的危机。第三方资助在拓宽投资者救济渠道的同时也造成了投资者滥诉的可能,甚至有不少学者认为,目前国际投资仲裁案件数量不断高涨的原因之一就是第三方资助的兴起。此外,如上文所述,第三方资助有可能影响仲裁员的独立性和公正性,以及国际投资仲裁程序的透明度。一方面,由于有第三方资助者的支持,投资者可能故意拖延仲裁程序,并在索赔中"狮子大开口",这都会严重影响国际投资仲裁程序的有效性。因此,对第三方资助进行规制已逐渐成为国际投资仲裁领域的共识。包括ICSID、SIAC和CIETAC在内的诸多国际仲裁机构已经或正在考虑在仲裁规则中纳入对第三方资助进行规制的规定;[1] UNCITRAL投资者—国家间争端解决改革第三小组也已达成共识,将第三方资助问题纳入其工作议程。另一方面,以欧盟为代表的一些国家和地区,也已在其国际投资条约中纳入了对第三方资助进行规制的条款。[2] 但是,仍有不少第三方资助的支持者认为:从保护投资者的立场出发,第三方资助拓宽了投资者的救济渠道,为投资者提供了接近司法的机会,尤其是在东道国确实存在违反相关投资保护条约的义务的行为、对投资者的投资造成损失的情况下;对于投资者而言,接受第三方资助既意味着获得进行仲裁的条件,也意味着避免在投资已经受到影响的

---

〔1〕 Katherine Lynch, *Security for Costs in Domestic and International Arbitration in England and Hong Kong*, Kluwer Arbitration, pp. 67 – 68.

〔2〕 例如,《欧盟—加拿大自由贸易协定》第8.26条:"1. Where there is third party funding, the disputing party benefiting from it shall disclose to the other disputing party and to the Tribunal the name and address of the third party funder. 2. The disclosure shall be made at the time of the submission of a claim, or, if the financing agreement is concluded or the donation or grant is made after the submission of a claim, without delay as soon as the agreement is concluded or the donation or grant is made."

情况下进一步投入资金进行耗时又费钱的仲裁程序,从而加剧其经济困难;此外,第三方资助机构对投资者的仲裁请求进行资助前会运用其专业知识对案件进行调查分析,包括案件胜诉的概率,这一方面可以减少滥诉,另一方面又可增加受到损失的投资者的胜诉概率。[1]

笔者认为,任何单方面放大第三方资助在国际投资仲裁中发挥的作用的观点都是片面的。国际投资仲裁机制既要保护投资者利益,又要避免损害东道国的利益。第三方资助毫无疑问为投资者提供了更多的救济途径,但也应看到,倘若任其发展不予规制,反而会损害国际投资仲裁体制。由于第三方资助协议是一方当事人与第三方间签署的商事协议,因此管辖投资争议的仲裁庭在对其进行规制时应采取审慎的态度。从目前看来,可以考虑从对第三方资助的披露入手,由仲裁机构牵头制定或修改仲裁规则,纳入第三方资助披露的相关规则。尽管目前有的投资条约中也纳入第三方资助披露的条款,但是应当注意,投资条约的主要功能是促进和保护投资,过多地增加投资者义务的条款首先会“喧宾夺主”,阻碍其本身应当发挥的作用,其次由于商事行为遵循“当事人之间”原则,因此投资条约的相关条款难以作出强制性规定,从目前投资条约实践也可以看出这一点。实践中,大型跨国公司在进行投资决策时可通过“择约行诉”(treaty shopping)的方式规避对其不利的条约,避开此类对其不利的条款。因此,目前看来,由仲裁机构将第三方资助的披露作为程序性事项纳入仲裁规则中可操作性更强。披露方式上,可以通过仲裁规则赋予仲裁庭要求当事人进行披露的权力;披露的内容包括第三方资助者的身份、地址以及资助协议的内容(包括第三方资助者是否在败诉后承担对方当事人仲裁费用),而具体的披露程度则可由仲裁庭根据案件情况进行自由裁量。

---

〔1〕 Mark Kantor, Third-Party Funding in International Arbitration: An Essay about New Developments, 24 *ICSID Review-Foreign Investment Law Journal*(2009).

第十三章　公正公平待遇的没落

——美国范式的特征与有效性辨析*

一、引言

公平公正待遇条款在国际投资条约中长期被尊崇为“帝王条款”,[1]受到缔约国、投资者、学界的青睐。它是传统的实体核心条款,与诸如国民待遇、最惠国条款等其他待遇条款共同搭建了投资保护的基础框架。公正公平待遇条款因其特殊的规则构造方式,有很强的解释弹性,使该条款身影频频出现在投资者诉东道国投资纠纷仲裁中。近年来,在国际投资合法性危机中,该条款也首先成为改革的焦点之一。FET条款改革迫在眉睫,但也是一件相当棘手的工作。随着2018年《美墨加协定》推出,美式公平待遇条款已基本成型,它具有很强的时代特征,但它能否回应国际投资条约仲裁实践中出现的问题,引领国际投资条约公正公平待遇条款改革的未来,尚有待深入思考。

不同于公正公平待遇条款的大多数研究,本章将放弃对公正公平待遇范围的细节化比较,而以美式公正公平待遇结构化特征为基础展开研究。之所以做这个选择,原因有二:其一,对于公正公平待遇范围的细节化比较和阐析,很多学者结合国际法和仲裁实践的最新发展对此进行了较为深入研究;其二,也是更为重要的原因,公正公平待遇范围处在动态调整状态,通过缔约实践比较,不同国家,甚至同一国家在不同时间节点上对公正公平待遇理解都是存在差异的,所以以清单的方式罗列公平公正待遇的事项不一而足。相对而言,公正公平待遇结构化特征更具有稳定性,同时相应研究还在起步期间。在梳理结构性特征的基础上,本章将结合投资仲裁庭实践总结公正公平待遇条款适用的三项困境,以此

---

* 本章系2017年国家社科基金一般项目“反全球化浪潮中欧盟投资法庭制度与中国因应研究”(17BFX143)和2019年度陕西自贸试验区重点课题“自贸试验区建设需对标的通行国际经贸规则研究”的阶段性成果。

〔1〕 徐崇利:《公平与公正待遇标准:国际投资法中的“帝王条款”?》,载《现代法学》2008年第5期。

为标准来评判美式 FET 条款的效果。

二、美式 FET 条款结构性特征

自 1994 年北美自由贸易协定实行以来,美国在公正公平待遇条款主要经过四个阶段:以 2001 年 NAFTA 自由贸易委员会(Free Trade Commission,FTC)条约联合解释〔1〕为"分水岭",分为 NAFTA 前期、NAFTA 后期。其后在投资条约合法性危机的背景下,美国推出 2012 年 BIT 范本。然而随着特朗普总统执政,反全球化浪潮进一步加剧,美国对于既往的投资条约以及 2017 年在美国的坚持、推动下,自 2017 年北美三国政府开启美国、墨西哥与加拿大对 NAFTA 进行重谈。谈判非常高效,仅一年后,三方于 2018 年签署了《美墨加协定》。从加拿大、墨西哥被动参与谈判到协定快速缔结,说明美国政府在本次谈判的主导地位,该协定很大程度上反映了美国未来的投资甚至贸易协定走向。从国际投资协定角度来说,该协定极大地限制了投资者的诉权,扩大了东道国规制权,在重构投资者权益和东道国规制权力二者的平衡上更进一步。

美式 FET 条款演变路线是比较清晰的,缔约国通过种种方式不仅试图给仲裁庭"信马由缰"的解释给予种种限制,还在试图预防投资者滥诉行为。美式 FET 条款主要呈现以下几项结构性特征:

1. 最低待遇

较之于欧洲国家,早在 20 世纪 90 年代的 NAFTA 中,美国就没有设置独立的公正公平待遇条款,〔2〕"公正公平待遇"与"充分保护和安全"被纳入最低待遇条款中,这与同期的其他国家和地区的公正公平条款有很大不同,当时大多数投资条约都包含有独立的、以"公正公平待遇"命名的公正公平待遇条款。〔3〕NAFTA 第 1105 条第 1 款规定:"各方应给根据国际法授予其他方的投资者的投

---

〔1〕 In its "Notes of Interpretation", the NAFTA Free Trade Commission (FTC) further established that FET is clearly congruent with the customary IMS NAFTA FTC, Notes of Interpretation of Certain Chapter 11 Provisions, 31 July 2001, http://www. sice. oas. org/tpd/nafta/Commission/CH11understanding_e. asp, last visited on 12 December 2020.

〔2〕 新近的投资条约有的将"公正公平待遇"与"充分安全和保护"联合,有的继续独立存在,但是很少再采用"公正公平待遇条款"作为独立的待遇条款的名称。由于这些条款继续作为绝对待遇条款存在,发挥之前"公正公平待遇条款"的功能,所以学界大多都沿用了"公正公平待遇"。

〔3〕 UNCTAD, Fair and Equitable Treatment, at xiii.

资最低待遇,最低待遇包括(including)公平公正待遇和全面保护与安全。"[1]

这一特征被后面几代美国条约传承下来,同时更加明确了公平公正待遇与最低待遇之间的关系。美国后续几代的投资条约都特别说明"公平公正待遇"和"全面保护和安全"都不要求东道国提供超越(in addition to or beyond)"最低待遇"要求的其他待遇或附加于"最低待遇"的其他实质权利。[2] 这个看似多此一举的规则其实是有其深远用意的。在 NAFTA 早期审理的案件中,有相当的仲裁庭根据目的解释和"公正公平"词汇本身,对"公正公平待遇"条款给予扩充性解释,认为较之于"最低待遇","公正公平待遇"应当是一种"更好"的、"附加性"的待遇安排。[3] 为此,FTC 不得不出台联合解释,以遏制这种扩张解释的势头,该委员会联合解释说明:"第 1105(1)条规定习惯国际法对外国人的最低待遇标准为最低标准。给予另一方投资者投资的待遇标准。'公平和公平待遇'和'充分保护和安全'的概念不需要在习惯国际法对外国人的最低待遇标准所要求的以外或以外的待遇。"[4]较之于 FTC 的解释,《美墨加协定》以更细致的描述,阐释了公正公平待遇与最低待遇之间的关联。

2. 开放式清单

公正公平待遇条款的设计要解决公正公平标准主观性的问题。因为"公正

---

[1] "1. Each Party shall accord to investments of investors of another Party treatment in accordance, including fair and equitable treatment and full protection and security."

[2] Article 14.6 Minimum standard of Treatment of USMCA: (paragraph 2) "... The concepts of 'fair and equitable treatment' and 'full protection and security' do not require treatment in addition to or beyond that which is required by that standard, and do not create additional substantive rights..." 2012 年美国投资协定范本第 5 条第 2 款有类似规定。

[3] 在 2000 年前后,NAFTA 仲裁庭先后判决了一系列案件,都对公平公正待遇进行了类似解读。See *S. D. Meyers Inc.* v. *Government of Canada*, UNCITRAL, Partial Award para. 263 (November 13, 2000); *Metalclad Corp.* v. *United Mexican States*, ICSID Case No. ARB(AF)/97/1, Award, pp. 76, 99 - 101 (August 30, 2000) (仲裁庭认为墨西哥玩忽职守,没有为 Metalclad 的商业规划和投资提供一个透明和可预测的框架,构成了不公平和不公平的待遇); *Pope & Talbot, Inc.* v. *Canada*: Award on the Merits of Phase 2 (James Crawford and Karen Lee eds., April 10, 2001)。

[4] NAFTA FTC, North American Free Trade Agreement Notes of Interpretation of Certain Chapter 11 Provisions § 2 (July 31, 2001): "Article 1105(1) prescribes the customary international law minimum standard of treatment of aliens as the minimum, 1. Standard of treatment to be afforded to investments of investors of another Party. The concepts of 'fair and equitable treatment' and 'full protection and security' do not require treatment in addition to or beyond that which is required by the customary international law minimum standard of treatment of aliens. 2. A determination that there has been a breach of another provision of the NAFTA, or of a separate international agreement, 3. does not establish that there has been a breach of Article 1105(1)".

公平”归根结底是一个涉及道德评价的伦理学概念,评判者的主观因素不可避免地发挥重要作用。欧洲旧式条约的缔结者并没有打算遏制仲裁庭的能动性。这种模式将公正公平待遇作为一个不言自明的标准,自成体系。如《比利时—卢森堡—塔吉克斯坦投资保护协定》(2009 年)第 3 条规定:“缔约方投资者的所有在其他缔约方领土上的投资享有公正公平待遇。”“欧洲旧式”的缔约者推动了公正公平待遇与时俱进,但是“货币的另一面”也使得解释随意,待遇缺乏可预见性。

新的缔约者显然要改变这种情况。他们更加偏好条款的可预见性,他们认为将公正公平待遇包含的情形描述得越具体越有助于消除仲裁庭的主观因素的影响。所以新近的条约无论是美式还是欧式,都罗列出遵守(或违反)公正公平待遇所包含的情形。《美墨加协定》第 14. 6 条第 2 款 a 项规定:“‘公平和公平待遇’包括根据世界主要法律制度所体现的正当程序原则,在刑事、民事或行政审判程序中消除司法拒绝的义务。”《欧盟—新加坡投资保护协定》(2018 年)第 2. 4 条第 2 款规定:“如果一方的措施或一系列措施构成以下事项,则该方违反了第 1 款所述的公平和公平待遇的义务:(a)在刑事、民事和行政诉讼中拒绝司法;(b)根本违反正当程序;(c)明显的武断行为;(d)骚扰、胁迫、滥用权力或类似的恶意行为。”所不同的是美国范式采用了开放式清单,而欧盟范式采用了封闭式清单。

从形式准确性而言,美式范本更胜一筹。因为现实生活是异常丰富多彩的,用语言详尽地描述出公正公平待遇所有情形几乎是不可能:各类情形不胜枚举。美国范式开放式清单的方式可以避免条款的僵化。同时类型化列举仍将不可避免地采用一些模糊的词汇,如欧式范本中采用的“武断”“明显”“恶意”,这种模糊性词汇仍然将解释的主导权留给了仲裁庭。

3. 准据法

准据法,是美国投资条约起草者为仲裁庭提供的另一项公正公平待遇条款的解释“限制”,它可以弥补因为前述开放性清单带来的缺陷。

NAFTA 规定的准据法为“国际法”。后期随着仲裁庭实践的不断反馈,缔约者发现,国际法显然是一项过于庞大的准据法,虽然能提供指引,但是离缔约者“明晰”“可预见”的目标显然相去甚远。所以,虽然条约规则并没有更改,但是缔约者在 2001 年颁布的条约解释的官方文件中,已经将准据法替换为“习惯国际法”。[1] 这以后不仅美国的条约，而且有一些国家的条约如果在公正公平待遇的条款中，规定有准据法，大部分也都采用“习惯国际法”作为准据法。美国2012年投资协定范本第5条第2款规定：“二、为进一步明确，第一款规定习惯国际法下外国人待遇的最低标准即是给予涵盖投资待遇的最低标准……”《美墨加协定》完美地保留这一项规定。《南部非洲地发展共同体双边投资条约范本》第5.1款规定：“各缔约方根据对外国侨民待遇的国际习惯法赋予他方投资或者投资者以公正公平待遇。”[2]

国际习惯法的产生方式导致国际习惯法存在诸多优势。这些优势在国际投资法当前的危机中，尤其显得珍贵。一方面，较之于条约，国际习惯法和普遍接受国际法原则有广泛的宽度和事后可探究的深度，条约总有其未能详述的条款，现实生活中的实际情况往往是复杂的，当多样的现实遭遇刻板的条约时，就算进行最严格的文本解释的裁判庭也要考察其他国际法渊源，国际习惯法和国际原则在此就充当了填补国际条约漏洞的角色。另一方面，国际习惯法比国际法原则对某一事物的描述更加具体，这是因为国际习惯法构成要素之一就是实践，这些实践本身就是一个个活生生的案例，远比原则来得细致。上述的国际习惯法的优点可以通过以下案例予以佐证：当某条约中规定东道国有提供公正审判的义务，但是并未规定公正审判的内涵，此时依据普遍接受的国际法原则就可以罗列出公正审判应当包含的基本要素，如正当程序。在现代社会，争议方在这些要素组成上并不会产生太多的争议，但是正当程序还是显得过于抽象，大多数情况下争议方仍然会在某项具体行为是否构成对正当程序的违反存在不同观点，仲裁庭此时则不得不通过“善意解释”的方法来判定成员方的义务，此时如果成员方为了限制仲裁庭的这种所谓的“善意”自由解释权，就可以事先要求仲裁庭根据国际习惯法确定正当程序的具体表现，也就是说，用东道国国家的既往实践来兜底“正当程序”，以限缩仲裁庭不断提高正当程序标准的权限。

需要指出的是，我们现在只能证明“国际习惯法”比“国际法”“一般国际法原则”作为公正公平待遇的准据法，更加清晰，但是准据法是否能解决“公正公

---

[1] NAFTA FTC, North American Free Trade Agreement Notes of Interpretation of Certain Chapter 11 Provisions, § 2(July 31,2001).

[2] South African Development Community, *SADC Model Bilateral Investment Treaty Template with Commentary*, 2012, http://www. iisd. org/itn/wp-content/uploads/2012/10/ SADC-Model-BIT-Template-Final. pdf.

平待遇"适用的现实困境还是难以达成共识的问题,这一点我们将在后文讨论。很多国家地区并没有在公正公平待遇规则中规定有准据法,如欧盟签署的系列投资或者自由贸易条约,以及印度的投资范本[1]都是具有代表性的例证。

4. 不可 ISDS

不仅在美国缔结的投资条约中,而且在全球范围内,公正公平待遇一直以来都是投资者最偏好的条款之一。对于一般投资者,ISDS 无疑是最好用的条款,因为该条款特殊的概念构建方式,有学者将其称为"厚概念"[2],具有宽泛和弹性的解释空间,投资者独立援引 FET 条款或者联合其他条款一起援引 FET 条款提起东道国违反条约义务的国际仲裁。作为硬币的另一面,FET 频频被援引,已经产生了所谓的"寒蝉效应",对东道国的管制权行使产生了不当的干扰和限制。因此,美国缔约者一直在试图限制投资者对公正公平待遇条款的援引。

溯及 NAFTA 以来的美国缔约历史,限制公正公平待遇的可诉频率一直是美国投资条约改革的趋势。一开始美国的做法比较平和,只是限制条约其他条款与公正公平条款关联,来限制公正公平待遇条款的使用,这相当于给公正公平条款建造了一堵"防火墙"。美国 2012 年投资协定范本第 5 条第 3 款规定:"确定有违反本协定另一项规定或另一项单独的国际协定的行为,并不确定有违反本条的行为。"虽然这一条在 USMCA 中也被完美地保留。但是包括美国政府和公众对于 ISDS 的不信任显然持续增加,所以在 USMCA 直接将公正公平待遇排除在 ISDS 受案范围之外,公正公平待遇条款从一个大棒变成为一个柔性条款。毫无疑问,排除 FET 条款的可诉是美国新近在该条款上作出的最引人注目的改变。

三、美式 FET 条款适用的困境

通过对美式 FET 条款的结构性特征的把握,可以看出美国对 FET 条款的修订思路:(1)以最低待遇兜底,既提供给投资者基础保护,也不会对东道国,尤其是美国(他们坚信自己国内的公共治理已经达到文明国家标准)造成负累;(2)以习惯国际法限制仲裁庭的随意扩大解释的同时也避免规则僵化;(3)以排

---

[1] The 2015 Draft Model Indian Bilateral Investment Treaty, article 3(1).

[2] David Restrepo Amariles, Arnaud Van Waeyenberge, Fair and Equitable Treatment in Investor-state Dispute Settlement: A New Interpretative Framework, *Journal of Business Law*, 2017, pp. 8, 632 - 651.

除可诉来限制投资者的滥诉。但是这些期待是否能发挥效果,必须放置在具体案件中才能有较为准确的答案。作为预测,我们也可以通过既往的案例显示的FET困境来评判上述目的是否真的能实现,以及是否有其他没有预料或者低估了的"副作用"。

1. 习惯国际法稀缺问题

从理论上分析,习惯国际法是兼顾"可预见性"和"避免僵化"的完美准据法,其与开放性清单组合具有无可比拟的优势。国际习惯法的形成需要包含"两个要素",国际习惯法的二要素是对国家既往实践的总结,所以具有可预见性;同时各国的法律确信和国家实践不断丰富,习惯国际法的内容是动态调整的,避免条款僵化。但是从国际司法实践中,确认一项具体的国际习惯法并非易事,在公正公平待遇领域更是几乎不存在这样的习惯国际法。

Glamis Gold 诉美国政府案(以下简称 Glamis Gold 案)〔1〕、RDC(Railroad Development Corporation,美资公司)诉危地马拉政府案(以下简称 RDC 案)〔2〕是两起比较具有代表性的案件。这两起案件都是涉及公正公平待遇的争端案件,而且案件中涉及的投资条约都采用了相似的条约文本,即美国范式将公正公平待遇与最低待遇、国际习惯法相联系,仲裁庭虽然都认为自己按照国际习惯法来决定公正公平待遇内容,但是具体的分析方法和结果有所差异。

在 Glamis Gold 案中,一方面,仲裁庭提出,"仲裁庭判决不可作为国家实践,自然也不能创设或者证明国际习惯法"。〔3〕另一方面,该仲裁庭并不打算放弃既往仲裁庭一贯采用的案例法,仲裁庭承认以往案例对本案的指导作用,但需要参考的案例是有选择的,不是所有的案件都构成"习惯国际法"。只有该案的裁判庭已经对其采用的标准进行过国际习惯法两要素检验以后方可作为本案的有效案例。

在 RDC 案中,虽然被告和第三方〔4〕都提出任何公正公平待遇的标准均需

---

〔1〕 *Glamis Gold, Ltd.* v. *The United States of America*, UNCITRAL (NAFTA), Award, 8 June 2009.

〔2〕 *Railroad Development Corporation* (*RDC*) v. *Republic of Guatemala*, ICSID CASE NO. ARB/07/23, Award, 29 June 2012.

〔3〕 *Glamis Gold, Ltd.* v. *The United States of America*, UNCITRAL (NAFTA), para. 605.

〔4〕 该案基础条约是《多美尼加—中国—美国自由贸易协定》(CAFTA-DR),CAFTA-DR 是一项多边条约,所以该案审理过程中,投资者母国美国和其他缔约国萨尔瓦多都向仲裁庭提交了第三方意见。

要经过国际习惯法两要素检测,以往的案例本质上都不构成国际习惯法,仲裁庭也认可了这种观点。但是,仲裁庭仍然不打算通过两要素法来寻找习惯国际法。仲裁庭坚持以案例作为确定公正公平待遇的标准。仲裁庭这样裁决的理由有三:其一,仲裁庭指出虽然仲裁判决不构成国家实践,但是原被告各自的诉讼文书都在援引案例,这说明:"对于成员方来说援引案例不失为一种有效的他们相信的法律为何物的表示方法。"更直接地说,仲裁庭认为这是案例不是法律实践,但是一种法律确信。其二,仲裁庭指出其选择该案例作为标准的理由是:该案在"集合了 NAFTA 以前的所有案件的基础上",论断是"说服力""公正的"——很显然这与国际习惯法的两要素毫无关系。其三,更为重要的是仲裁庭似乎质疑国际习惯法作为公正公平待遇确定标准的可行性,仲裁庭指出,大家公认的国际习惯法 NEER 案件,其创设也并未经过两要素的检验。

对比以上两起案件,Glamis Gold 案接受两要素确定国际习惯法,RDC 案中仲裁庭对两要素视而不见。虽然两个仲裁庭采取了两种迥异的论证方法,其实结果都一样:仲裁庭都没有试图通过两要素的检测方法去判断某项规则是否成为国家习惯法,他们都只是援引现有的案例。这种殊途同归的现象并非偶然,有其深层原因,更加揭示出国际习惯法在国际投资法适用的困境。[1]

因此,从实务的角度说,由于缺乏公认的国际习惯法,将公正公平待遇与国际习惯法相联系,仲裁庭不是固守 NEER 案标准,就是只能视而不见,依然按照旧有的审理模式进行审理。

2. 公正公平待遇进化问题:美式与欧式

NEER 案件在公正公平待遇领域具有里程碑意义,其确认的 NEER 标准是公正公平待遇条款的起点,即"以彻头彻尾的极坏、令人震惊的方式——显而易见的司法拒绝、明显的武断、公然的违背正义、完全欠失正当程序、明显的歧视、明显的缺乏说理"是违反了公正公平待遇。

但是越来越多的仲裁庭在承认 NEER 案件标准的同时,也质疑公正公平待遇进化。Glamis Gold 案中,[2] 仲裁庭反问道:"一个没有违反上个世纪 20 年代国际法的行为在今天或许违反了当代被广为接受的国际原则?"RDC 案中,即使

---

〔1〕 关于国际习惯法稀缺的深层次原因分析,参见陈虹睿:《国际投资条约程序性条款之改造——通向新卡尔沃主义?》,法律出版社 2020 年版。

〔2〕 *Glamis Gold, Ltd.* v. *The United States of America*, UNCITRAL (NAFTA), Award, 8 June 2009, para. 605.

身为欠发达国家的萨尔瓦多也认为"Neer 案中指出的作为国际习惯法的最低待遇标准经过时间的流逝并未有重大改变",也不得不认可美国的意见,即"国际习惯法会随着时间有所演变,并没有准确的时间期限"。最后 RDC 法庭综合考虑各方意见认定:公正公平待遇是发展的,不会"冻结于历史"。[1]

对待公正公平待遇进化问题上,欧盟给出的方案略胜一筹。如前面所述,新式欧盟范式对公正公平待遇包含的事项采用了封闭式清单予以罗列,稳定有余,但也陷入标准僵化的困境。为了抵消这个缺陷,欧盟提供了一个动态调整机制,该机制规定:"缔约各方应根据缔约方的请求或委员会的建议,审查公约提供公平、公正待遇的义务内容,按照程序办理第 4.3 条(修正案)所列的修正案,特别是第 2 款所列以外的待遇是否也构成对公平和公平待遇的违反。"[2]

因此公正公平待遇需要在 NEER 案件基础上与时俱进,但是受制于习惯国际法的藩篱,美式 FET 条款很难在这个问题上有所作为。相比而言,欧盟的做法虽然不完美,但更加积极。

3. 公正公平待遇本土化问题

公正公平待遇全球一致,还是因地制宜。由于各国政治经济发展水平不同,各国能为投资者提供的待遇水平不同。如果一个一流国家却只愿提供三流的投资保护待遇,那这行为本身是不是形成"权力的滥用"和"不作为",进而构成对"公正公平待遇"的违反。

在平安诉比利时案件中,平安公司用于反驳拿阿根廷先例作公正公平待遇样本的时候就曾发出类似诘问,本书称为"公平公正本土化问题":"发达国家和发展中国家中在适用 FET 规则的时候,标准完全一样吗?"平安公司认为:比利时当局作为一个发达国家,拥有"丰富的数据、资源和权力",所以他能够、应该提供给投资者的公正公平待遇水平要高于身为发展中国家的阿根廷。平安公司的论辩在经济学上也是能站住脚的,投资作为一种经济活动,也往往反映出"风险与收益成正比"的经济规律。在发达国家投资,风险小,收益低;在发展中国家投资风险大,收益大,所以大多数理性投资者,在进入一个国际投资时就已经测算过当地投资风险,然后根据各自投资偏好进行选择。所以当一个公司以低收益换取高水平投资待遇的时候,仲裁庭应当支持这种规划。

---

[1] RDC ICSID Case No. ARB/07/23, Award, 29 June 2012, at [218].

[2] 《欧盟—新加坡投资条约》第 2.4 条第 4 款。

美式公正公平待遇没有回答这个问题,其他国家的方案或许是解决这个问题的更好的样本。《投资协定:迈向东南非共同投资市场》第 14 条第 3 款规定:“为更明确计,缔约国了解,不同的会员国有不同形式的行政、立法和司法制度,处于不同发展水平的会员国可能不能同时达到同样的标准。其中条款第 1 段和第 2 段在这方面没有建立单一的国际标准。”〔1〕

4. 公正公平待遇独立功能问题

公正公平待遇与最低待遇挂钩是美式公正公平待遇的结构化特征,在晚近的美国投资条约中,又浓墨重彩地规定公正公平待遇不是最低待遇的附加待遇。从预防仲裁庭肆意解释来看,该规定是有合理性的,但是从公正公平待遇条款的功能来看,在《美墨加协定》的背景下该规定则值得商榷。

在 Pope 公司诉加拿大案(以下简称 Pope 案件)中,仲裁庭认定公正公平待遇是一种比最低待遇更高的待遇,仲裁庭作出上述结论的重要的论据在于:最低待遇是理所应当授予给第三国的国民及其投资的,但是作为 NAFTA 签署的目的,势必是一种更为紧密的经济制度安排,所以提供给缔约方的保护应当比一般性待遇更好。也就是说,比最低待遇更好,是一种“附加性”的待遇安排。〔2〕当然 Pope 案件仲裁庭在当时的背景下作出这样的推断是有瑕疵的,因为虽然提供最低待遇是任何国家对待任何外国人(包括外国投资者)的一项国际法的普遍义务,但是当东道国违反这个普遍义务时,如果缺乏 NAFTA 这样的投资协定,投资者是不能直接以自己的名义提起 ISDS 国际仲裁的。也就是说,此类公正公平条款的存在的意义不在于实体权利上,而在于程序性权利上。但是《美墨加协定》不再允许投资者就公正公平待遇向东道国提起国际投资仲裁,那么再依据什么理由来推翻 Pope 案件仲裁庭的推理呢?

FET 条款去 ISDS 化,正如学者所言这项变化是“具有显著的时代特征”,“在很大程度上反映了对于投资协定进行平衡构建的趋势”,但是“一切时髦的

〔1〕 For greater certainty, Member States understand that different Member States have different forms of administrative, legislative and judicial systems and that Member States at different levels of development may not achieve the same standards at the same time. Paragraphs 1 and 2 of this Article do not establish a single international standard in this context. —Investment Agreement for the COMESA61 Common Investment Area, Investment Agreement for the COMESA Common Investment Area (signed 23 May 2007, not yet in force). ARTICLE 14-Fair and Equitable Treatment.

〔2〕 *Pope & Talbot Inc.* v. *Government of Canada* UNCITRAL, Award on the Merits of Phase 2 of 10 April 2001, at [110].

东西都会过时”,或许这个变化过于激进了。

四、小结

美式FET条款给出了一个看似完美,也符合时代要求的范本,但是习惯国际法去何处找寻,如何保证FET与时俱进,如何回应FET与东道国经济发展之间的关系都尚留疑问,而在《美墨加协定》中,最低待遇丧失了可诉性的加持,使得这个条款存在的意义都成了问题。公正公平条款,曾经的“帝王条款”,在美国的改造中正在逐步走向没落。对于缔约者来说,它是一种心理安慰剂,是一根“鸡肋”,“食之无味,弃之可惜”。

年度案例

第十四章　Achmea 案及其影响评析

2018 年 3 月 6 日,欧盟法院(CJEU)对德国联邦法院提交的 Achmea 案作出初步裁决(preliminary ruling)(或称"先行裁决""预先裁决"),裁定荷兰与斯洛伐克的双边投资保护协定即《荷斯 BIT》第 8 条(投资仲裁条款)对欧盟法律的自治性产生不利影响,与欧盟法律不兼容。

Achmea 案裁决一经公布即引起广泛关注,因为它涉及欧盟成员国之间的 BIT(以下简称 Intra-EU BIT)中投资仲裁条款效力问题,以及对仲裁裁决的承认与执行等敏感问题。欧盟法院的该份裁决,对欧盟法律的自治性作严格解释,有评论甚至就认为"这表明欧盟法院不是一个乐于和其他国际法庭分享管辖权的'自私'的法院"。[1]

一、Achmea 案始末:缘起与结果

(一)缘起:*Achmea* v. *Slovak* 仲裁案(之前称为 *Eureko* v. *Slovak* 案)

1. 案件背景和争议

早在 1991 年,捷克斯洛伐克与荷兰签订了投资鼓励和保护协议。《荷斯 BIT》规定,一个缔约国与另一缔约国投资者之间的争端必须友好解决或默认提交仲裁庭解决。1993 年捷克斯洛伐克解体后,斯洛伐克继承了该 BIT 中的权利和义务。而斯洛伐克于 2004 年 5 月正式加入欧盟。

2004 年,斯洛伐克政府对私人投资者开放了疾病保险市场。Achmea 是附属于荷兰保险集团的一个公司,它在斯洛伐克设立了子公司以提供私人医疗保险服务。然而,2006 年斯洛伐克新选举的政府取消了疾病保险市场的部分自由化政策,并特别禁止疾病保险活动所产生的利润分配。

2008 年,荷兰 Achmea(之前名称为 Eureko)公司依据《荷斯 BIT》向海牙的常设仲裁庭(Permanent Court of Arbitration)提起仲裁程序,适用 UNCTRAL 仲

---

〔1〕 SzilárdGáspár-Szilágyi, *A Standing Investment Court under TTIP from the Perspective of the CJEU*, p. 2.

裁规则。[1] 在仲裁庭组建后,争端方约定仲裁地为德国法兰克福。

Achmea 公司诉称:由于斯洛伐克政府颁布的改革法案,即针对疾病保险市场颁布的一系列禁令,使其在斯洛伐克的投资遭受损失,因此东道国政府行为构成对《荷斯 BIT》第 3 条(公平与公正待遇)、第 4 条(自由转移)以及第 5 条(征收)的违反。[2]

对此,斯洛伐克政府则提出管辖权抗辩,其最主要理由是:根据 VCLT 第 59 条以及第 30 条的规定,抗辩其加入欧盟(及欧盟相关条约)的事实使《荷斯 BIT》及其投资仲裁条款与欧盟法不相容而终止,或者不能适用,因此提出仲裁庭不具有管辖权的异议。[3]

2. 仲裁庭对管辖权异议的中间裁决

2010 年,仲裁庭作出关于管辖权异议的中间裁决,驳回了斯洛伐克的异议。仲裁庭的主要裁决思路如下:

第一,对于斯洛伐克根据 VCLT 第 59 条的规定提出的《荷斯 BIT》已经终止的抗辩理由,仲裁庭认为不成立。理由如下:一是 BIT 缔约双方并未按照终止程序来终止 BIT。二是 VCLT 第 59 条针对整个条约的终止或停止执行,其只有在缔结在后的条约的措辞或者缔约方明确某一事项以缔结在后的条约为准,或者缔结在后的条约与缔结在前的条约的规定的不符程度使两者不能同时适用时,第 59 条才能适用。本案中,这两个条件都不具备。没有任何证据表明欧盟法律将导致整个《荷斯 BIT》无效;并且该 BIT 所设置的权利义务没有与欧盟法不兼容,BIT(对投资)的保护范围比欧盟法更为广泛,没有理由不认可这种在欧盟法范围之外的对投资的保护。三是 BIT 规定的投资仲裁条款,即给予投资者(根据 UNCITRAL 仲裁规则)提交仲裁的权利,与欧盟成员国法院提供的法律程序不能简单等同。因此,对于被告认为根据 VCLT 第 59 条,BIT 条款被欧盟法取代的说法,仲裁庭不予认可。[4]

第二,根据 VCLT 第 30 条(第 3 款)的规定,斯洛伐克认为《荷斯 BIT》第 8 条仲裁条款因与欧盟法不兼容而无法适用。仲裁庭认为该抗辩不成立。

---

〔1〕 *Achmea B. V.* v. *The Slovak Republic*, UNCITRAL, PCA Case No. 2008 - 13 (formerly *Eureko B. V.* v. *The Slovak Republic*).

〔2〕 Ibid., para. 7.

〔3〕 Ibid., para. 57 - 59.

〔4〕 Ibid., paras. 262 - 265.

仲裁庭认为,即使 BIT 条款与欧盟法不兼容,也只是在欧盟法在作为实体法适用过程中才产生的问题,而仲裁条款以及仲裁庭管辖权并不存在与欧盟法不兼容的问题。但是,有一种情况是《荷斯 BIT》第 8 条仲裁条款中规定的投资者诉东道国争端解决(ISDS),本身可能与欧盟法不符。然而,仲裁庭认为:欧盟法中并没有任何规定禁止投资仲裁,而且跨国仲裁(包括投资仲裁)在欧盟内是非常常见的,不能认定所有涉及欧盟法问题的仲裁都违反欧盟法。[1] 对于 BIT 仲裁条款是向部分投资者而非所有投资者提供救济,构成违反欧盟法非歧视原则的抗辩,仲裁庭不予支持,因为这应该通过积极的方式给予所有投资者提交仲裁的权利,而非消极地取消投资仲裁制。[2]

第三,仲裁庭认为,欧盟法院对欧盟法有专属解释权(最终的和权威的解释权力),但这不影响仲裁庭考虑和适用欧盟法。[3]

第四,对于仲裁庭与欧盟机构之间的关系,因欧盟法可能被作为《荷斯 BIT》第 8 条规定的可适用的法律渊源而得到适用,仲裁庭认为出于互相尊重和礼让的考虑,应考虑欧委会对斯洛伐克启动的违法程序(infringement procedure)与本仲裁之间的关系。但该违法程序所涉及的问题与本仲裁的关联程度尚未达到需要中止仲裁的程度,如果后续程序的推进将被证明不公或严重低效,那么再考虑中止仲裁程序。[4]

根据上述理由,仲裁庭驳回了斯洛伐克的管辖权异议以及中止仲裁程序的申请,裁定其对本案有管辖权,并继续进行仲裁程序。

3. 仲裁庭最终裁决

2012 年 12 月,仲裁庭作出最终裁决,就实体审理方面,裁定斯洛伐克政府的行为违反了《荷斯 BIT》第 3 条(公平公正待遇)、第 4 条(自由转移投资收益)的规定,并应向 Achmea 公司支付约 2210 万欧元的赔偿。[5]

(二)欧盟法院的预先裁决

在仲裁庭作出管辖权裁决之后,斯洛伐克向仲裁地法院——Oberlandesgericht

---

〔1〕 *Achmea B. V.* v. *The Slovak Republic*, UNCITRAL, PCA Case No. 2008 – 13 (formerly *Eureko B. V.* v. *The Slovak Republic*), Award on Jurisdiction, Arbitrability and Suspension, para. 272.

〔2〕 Ibid., para. 274.

〔3〕 Ibid., para. 289.

〔4〕 Ibid., para. 292.

〔5〕 *Achmea B. V.* v. *The Slovak Republic*, UNCITRAL, PCA Case No. 2008 – 13 (formerly *Eureko B. V.* v. *The Slovak Republic*), Final Auard, para. 352.

(德国法兰克福地方法院)提起撤销之诉。2012 年 5 月法兰克福地方法院一审驳回了该申请。

斯洛伐克上诉至德国联邦法院(Bundesgerichtshof),要求撤销仲裁裁决。2016 年 3 月,德国联邦法院中止上诉程序,请求欧盟法院给予初步裁决(primary ruling),并就三个问题提出请求:(1)《欧洲联盟运行条约》(The Treaty on the Functioning of the European Union,TFEU)第 344 条的规定是否排除了 Intra-EU BIT 中的仲裁条款;(2)如果没有排除,则 TFEU 第 267 条的规定是否排除了前述仲裁条款;(3)如果都没有排除,则 TFEU 第 18 条第 1 款的规定是否排除了前述仲裁条款。[1]

CJEU 对问题一和问题二进行合并回答。首先,CJEU 重申了欧盟法律体系的自治性以及欧盟法的直接效力原则(direct effect)和优先原则。根据 TFEU 第 344 条的规定,欧盟成员国有义务不将涉及 TFEU 适用和解释的争端提交 TFEU 规定之外的其他争端解决方式。[2] 而 TFEU 第 267 条所确立的先行裁决制度,是为了促进欧盟法院和成员国法院和法庭之间的对话、合作,保障欧盟法统一和一致解释的关键。[3] 紧接着,CJEU 认为,根据《荷斯 BIT》第 8 条第 1 款关于法律适用的规定,仲裁庭可能需要对欧盟法进行解释和适用,特别是关于基本自由的法律(包括设立自由和流动自由的规定)。[4]

其次,CJEU 认为需要澄清的问题是:(根据《荷斯 BIT》第 8 条建立起来的)仲裁庭是否是 TFEU 第 267 条规定的可以申请先行裁决的成员国法院或法庭。这一界定尤为重要,因为答案如果是肯定的,则其可以保障欧盟法院对欧盟法的专属解释权力。CJEU 认为,仲裁庭不是斯洛伐克或者荷兰国内司法体系的一部分,也并非如同比荷卢法院(Benelux Court of Justice)那样旨在促进比荷卢三国法律统一解释,且裁决对三国国内法院具有拘束力的法院,其与欧盟成员国的国

---

〔1〕 Judgment of the Court of Justice (Grant Chamber) of 6 March 2018, *Slovak Republic* v. *Achmea B. V.* (Case C – 284/16), para. 23.

〔2〕 Article 344 of the TFEU: "Member States undertake not to submit a dispute concerning the interpretation or application of the Treaties to any method of settlement other than those provided for therein."

〔3〕 Judgment of the Court of Justice (Grant Chamber) of 6 March 2018, *Slovak Republic* v. *Achmea B. V.* (Case C – 284/16), para. 35.

〔4〕 Ibid., para. 42.

内司法体系没有任何联系，因而不属于 *TFEU* 第 267 条规定的成员国法院或法庭。[1]

最后，CJEU 考虑了仲裁裁决的司法审查问题，其重要性在于：如果国内法院可以对仲裁庭作出的裁决进行审查，就可以对裁决中涉及的欧盟法问题（解释和适用）进行审查，那么在司法审查阶段，国内法院将相关问题提交 CJEU 先行裁决，CJEU 仍有机会保障欧盟法的统一解释。

经查明，由于当事人选择了 UNCITRAL 规则进行仲裁，并确定德国法兰克福为仲裁地，因此对于仲裁裁决的有效性，审查法院是德国法院，并根据德国法进行审查。德国法律规定了对仲裁的司法审查的限制条件。[2]

CJEU 区分了投资仲裁和商事仲裁的不同。在之前的 CJEU 判决中，“只要成员国能够对欧盟法律的基础条款进行审查，并可在必要情况下提交欧盟法院先行裁决，则出于效率的考虑，对商事仲裁裁决进行有限审查不会影响其与欧盟法的兼容性”。而本案中，欧盟法院认为投资仲裁庭不同于一般的商事仲裁，后者基于当事人的合意，而投资仲裁庭源于缔约国通过协定，将缔约国法院对争端的管辖权转移给仲裁庭。因此，上述欧盟法院对一般商事仲裁的判决不能适用于投资仲裁。基于此，考虑到成员国法院（德国法院）只能对（投资）仲裁庭的裁决进行有限审查的事实，CJEU 认为：成员国通过 BIT 创设的仲裁条款，不能确保欧盟法的充分效力（full effectiveness）。[3]

同时，欧盟法院在先前的判例中，曾判决“欧盟通过国际条约的形式创设法院或仲裁庭在原则上并不与欧盟法不兼容，只要其不损害欧盟法的自治性”。然而，在本案中，法庭考虑了投资仲裁庭将可能适用欧盟法的事实，以及当事人将争议提交给欧盟司法体系之外的机构解决的可能性源于一个并非由欧盟而是由成员国缔结的协议这样的事实。

由此，《荷斯 BIT》第 8 条的仲裁条款，引起欧盟成员国之间的信任（mutual trust）问题，也对欧盟法建立的特殊法律性质（由 TFEU 第 267 条规定的先行裁决程序所保证的）产生怀疑，且与欧盟法关于成员国之间真诚合作原则不相符。

---

〔1〕 Judgment of the Court of Justice (Grant Chamber) of 6 March 2018, *Slovak Republic* v. *Achmea B. V.* (Case C-284/16), paras. 43-46.

〔2〕 Ibid., paras. 51-53.

〔3〕 Ibid., paras. 54-56.

综上可知,《荷斯 BIT》第 8 条对欧盟法的自治性带来负面影响。[1]

基于上述理由,欧盟法院最终得出结论:TFEU 第 344 条和第 267 条的规定排除了类似《荷斯 BIT》中的仲裁条款。无须再对第三个问题进行裁决。[2]

(三)结果:德国联邦法院的裁决

基于欧盟法院的预先裁决的约束力,德国联邦最高法院于 2018 年 10 月 31 日作出最终裁决,决定撤销投资仲裁庭的裁决。这样的结果对于 Achmea 公司来说,就意味着之前的投资仲裁裁决将不会得到欧盟成员国的承认和执行。

二、Achmea 案的影响分析

CJEU 对 Achmea 案的预先裁决显示了其对欧盟法的自治性的严格解释,进而也表明欧盟希望将成员国之间的投资争端控制在其法院体系及管辖之内。问题是,Achmea 案是否会成为未来处理此类案件的风向标呢?尤其是它将对正在进行的投资仲裁或仲裁裁决尚待国内法院执行的案件产生怎样的影响呢?本部分首先通过后续的几个案例来看 Achmea 案的影响,然后分析对欧盟成员国 BIT 仲裁条款的影响,以及对欧盟最近推行的投资仲裁改革方案的影响。

(一)对欧盟其他仲裁案件的影响

1. 投资仲裁案件

实践中,仲裁庭对援引 Achmea 案提出的管辖权异议作出了不同的处理:在 *Masdar Solar* v. *Spain* 一案中,仲裁庭驳回了西班牙要求沿袭 Achmea 案的做法进行重启仲裁的请求;[3] 在 *Gavrilovic* v. *Republicof Croatia* 一案中,ICSID 仲裁庭在认定中援引了 Achmea 案,根据双方签订的双边投资协定,认定由于克罗地亚就限制问题进行审查后异议提出较晚,驳回了克罗地亚关于欧盟成员国之间仲裁的反对意见。[4]

2. 欧盟国内法院的撤销裁决案

欧盟各国国内法院也对 Achmea 案作出回应,其中最有名的是瑞典斯维亚

---

[1] Judgment of the Court of Justice (Grant Chamber) of 6 March 2018, *Slovak Republic* v. *Achmea B. V.* (Case C-284/16), paras. 57-59.

[2] Ibid., paras. 60-61.

[3] *Masdar Solar & Wind Cooperatief U. A.* v. *Kingdom of Spain*, ICSID Case No. ARB/14/1.

[4] *Georg Gavrilovic and Gavrilovic d. o. o.* v. *Republic of Croatia*, ICSID Case No. ARB/12/39.

上诉法院(Svea Court of Appeal)对 *Republic of Poland* v. *PL Holdings S. á. r. l.* 案所作的裁决。[1]

(1)案件历史

本案被告 PL Holding 是一家卢森堡公司,在 2010~2013 年,购买并获得由两家波兰银行合并而成的企业 99% 股份。2014 年 11 月,PL Holding 根据斯德哥尔摩商会仲裁院(The Arbitration Institute of the Stockholm Chamber of Commerce, SCC)仲裁规则提起针对波兰的仲裁程序,[2] 仲裁地为斯德哥尔摩,诉称波兰通过监管机构暂停其对银行股份的表决权,以强制其出售股份的方式征用其财产,其行为违反了《波兰—比利时卢森堡投资协定》(1991 年)的义务。2017 年 6 月和 9 月,SCC 分别作出单独裁定(separate arbitral award)和最终裁定(final arbitral award),认定波兰违反投资协议,并确定了应赔偿的数额。2017 年 9 月和 12 月,波兰分别就两项仲裁裁决向瑞典上诉法院提出撤销裁决的申请。2019 年 2 月,瑞典上诉法院作出最终裁决,驳回了波兰的申请。

(2)对比分析

关于 Achmea 案的相关结论如何适用于本案,当事双方持不同意见。波兰主张,Achmea 案裁决的直接影响是,由于违反 TFEU 第 267 条和第 344 条,本案不存在有效的仲裁协议,故争议的仲裁裁决无效或应当被撤销。但是 PL Holding 却主张,Achmea 案裁决的适用范围其实更为有限,因为该裁决仅针对的是欧盟成员国之间的投资条约及其仲裁条款;但 Achmea 案裁决并不意味投资者与东道国之间的仲裁协议无效。

瑞典上诉法院支持了 PL Holding 的观点,并认为:在当事双方共同表示其自主权的情况下,如果可以通过欧盟成员国法院体系进行有限审查范围,并在适当情况下可要求 CJEU 作出预先裁决,那么相关法律对该类仲裁没有形成任何障碍。

此外,《瑞典仲裁法》第 5(1)条和第 24(2)条规定,波兰在提出"仲裁条款违背欧盟法因此有效的仲裁协议并不存在"的管辖权异议时,应当不得迟于提交答辩陈述书。然而事实上,波兰却是在提交答辩陈述书之后才提出该异议。根

---

[1] *PL Holdings S. à. r. l.* v. *Republic of Poland*, Judgment of Svea Court of Appeal on Set-aside Application (English translation), https://www.italaw.com/sites/default/files/case-documents/italaw10447.pdf, last visited on 12 Dec. 2020.

[2] *PL Holdings S. à. r. l.* v. *Republic of Poland*, SCC Case No. V 2014/163.

据《瑞典仲裁法》第34条的规定,由于未及时提交不存在有效仲裁协议的异议,须视为放弃再提出该项异议的权利。因此,本案中的仲裁程序属于当事双方自主性的选择,Achmea案并不适用于本案。故本案存在有效的仲裁协议,仲裁庭依据该协议作出的仲裁裁决也当然有效。

(3)小结

从瑞典上诉法院的论述可见,Achmea案裁决并非意味着类似投资条约仲裁条款当然无效,而是应当紧密结合仲裁当事方是否存在自主性这一重要因素进行综合考量。[1]

(二)对欧盟BIT及其仲裁条款的影响

《里斯本条约》2009年12月生效以后,外国直接投资(FDI)就纳入欧盟的共同商业政策中,从而使欧盟享有对FDI的专属权能。学者们广泛地讨论了欧盟与成员国对国际投资协定的谈判与批准权能的归属问题。[2]

近年来,欧委会对Intra-EU BIT及其ISDS机制表现出坚决的反对态度,欧委会甚至在2015年6月针对五个成员国(奥地利、荷兰、罗马尼亚、斯洛伐克和瑞典)提起了欧盟法院审查程序,要求欧盟法院认定它们间所签署的BIT不符合欧盟法规定。[3]

而欧盟法院的态度也很坚定,尤其是其基于欧盟法律自治性的考虑作出的Achmea案裁决,将促进欧盟进一步消除现行的Intra-EU BIT及其仲裁条款。实际上,荷兰已经于2018年5月宣布将废除与斯洛伐克签订的BIT。[4]

这深刻体现了欧盟近来推行的投资仲裁改革的政策,希望消除成员国之间碎片化的BIT和ISDS机制,以实现统一的投资政策和争端解决机制。

(三)对欧盟设想的投资法院改革方案的影响

欧委会于2015年5月公布了《概念文件:TTIP中的投资及其展望——改革

---

[1] 《瑞典上诉法院对"Achmea案"的适用问题再作解释》,载https://mp.weixin.qq.com/s/AcmKqjj1EY2EJXzujFUrJw,最后访问时间:2018年3月10日。

[2] Wenhua Shan and Sheng Zhang, The Treaty of Lisbon: Halfway toward a Common Investment Policy, *The European Journal of International Law*, Vol. 21, No. 4, 2010, pp. 1049–1073.

[3] European Commission, Press Release: Commission Asks Member States to Terminate Their Intra-EU Bilateral Investment Treaties, 18 June 2015.

[4] Jasmin Garrett, Ben Sanderson, *The Dutch move to terminate intra-EU BITs following the Achmea decision*, 10 May 2018.

的路径》,阐述了在与加拿大和新加坡自由贸易协定谈判中对 ISDS 的改革方案,并首次明确提出未来创建常设的投资法院的设想。[1] 在 2016 年欧盟与越南签订的 FTA 以及与加拿大签订的 CETA 中都落实了投资法院的具体方案,包括设置初审和上诉法庭等。那么欧盟所推行的 ISDS 改革方案是否与欧盟法兼容呢?

事实上,从 CETA 的文本设计看,欧盟已注意到新 ISDS 机制与欧盟法的兼容问题。例如,为避免对欧盟法的自治性造成消极影响,新 ISDS 机制明确排除缔约方的国内法作为可适用的法律。[2]

实践中,2019 年 4 月 30 日,欧盟法院对比利时提交的请求作出裁定意见,[3] 认为 CETA 第 8 章 F 节关于投资法院体系的规定与欧盟法相符。这一认定意义重大,因为 CETA 关于 ICS 的规定很可能出现在欧盟与其他国家签订的双边或多边投资协定中。

在该案中,CJEU 总结到,ISDS 机制与欧盟法相符须满足以下方面条件:(1)ISDS机制与欧盟法律秩序的自治性相符;(2)ISDS 机制符合平等待遇的一般原则和有效性的要求;(3)ISDS 机制与获得独立法庭的权利相符。此外,CJEU 澄清,CETA 不同于 Intra-EU BIT,作为 Achmea 案核心内容之一的相互信任(mutual trust)原则不适用于欧盟与第三国之间的关系(External-EU Relationship)。在 Achmea 案引起外国投资者的极大担忧之际,CJEU 作出的该裁定无疑会得到投资仲裁界的广泛认可。[4]

三、对策与展望:以中欧 BIT 谈判为视角

对于中国而言,Achmea 案的影响也值得我们深入研究。例如,中国与欧盟成员国签订的 BIT 中的仲裁条款值得我们关注。如果中国与欧盟签订新的 BIT,那么很可能会取代现有的中国与欧盟国家之间的 BIT。另外,围绕 ISDS 新机制,面对带有欧盟主义色彩的改革方案,中欧 BIT 中的投资仲裁条款是否会受

---

〔1〕 Concept Paper: Investment in TTIP and Beyond—the Path for Reform.

〔2〕 Article 8. 31 of CETA.

〔3〕 OPINION 1/17 OF THE COURT (Full Court), http://curia. europa. eu/juris/documents. jsf? num = C - 1/17, last visited on 30 April 2019.

〔4〕 张振安:《欧盟法院认定 CETA 的投资法院体系符合欧盟法》,载 https://mp. weixin. qq. com/s/J8gxO49acrvVJJeYFJngTg,最后访问时间:2020 年 12 月 12 日。

该案的影响也值得我们关注。

2019 年,我国政府向 UNCITRAL 提交了《中国关于投资者与国家间争端解决机制改革的建议文件》,[1]强调了我国 ISDS 改革方案的指引思想是习近平主席早在 2013 年 G20 峰会上提出的"探讨完善全球投资规则,引导全球发展资本合理流动"以及 2016 年 G20 峰会达成的《全球投资指导原则》提出:"争端解决程序应公平、开放、透明,有适当的保障机制防止滥用权力。"在该报告中,我国政府肯定了"ISDS 机制是一个总体上值得维护的机制"。同时,中国的建议方案中包括了建立常设上诉机制。

事实上,从中国和欧盟的双向投资来看,一方面,欧盟是中国外资的主要来源地;另一方面,欧盟已成为中国最重要的海外投资目的地,欧盟和中国间投资总体上保持积极。[2] 另外,从国际投资仲裁实践来看,在 ICSID 登记的中国作为被申请人的案例迄今有三件,[3]而欧盟的案件数量要远远高于中国。在"一带一路"倡议下,面对更多企业"走出去"的需求,为我国投资者以及海外投资提供充分的保护成为一项重要的谈判利益诉求。

总之,我们应当积极面对欧盟在 BIT 谈判中的 ISDS 改革方案,灵活地处理 ISDS 新机制中的合理因素,特别是在我国"一带一路"倡议下投资争端解决机制的构建中,权衡各方利益关切,加强制度设计的平衡性。

---

〔1〕《投资人与国家间争端解决制度可能的改革》,中国政府提交的意见书,A/CN. 9/WG. III/WP. 177,19 July 2019,Chinese,Original: English。

〔2〕参见中国驻欧盟使团经商参赞处网站,http://eu. mofcom. gov. cn/article/zxhz/,最后访问时间:2020 年 12 月 12 日。

〔3〕EkranBerhad 诉中国案(ICSID Case No. ARB/11/15),该案并未进入实体审理程序,已宣布结束;韩国安城公司诉中国案(ICSID Case No. ARB/14/25),该案因仲裁申请超过时效被驳回;最近一个是德国海乐西亚泽公司诉中国案(ICSID Case No. ARB/17/19),还未进入实体审理。

投资仲裁月报

国际投资条约与仲裁月报

2019 年第 1 期(总第 53 期)

1. 1 月 1 日,修订后的《美国—韩国自由贸易协定》(美国—韩国 FTA)正式生效。美国—韩国 FTA 于 2012 年生效,随后由于美国对韩国的贸易逆差不断增长,美国方面要求对美国—韩国 FTA 进行修订。双方于 2018 年启动修订程序。在投资章节,修订后的美国—韩国 FTA 对投资者—国家间争端解决机制作出了修改,对于跨国公司根据美国—韩国 FTA 提起仲裁进行了限制,对于根据与其他国家所签署的协定(如韩国—欧盟 FTA)下已经解决的问题,禁止投资者就相关问题根据美国—韩国 FTA 再次提起仲裁。此外,在判断东道国是否违反国民待遇和最惠国待遇时,修订后的美国—韩国 FTA 强调政府有为合理的社会公共福利之目的而采取政策措施的权力。

(Bilaterals. org)

2. 1 月 11 日,《能源宪章条约》官网发布案件统计数据。自 2001 年首例根据 ECT 提起的投资仲裁案件登记注册以来,迄今为止共有 121 起根据 ECT 提起的案件(公开数据)。这些案件中:(1)有 77 起是在 ICSID 进行仲裁的,24 起是在斯德哥尔摩商会仲裁院进行仲裁的,10 起是根据联合国国际贸易法委员会仲裁规则由临时仲裁庭进行仲裁的,10 起是在国际常设仲裁院(PCA)进行仲裁的。(2)目前,有 69 起案件尚未结案,有 41 起案件已经作出仲裁裁决,2 起终止审理,1 起被撤回,还有 8 起案件由当事方和解。(3)在 9 起案件中,仲裁庭作出无管辖权的裁决,在 12 起案件中仲裁庭认定东道国并未违反 ECT 相关义务,在 2 起案件中仲裁庭认定存在违约的情况但并未裁定任何补偿,另外 18 起案件中仲裁庭支持了投资者的主张,还有 4 起案件的裁决是根据双方的和解协议作出的。有关 ECT 案件统计数据的详细信息,参见 https://energycharter. org/media/news/article/the-energy-charter-treaty-ect-remains-the-most-frequently-invoked-iia/? tx_news_pi1%5Bcontroller%5D = News&tx_news_pi1%5Baction%5D = detail&cHash = 4b7f59380a66e07d026d71f9d4823302。

(ECT)

3. 1 月 15 日,针对欧盟法院在 2018 年 3 月就欧盟内部双边投资条约关系所作出的裁定(欧盟内部双边投资条约不符合欧盟法的规定),欧盟成员国共同发布政治宣言,强调将作出一系列努力终结此类条约下的相关投资仲裁。在由 22 个成员国共同签署的核心宣言中,各方承诺将采取措施终止其双边投资条约,并利用其作为投资东道国和母国的影响力通知仲裁庭欧盟内部双边投资条约和《能源宪章条约》下的案件的不可仲裁性,以及寻求此类案件的撤销或执行终止。值得注意的是,该宣言明确表示,将通知相关"投资者组织,不应提起任何新的欧盟内部投资仲裁程序"。但是,成员国对于《能源宪章条约》下的案件仍存在分歧。在核心宣言外,部分国家另外签署了两个宣言,表示对于欧盟法院就《能源宪章条约》所作出的裁定持有保留意见。有关欧盟成员国所发布的三个政治宣言的详细内容,参见 https://ec. europa. eu/info/publications/190117-bilateral-investment-treaties_en。

(IA Reporter)

4. 1 月 18 日,在公开征集对 ICSID 仲裁规则的修订文本建议后,ICSID 官网发布部分国家、组织和个人对于修订文本建议综述。目前,共有 34 个国家以及欧盟、非盟,26 个组织和个人对于修订文本建议提交了评论。本次 ICSID 仲裁规则修订是 ICSID 第四次规则修订,其目的在于使 ICSID 仲裁规则与时俱进并精简高效,修订内容包括透明度、仲裁员的任免、仲裁费用担保、仲裁费用分配、案件合并审理以及第三方资助等。有关该综述的详细内容,参见 https://icsid. worldbank. org/en/Documents/State_Public_Comments_Rule_Amendment_Project_1. 17. 19. pdf。

(ICSID)

5. 1 月 18 日,欧盟向 UNCITRAL 投资者—国家间争端解决改革工作组提交两份关于 ISDS 改革建议的文件。第一份文件有关欧盟倡议建立常设国际投资多边法庭,该法庭包含上诉机制,且由全职法官任职。欧盟认为,建立常设国际投资多边法庭是目前解决对于 ISDS 机制各方面质疑的唯一有效途径,该法庭将:(1)增强判决的可预测性和一致性,并确保其正确性;(2)消除对于当前 ISDS 机制的合法性质疑;(3)有效地解决仲裁费用高、时间长的问题。另一份文件则建议工作组制订有效的工作计划,以找到 ISDS 改革的实质性解决方案和文本建议,并将该方案或建议提交 UNCITRAL 进而提交联合国大会采纳。有关欧盟就 ISDS 改革提交的两份建议的详细内容，参见 http://trade.ec.europa.eu/doclib/docs/2019/january/tradoc_157631.pdf，http://trade.ec.europa.eu/doclib/docs/2019/january/tradoc_157632.pdf。

(European Commission)

6. 1 月 19 日，《全面与进步跨太平洋伙伴关系协定》的 11 个成员正式宣布，将开放 CPTPP 向新的成员签署。目前，泰国、哥伦比亚和英国均表示了加入 CPTPP 的意愿，其中与泰国的谈判最早将在今年春季进行。

(Bilaterals.org)

7. 1 月 28～31 日，中国—以色列自贸区第五轮谈判在耶路撒冷举行。双方就货物贸易、服务贸易、投资、原产地规则、海关程序及贸易便利化、贸易救济、环境、争端解决及机制条款等议题展开磋商，并取得积极进展。

(商务部)

8. 1 月 29 日，欧盟法院顾问官 Yves Bot 发布一份法律意见，认为欧盟拟建立的投资法院制度(ICS)符合欧盟法的规定。2017 年，比利时为拒绝批准包含 ICS 的欧盟—加拿大《综合性经济贸易协定》，曾请求欧盟法院就该问题发表法律意见。在其法律意见中，顾问官 Yves Bot 认为，CETA 中的投资者—国家间争端解决条款并未违反欧盟法的自治权，也没有影响欧盟法院对于法律解释的专属管辖权。根据 CETA 组成的投资法庭的审查范围是有限的，其仅可对于违反条约的行为作出补偿的裁决，并不能推翻该行为，且该裁决应遵守欧盟法院对欧盟法的解释。此前，在 *Achmea* v. *Slovak Republic* 一案中，欧盟法院曾认定根据欧盟内部双边投资条约提起的投资仲裁违反了欧盟法的规定。顾问官 Yves Bot 认为，该裁定对 ICS 制度并不适用，因为 ICS 是与目前的国际投资仲裁不同的争端解决机制。对于比利时提出的有关 CETA 的争端解决机制是否与欧盟法公平原则相违背(在争端解决上，加拿大投资者将得到比欧盟内部投资者更有利的待遇)，以及投资者诉诸独立和公正的司法机构的权利是否受到影响的质疑，顾问官 Yves Bot 回应称，加拿大投资者与欧盟内部投资者无法比较，ICS 将建立完善的机制确保法庭的独立性和公正性。有关该法律意见的详细内容，参见 http://curia.europa.eu/juris/document/document.jsf? docid = 210244&mode = req&pageIndex = 1&dir = &occ = first&part = 1&text = &doclang = EN&cid = 9637024。

(IA Reporter)

9. 1 月 29 日,ICSID 官网发布 2019 年第一期《ICSID 受案情况统计报告》。报告显示:(1)2018 年 ICSID 受理案件数量为 56 起,相较于 2017 年的 53 起持续上升。截至目前,ICSID 受案总量已达到 706 起。(2)由 ICSID 管理的根据非 ICSID 仲裁规则提起的案件数量达到 20 起,相较于 2017 年的 13 起大幅增加。这 20 起案件中的 15 起都适用了 UNCITRAL 仲裁规则。(3)2018 年新受理的案件中,32% 所涉东道国来自中亚和东欧,16% 来自南美洲,16% 来自中东和北非,11% 来自撒哈拉以南非洲,9% 来自西欧,5% 来自东亚、南亚和太平洋地区,4% 来自中美洲和加勒比海地区。(4)就所涉经济部门而言,21% 案件涉及石油、天然气和采矿业,20% 涉及电力和其他能源业,14% 涉及建筑业,13% 涉及金融业,5% 涉及农、林、渔业,5% 涉及信息和通讯业,5% 涉及交通业,4% 涉及服务和贸易,2% 涉及旅游业,2% 涉及水、卫生和防洪业,另有 9% 的案件涉及其他产业领域。(5)新提起的案件中,57% 是根据双边投资条约提起的,17% 是根据投资者和东道国之间的投资合同提起的,10% 是根据《能源宪章条约》提起的,另有 16% 是根据其他国际条约提起的。有关 2019 年第一期《ICSID 受案情况统计报告》的详细内容,参见 https://icsid. worldbank. org/en/Documents/resources/ICSID%20Web%20Stats%202019 - 1(English). pdf。

(ICSID)

10. 1 月 30 日,中国—巴勒斯坦自贸区首轮谈判在拉马拉举行。双方就谈判基本原则、协定领域范围、谈判推进方式及各自重点关注进行了深入磋商,并就谈判职责范围文件达成一致。

(商务部)

国际投资条约与仲裁月报

2019 年第 2 期(总第 54 期)

1.2 月 1 日,《欧盟—日本经济伙伴关系协定》(欧日 EPA)正式生效。欧盟和日本的 GDP 总量占全球 GDP 的 1/3,贸易量占全球的 40%,欧日 EPA 将成为迄今为止规模最大的自由贸易协定。欧盟测算未来欧盟企业每年将因此减少 10 亿欧元的关税负担,尤其是葡萄酒、奶酪、牛肉等农副产品将以“零关税”出口日本。欧盟和日本联合委员会将于 2019 年 4 月召开会议,以评估欧日 EPA 最初几个月的实施效果。与此同时,双方将继续就投资保护标准和投资争端解决议题进行谈判,以争取尽快在投资问题上达成协定。

(European Commission)

2.2 月 1 日,中国国际经济贸易仲裁委员会发布《CIETAC 2018 年业务工作总结和 2019 年业务工作计划》。2018 年,CIETAC 受理仲裁案件总计 2962 起,同比增长 28.89%;其中,涉外案件 522 起(双方均为境外当事人案件 36 起),同比增长 9.66%;国内案件 2440 起,同比增长 33.92%。涉案标的额首次突破千亿元大关,达人民币 1015.90 亿元,同比增长 41.32%。审结案件 2524 起,同比增长 11.04%。在办案件 2022 起,同比增长 28.3%。案件当事人涉及 60 个国家和地区,涉及“一带一路”沿线 23 个国家共 73 起案件。适用英文、中英文、德文作为仲裁语言的案件 79 起。外籍仲裁员共 59 人次参与审理案件 58 起。案件类型主要包括一般货物买卖纠纷、非金融争议类借款合同纠纷、股权投资和股权转让纠纷、服务合同纠纷、机电设备纠纷、建筑工程纠纷等 20 种。有关《CIETAC 2018 年业务工作总结和 2019 年业务工作计划》的详细内容,参见 http://www.cietac.org.cn/index.php?m=Article&a=show&id=15804。

(CIETAC)

3.2 月 1 日,中国香港《2017 年仲裁及调解法例(第三者资助)(修订)条例》第 3 条有关第三者资助仲裁的相关条文正式生效。该条文厘清了第三者在中国香港资助仲裁不受助讼及包揽诉讼的普通法原则,此举将提升中国香港作为国际仲裁中心的吸引力。中国香港特别行政区政府于 2018 年 12 月 7 日已发出

《第三者资助仲裁实务守则》,规定了第三者资助仲裁的最低标准,并为受资助方提供保障,为中国香港第三者资助仲裁的相关活动制定了标准。

(中国香港特别行政区政府律政司)

4.2 月 13 日,欧洲议会投票通过《欧盟—新加坡贸易与投资保护协定》。协定将在 5 年内实质性消除双边所有关税,允许包括零售银行在内的服务自由贸易,保护独特的欧盟产品,并向欧盟企业开放新加坡公共采购市场。该协定也包括强化的劳工权利和环境保护条款。此外,新加坡还同意,在关键领域除了实现零关税门槛外还将移除更多非关税壁垒,如承认欧盟对汽车以及许多电子产品的安全检测结果、接受欧盟企业的纺织商标等。在投资领域,该协定将取代欧盟成员国与新加坡之间现行的 12 项双边投资条款,建立更为现代化的欧新投资保护框架,设立由独立法官处理投资者与东道国投资争端的法院系统,通过投资法庭机制来解决投资纠纷问题。下一步,在欧盟理事会通过之后,协定将在通过之日的次月第一天生效。对于双边投资保护协定和伙伴关系与合作协定,其生效还需要欧盟成员国批准。

(European Commission、商务部)

5.2 月 14 日,欧洲议会投票通过欧盟外商直接投资审查框架。欧盟外商直接投资审查框架旨在保护欧盟及其成员国的根本利益:一是成员国基于安全或是以公共秩序为由来审查外商直接投资的欧盟框架,包括透明度义务、平等对待不同来源的外商投资规则、应有义务确保在该审查机制下作出的决定有充分补救的可能性;二是成员国与欧委会的合作机制,如在一个或多个成员国的特定投资可能影响其他成员国的安全或公共秩序,则该机制就能被启动;三是如在成员国的直接投资可能影响欧盟利益的项目或计划,欧委会可以安全或是公共利益为由进行审查,这些项目和计划包括研发(地平线 2020)、太空(伽利略)、交通(泛欧洲交通网络)、能源和通信。该投资审查框架将为投资者和成员国政府确保透明度和可预测性,其以 14 个成员国现有的国家审查机制为基础,不会影响欧盟成员国采取任何新的审查机制或是维持没有国家审查机制的状态。在对外商直接投资作出决策时,该欧盟框架将保证成员国必要的灵活性。成员国在任何投资审查中有最终决定权。有关欧盟外商直接投资审查框架的详细内容,参见 http://trade.ec.europa.eu/doclib/docs/2019/february/tradoc_157683.pdf。

(European Commission、商务部)

6. 2 月 14 日,中国—蒙古自贸协定联合可行性研究第二次会议在北京举行。双方就联合可行性研究报告提纲达成一致,并就各领域重点关注、经济影响分析及下一步工作安排等深入交换意见。

(商务部)

7. 2 月 18 ~ 22 日,《欧新自贸协定》第三轮谈判在布鲁塞尔举行。本轮谈判几乎覆盖协定的所有议题。在投资领域,双方在包括投资的定义和范围等许多重要条款上达成一致,这也为后续就投资自由化相关条款进行谈判奠定了基础。此外,双方还交换了对于最惠国待遇条款、高级管理层和董事会条款以及业绩要求条款的相关意见。本轮谈判主要是根据欧盟所提交的文本草案进行的。有关《欧新自贸协定》第三轮谈判的详细内容,参见 http://trade. ec. europa. eu/doclib/docs/2019/march/tradoc_157715. pdf。

(European Commission)

8. 2 月 19 日,欧盟—南部非洲发展共同体经济伙伴协议(EPA)联合委员会第一次会议在开普敦举行。会议中,双方均表示将致力于确保 EPA 下建立的所有组织机构有效运行,并将着力于提高非政府组织在对于 EPA 实施影响的监督和评估中所发挥的重要作用。2016 年 6 月 10 日,欧盟与南部非洲发展共同体(博茨瓦纳、莱索托、莫桑比克、纳米比亚、南非和斯威士兰)签署经济伙伴协议。该协议是非洲地区首个区域性经济伙伴协议,并于 2018 年 2 月正式实施。协议旨在促进欧盟与非洲缔约国间的贸易发展,并最终通过贸易和投资对非洲的贫困削减和可持续发展作出贡献。此外,该协议也为将来建立非洲大陆自由贸易区奠定了基础。

(European Commission)

9. 2 月 22 日,瑞典斯德哥尔摩斯维亚上诉法院(Svea Court of Appeal)就 *PL Holdings* v. *Poland* 一案的仲裁裁决作出判决,驳回波兰的上诉。这是在欧盟内部投资仲裁案件中,首个国内法院直接宣告对于仲裁庭有管辖权的案件。而在此前的 *Achmea* v. *Slovakia* 案中,德国联邦最高法院是依靠欧盟法院的判决得以撤销仲裁裁决的。*PL Holdings* v. *Poland* 一案仲裁裁决是根据斯德哥尔摩商会仲裁院的仲裁规则作出的。仲裁裁决判定,波兰向卢森堡投资者 PL Holdings 赔偿 2. 08 亿美元。波兰随后在瑞典斯维亚上诉法院就该裁决提起上诉,其主要主张是,本案中无有效的仲裁协议,因为 PL Holdings 提起投资仲裁的依据——《卢森堡—波兰 BIT》。根据欧盟法是无效的(其理由是欧盟法院在 Achmea 案中作出的判决,以及随后德国联邦最高法院对于 Achmea 案裁决的撤销)。斯维亚上诉法院认为,根据 SCC 仲裁规则,一方当事人对仲裁协议有效性的异议最迟应当在"答辩意见"中提出。本案中,波兰的确在 2015 年 11 月的"答辩意见"中提出了管辖权异议,但其理由并非《卢森堡—波兰 BIT》违反欧盟法。这一理由是波兰于 2016 年 5 月的"第二次答辩意见"中提出的。法院认为,这意味着波兰提出该异议已过诉讼时效,波兰在上诉程序中也随之丧失提出这一异议的权利。下一步,波兰可在一个月内就上诉判决向瑞典最高法院提起上诉。

(IA Reporter)

10. 2 月 28 日,美国贸易代表办公室发布美国—英国自由贸易协定《特定谈判目标概要》(Summary of Specific Negotiating Objectives)。2018 年 10 月 16 日,美国贸易代表莱特希泽致信英国,表示美国愿意与英国展开贸易谈判。由于与英国的贸易谈判在英国与欧盟敲定退欧协议之后才能开始,美国与英国贸易谈判的时间和内容,将取决于英国与欧盟之间就未来贸易关系达成的协议。而英国脱欧的最后截止日是 2019 年 3 月 29 日。为了与英国达成自由、公平、互惠的贸易协议,美国希望解决关税和非关税贸易壁垒,以支持美国高薪就业、促进美国经济增长。根据《特定谈判目标概要》,在投资领域美方的目标是:(1)确保美国投资者在英国的重要权利与美国的法律原则和实践相一致,并保证英国投资者在美国的实体权利不低于美国国内投资者;(2)制定规则以减少或消除美国在英国所有领域的投资壁垒。有关美国—英国自由贸易协定《特定谈判目标概要》的详细内容,参见 https://ustr. gov/sites/default/files/Summary_of_U. S. -UK_Negotiating_Objectives. pdf。

(USTR)

国际投资条约与仲裁月报

2019 年第 3 期(总第 55 期)

1. 3 月 1 日,欧盟官网发布第二十轮中国—欧盟投资协定谈判报告。谈判于 2 月 25 ~ 27 日在布鲁塞尔举行。本轮谈判中,双方对于市场准入、国民待遇及相关规定、外国直接投资资金的转移和自由化等议题进行了实质性的商谈;对于在投资者—国家间争端解决机制问题上的谈判进展予以肯定;而对于国家间争端解决机制的谈判则需进一步加速。有关谈判报告的详细内容,参见 http://trade.ec.europa.eu/doclib/docs/2019/march/tradoc_157772.pdf。

(European Commission)

2. 3 月 1 日,《中华人民共和国政府与智利共和国政府关于修订〈自由贸易协定〉及〈自由贸易协定关于服务贸易的补充协定〉的议定书》正式生效实施。这是中国继中国—东盟自贸区升级后实施的第二个自贸区升级协定,也是中国与拉美国家签署的第一个自贸区升级协定。

(商务部)

3. 3 月 2 日,《区域全面经济伙伴关系协定》(RCEP)第七次部长级会议在柬埔寨暹粒举行。东盟十国、中国、日本、韩国、澳大利亚、新西兰、印度等 16 方经贸部长或代表出席会议。部长会议重申了第二次 RCEP 领导人会议关于推动谈判在 2019 年结束的共识,表示将全力以赴达成这一目标。会议欢迎贸易谈判委员会在市场准入和案文谈判中取得的积极进展,同时认识到,如要取得更多进展,各方需进一步努力。为此,会议讨论通过了 2019 年工作计划。部长会议还同意第八次部长级会间会将于 8 月在北京举行。

(商务部)

4. 3 月 13 日, UNCTAD 将投资争端解决导航仪(Investment Dispute Settlement Navigator)数据库更新至 2018 年 12 月 31 日。本次更新显示:(1)2018年投资者根据国际投资协定提起至少 71 起 ISDS 案件,2017 年提起的案件数量调整为 75 起,已知根据 IIAs 提起的国际投资仲裁案件达到 942 起(截至2018年12月31日)。(2)2018年的71起案件共将41个国家推上被告席;哥伦比亚和西班牙被诉次数最多,分别为6起和5起案件;白俄罗斯、卡塔尔和卢旺达首次遭遇投资者起诉;美国和俄罗斯的投资者提起的国际投资仲裁最多,分别为15起和6起案件。有关UNCTAD投资争端解决导航仪的最新信息,参见https://investmentpolicyhub.unctad.org/ISDS/。

(UNCTAD)

5. 3月15日,中华人民共和国第十三届全国人民代表大会第二次会议表决通过了《外商投资法》,该法律将于2020年1月1日起施行。《外商投资法》共分6章,包括总则、投资促进、投资保护、投资管理、法律责任、附则,共42条。《外商投资法》的颁布和实施将进一步扩大对外开放,积极促进外商投资,保护外商投资合法权益,规范外商投资管理,推动形成全面开放新格局,促进社会主义市场经济健康发展。

(新华社)

6. 3月22日,荷兰发布荷兰BIT范本的最终版本。最终版本共27个条款,较之前版本相比最大的变化是在第6条"可持续发展"中纳入了与性别有关的条款。第6(3)条规定,缔约国强调女性在经济活动(包括国际投资)的参与中对经济发展作出的贡献;承认将性别视角纳入促进包容性经济增长的重要性,包括消除女性参与经济活动的壁垒,以及在实现可持续发展过程中的性别平等政策;缔约国承诺致力于提高女性和男性在经济活动中平等参与的机会;在有利的情况下,缔约国应当采取合作提高女性在经济活动中的参与度,包括在国际投资活动中的参与度。有关荷兰BIT范本的详细内容,参见https://www.rijksoverheid.nl/ministeries/ministerie-van-buitenlandse-zaken/documenten/publicaties/2019/03/22/nieuwe-modeltekst-investeringsakkoorden。

(OGEMID)

7. 3月25~28日,《中国—挪威自由贸易协定》第十四轮谈判在北京举行。双方就货物贸易、服务贸易与投资、原产地规则、海关程序与贸易便利化、技术性贸易壁垒、卫生与植物卫生措施、贸易救济、环境、法律议题、争端解决、知识产权、竞争政策、政府采购等相关议题展开磋商,谈判取得积极进展。

(商务部)

8. 3月28日,根据IA Reporter报道,中国绿地集团拟对韩国发起投资仲裁。

韩国政府于2015年批准中国绿地集团在济州岛建设营利性私人医院绿地国际医疗中心。据报道,绿地集团共投入该项目约7000万美元,并于2017年建设完成。但是,该项目在建设过程中遇到了阻力,当地居民对医疗服务的商业化表示了担忧。2018年12月,济州岛政府最终批准该医院进行营业,条件是只接待外国医疗游客。根据济州岛媒体的报道,绿地集团在最近的公开听证会上指责韩国政府违反了中国—韩国自由贸易协定下的公平公正待遇,认为韩国政府对医院的经营施加限制条件没有任何法律依据,违反了公司的合法期待。绿地公司因此主张,其有理由根据中国—韩国自由贸易协定提起仲裁程序。2019年2月,绿地集团向韩国法院提起行政诉讼,要求撤销只接待外国医疗游客这一条件,理由是这一限制会使医院无法运营。然而在行政诉讼后,济州岛政府吊销了该医院的营业执照,理由是该医院未能在规定的90日内开始营业。根据韩国《中央日报》报道,济州岛政府表示,如果绿地集团提出要求,政府愿意与其进行进一步磋商。

(IA Reporter、万邦法律)

9. 3月29日,中国—韩国自由贸易协定第二阶段第四轮谈判在北京举行。双方就服务贸易和投资展开进一步磋商,推动谈判取得稳步进展。2017年12月14日,中韩两国签署了《关于启动中韩自贸协定第二阶段谈判的谅解备忘录》,中国—韩国自由贸易协定第二阶段谈判正式启动。中国—韩国自由贸易协定第二阶段谈判是中国首次使用负面清单方式进行服务贸易和投资谈判的自由贸易协定谈判。双方将积极推进第二阶段谈判,为两国企业营造更加自由和便利的服务贸易和投资环境。

(商务部)

10. 3月29日,UNCTAD官网发布国际投资协定专题简报(IIA Issue Note)系列之《盘点投资争端解决改革》(Reforming Investment Dispute Settlement: A Stocktaking)。对投资者—国家间争端解决机制的持续争议引发了持续的讨论,各国正在通过不同的措施回应围绕ISDS产生的质疑和担忧。本期国际投资协定专题简报通过对于ISDS改革现状的盘点,追踪在近期缔结的国际投资协定中以及从国家到多边层面的政策制定过程中ISDS改革的发展。其要点有:(1)2018年缔结的IIAs中至少包含一个或多个ISDS改革要素。(2)2018年签订的IIAs中出现五种主要的改革措施,即放弃ISDS、建立常设ISDS法庭、纳入附条件的 ISDS、纳入改进 ISDS 程序以及保留现有 ISDS 机制。(3)ISDS 改革打破了地域的划分以及在发展的不同层面的国家的划分,各个国家和区域已经成为特定改革措施背后的主导力量(如巴西、印度和欧盟)。(4)ISDS 改革已经进入复边层面和大区域层面的努力阶段,如 CPTPP、USMCA 和《欧盟—新加坡贸易与投资保护协定》。(5)多边层面的 ISDS 仍引人注目,包括通过 UNCITRAL 第三工作组对于 ISDS 可能的改革措施进行讨论,以及 ICSID 对于其仲裁规则的修订程序。有关 UNCTAD《盘点投资争端解决改革》的详细内容,参见 https://unctad.org/en/PublicationsLibrary/diaepcbinf2019d3_en.pdf。

(UNCTAD)

国际投资条约与仲裁月报

2019 年第 4 期(总第 56 期)

1. 4 月 1 ~4 日,中国—秘鲁自贸协定升级第一轮谈判暨中国—秘鲁自贸区委员会第二次会议在北京举行。双方一致同意,加快推进谈判进程,努力实现升级目标,力争早日结束。会上,双方全面回顾和总结了协定生效以来取得的成效,梳理了协定实施中遇到的问题,积极探寻有关解决途径,并就升级谈判涉及的服务贸易、投资、知识产权、电子商务、竞争政策、海关程序与贸易便利化及原产地规则等议题展开磋商,取得积极进展。

(商务部)

2. 4 月 1 ~5 日,联合国国际贸易法委员会第三工作组(投资者与国家间争端解决机制改革小组)第三十七届会议于纽约举行。本届会议中,各方达成一致,下一步将以多轨并行的方式推进工作,以适应各国政府在改革上的巨大分歧。本次会议还就上次会议所遗留的一些议题达成一致,尤其是第三方资助的改革。有关 UNCITRAL 第三工作组第三十七届会议的详细情况,参见 https://uncitral.un.org/zh/working_groups/3/investor-state。

(UNCITRAL、IA Reporter)

3. 4 月 9 日,瑞典最高法院裁定,在对于 *PL Holdings* v. *Poland* 一案裁决的有效性作出判决之前,暂缓该裁决的执行。2 月 22 日,瑞典斯德哥尔摩斯维亚上诉法院曾就 *PL Holdings* v. *Poland* 一案作出判决,驳回波兰的上诉,但保留其向瑞典最高法院继续上诉的权利。随后,双方当事人均向瑞典最高法院提起上诉。*PL Holdings* v. *Poland* 一案仲裁裁决是根据斯德哥尔摩商会仲裁院的仲裁规则作出的。仲裁裁决判定,波兰向卢森堡投资者 PL Holdings 赔偿 2.08 亿美元。波兰随后在瑞典斯维亚上诉法院就该裁决提起上诉。该案仲裁裁决的最终结果将等待瑞典最高法院的审理。有关斯维亚上诉法院就 *PL Holdings* v. *Poland* 一案驳回波兰上诉的相关信息,参见《国际投资条约与仲裁月报》2019 年第 2 期(总第 54 期)。

(IA Reporter)

4. 4 月 9 日,中国—巴基斯坦自贸协定第二阶段谈判第十一次会议在北京举行。双方就货物贸易关税减让、投资、海关合作等议题进行了深入磋商,并取得积极进展。协定于 2006 年签署,2007 年生效实施,效果良好。中巴双边贸易额从 2006 年的 52. 5 亿美元增加到 2018 年的 190. 8 亿美元。为进一步提升相互开放水平,双方于 2011 年启动自贸协定第二阶段谈判。

(商务部)

5. 4 月 12 日,吉布提正式签署《ICSID 公约》,成为《ICSID 公约》第 163 个缔约国。公约将在吉布提完成国内批准程序后正式生效。至此,《ICSID 公约》共有 163 个缔约国,其中 154 个缔约国已正式批准生效。

(ICSID)

6. 4 月 12 日,中日韩自贸区第十五轮谈判首席谈判代表会议在日本举行。本轮谈判,三方就货物贸易、服务贸易、投资、规则等重要议题深入交换意见,取得积极进展。本轮谈判是三方达成全面提速谈判共识后的首轮谈判。三方举行了首席谈判代表会议、司局级磋商和 13 个具体议题的分组会议,就相关议题谈判推进的方法、路径达成积极共识,明确了下一步工作安排。三方一致同意,在三方共同参与的区域全面经济伙伴关系协定已取得共识的基础上,进一步提高贸易和投资自由化水平,纳入高标准规则,打造"RCEP + "的自贸协定。

(商务部)

7. 4 月 24 日,比利时和卢森堡公布了最新的双边投资协定范本(Model BIT)。该 Model BIT 将作为比利时和卢森堡将来与非欧盟成员国进行投资条约谈判的模板,且仅限于尚未与欧盟进行投资条约谈判的国家。与此前公布的荷兰 Model BIT 相比,比利时和卢森堡的 Model BIT 较为保守,其保留了投资者—国家间仲裁机制、当事人任命仲裁员的程序以及投资条约典型的实体保护条款(包括公平公正待遇条款、非歧视待遇条款、征收条款和保护伞条款)。此外,还纳入了仲裁员行为规范。值得注意的是,该 Model BIT 的争端解决条款最终可能会被 UNCITRAL 主导下建立的国际投资常设法庭或上诉机制所取代,因此,其投资者—国家间仲裁条款具有一定的时效性。有关比利时和卢森堡 Model BIT 的详细内容,参见 https://www. lachambre. be/flwb/pdf/54/1806/54K1806007. pdf。

(IA Reporter)

8. 4 月 24 ~ 26 日，中国—巴拿马自贸协定第五轮谈判在北京举行。双方在此前谈判基础上，围绕货物贸易、服务贸易、金融服务、投资、原产地规则、海关程序和贸易便利化、贸易救济、贸易经济合作以及法律议题等展开深入磋商，谈判取得积极进展。

（商务部）

9. 4 月 30 日，欧盟法院发布法律意见，确认欧盟—加拿大《综合性经济贸易协议》中的投资者—国家间争端解决条款符合欧盟法。该法律意见是欧盟法院根据 2017 年 9 月比利时政府的要求作出的。比利时政府提出，在批准 CETA 之前应明确其是否与欧盟法相符合的问题，尤其是 CETA 首创的多边国际投资法庭制度。欧盟法院的法律意见认为，投资法庭制度符合欧盟法的规定，其不会产生解释或适用欧盟法的问题，因此不会影响欧盟法的自主性。对于比利时政府所关心的在 CETA 争端解决机制下欧盟法的公平待遇原则可能遭到破坏的问题，欧盟法院认为其毫无依据，因为加拿大投资者在欧盟的处境和欧盟投资者在加拿大的处境并不相同。同样，欧盟法的有效性原则也不会遭到破坏，即使 CETA 法庭所作出的裁决可能造成欧盟作出的某些决定无效，这一决定在欧盟范围内也是可以获得其他途径的救济。欧盟法院的这一法律意见大体与顾问官 Yves Bot 于 1 月 29 日发布的法律意见相一致。此外，对于欧盟和加拿大为中小企业适用该争端解决机制所作出的努力，欧盟法院表示赞许。有关 CJEU 法律意见的详细内容，参见 http://curia. europa. eu/juris/document/document. jsf?text = &docid = 213502&pageIndex = 0&doclang = EN&mode = lst&dir = &occ = first&part = 1&cid = 706579。

（IA Reporter）

10. 4 月 30 日，ICSID 官网发布《基于合同的 ICSID 案件要点》。ICSID 受理的案件中，有相当一部分是基于合同提起的。在过去 10 年中，每年约有 7 个根据合同提起的仲裁案件在 ICSID 注册。根据 ICSID 统计数据，基于合同提起的投资仲裁案件涉及广泛的经济部门，但主要集中在石油、天然气、采矿业和能源业。此外，基于合同提起的案件和总体 ICSID 仲裁案件在地理分布上有较大差别。例如，截至 2019 年 1 月 31 日，东欧和中亚地区的国家在 ICSID 受理所有案件中所占比例最高，达到 26%；但在基于合同提起的投资仲裁案件中，这些国家所占比例仅为 5%；与此相反，撒哈拉以南非洲国家在基于合同提起的投资仲裁案件中所占比例高达50%,而在ICSID受理所有案件中仅占15%。在仲裁庭的裁决上,基于合同提起的案件中有66%的裁决全部或部分支持了投资者的主张,而在ICSID总体案件中这个比例占48%。有关《基于合同的ICSID案件要点》的详细内容,参见 https://icsid.worldbank.org/en/Pages/resources/Spotlight-on-Contract-based-Disputes-at-ICSID.aspx。

（ICSID）

国际投资条约与仲裁月报

2019 年第 5 期(总第 57 期)

1. 5 月 1 日,《智利—阿根廷自由贸易协定》正式生效,该协定将作为《智利—阿根廷经济互补协议》的补充。《智利—阿根廷经济互补协议》已生效逾 20 年,并已经在货物贸易领域实现"零关税"。新的自由贸易协定纳入了若干现代规则,包括投资、服务、政府采购、电信以及电子商务等。此外,该协定还对于技术、卫生和植物卫生条款以及目前的关税程序等条款进行了完善和补充,并纳入了关于环境、劳工、性别、中小企业、合作与竞争等新议题的条款。

(Bilaterals. org)

2. 5 月 7 日,ICSID 发布备受瞩目的 *Eskosol S. p. A* v. *Italy* 案的裁定,驳回意大利的管辖权异议。*Eskosol S. p. A* v. *Italy* 案于 2015 年根据《能源宪章条约》提起。仲裁庭的裁定基于欧盟法院就 Achmea 一案的判决,以及意大利要求立即终止仲裁程序的请求,其理由是 2019 年 1 月欧盟大部分成员国声明 Achmea 案作为先例排除了 ECT 对欧盟内部案件的管辖权。考虑到意大利请求的急迫性,仲裁庭选择先就这两个分散的问题单独作出裁定,而其他管辖权和实体问题则要继续审理。仲裁庭认为,理应就这两个问题迅速作出裁定,因为无论是在 Achmea 案判决作出前还是判决作出后,欧盟及其成员国以及整个投资仲裁届都对于这些问题给予了极大的关注。本案中意大利主张,Eskosol 公司并不属于"外国控制",因为其目前正处在意大利的清算程序中,此外其大部分股东是来自比利时的 Blunsun 公司,该公司在先前提起的相似的仲裁中已经败诉。

(IA Reporter)

3. 5 月 14 日,欧委会通过了一项由欧盟理事会决定的提案,该提案授权欧委会就《能源宪章条约》现代化进行谈判,旨在对 ECT 的条款进行修订以纳入现代投资标准,如欧盟在投资保护方面的改革措施。这一拟议的欧盟谈判指令旨在实现更大的法律确定性以及对于投资保护规则的澄清。例如,欧委会提议:纳入国家管制权利条款;对构成违反公平公正待遇的案件建立限制性封闭清单;对于征收条款作更明确的界定,包括对间接征收的澄清。此外,欧委会推荐ECT在可持续发展方面纳入更有力的规范,包括气候变化和清洁能源转型,以与欧盟最近签署条约的立场保持一致。有关欧委会向ECT提案的详细内容,参见 http://trade.ec.europa.eu/doclib/docs/2019/may/tradoc_157885.pdf。

(European Commission)

4.5月20~23日,中国—以色列自贸协定第六轮谈判在北京举行。双方就货物贸易、技术性贸易壁垒、投资、知识产权、政府采购、电子商务、竞争政策、争端解决、法律与机制条款等议题展开磋商,并取得积极进展。

(商务部)

5.5月21日,美国法院哥伦比亚地区法院作出判决,确认OIEG集团(*Owens-Illinois European Group*) v. *Venezuela* 一案仲裁裁决有效。本案仲裁裁决在ICSID作出,仲裁庭裁决OIEG集团胜诉,并将获得约5亿美元的赔偿。由于委内瑞拉国内政治形势问题,目前同时存在马杜罗政府和瓜伊多政府,因此由哪一政府作为代表进行国际投资仲裁案件的诉讼成为一个问题。本案中,美国法院法官认可由美国政府承认的委内瑞拉瓜伊多政府代表委内瑞拉应诉,并指出"由哪一派政府代表应诉是一个政治问题,而不是法律问题,应当由政府的行政部门决定"。

(IA Reporter)

6.5月23日,美国、欧盟和日本的贸易代表在巴黎举行三方会谈,并在会后发布联合声明。声明确认了正在进行投资审查机制的三方合作,并欢迎有关各方加深合作,包括分享在投资风险分析及其缓解措施等方面的最佳实践。有关美日欧三方联合声明的详细内容,参见 http://trade.ec.europa.eu/doclib/docs/2019/may/tradoc_157894.pdf。

(European Commission)

7.5月28日,UNCTAD新版投资政策中心(Investment Policy Hub)正式上线。新版投资政策中心更具创新性,并上线了一个新的国家导航系统,使每个国家的投资政策相关信息一目了然。有关UNCTAD新版投资政策中心的详情,参见 https://investmentpolicy.unctad.org/。

(UNCTAD)

8. 5 月 29 日，UNCTAD 发布新一期《国际投资协定专题简报：2018 年投资者—国家间争端解决案件概要》（IIA Issues Note：Fact Sheet on Investor-State Dispute Settlement Cases in 2018），其主要内容包括：（1）2018 年间，已知投资者根据条约提起了 71 起投资者—国家间争端解决（ISDS）案件，其中 70 起案件都是根据 2012 年以前签署的老一代条约提起的。（2）截至 2019 年 1 月 1 日，已知根据 IIA 提起的 ISDS 案件达 942 起，有 117 个国家在至少一起 ISDS 案件中被推上被告席。2018 年新提起的案件共针对 41 个国家。（3）此前，大部分的新 ISDS 案件都是对发展中国家和转型经济体提出的。在 2019 年提起的 71 起案件中，发达国家投资者占大多数。有关《国际投资协定专题简报：2018 年投资者—国家间争端解决案件概要》的详细内容，参见 https://unctad. org/en/PublicationsLibrary/diaepcbinf2019d4_en. pdf。

（UNCTAD）

9. 5 月 30 日，《非洲大陆自由贸易协定》（AfCFTA）正式生效，并将于 7 月 7 日实施。AfCFTA 于 2018 年 3 月完成签字仪式，有 44 个非洲国家代表在其间签字。截至目前，非洲联盟 55 个成员中有 52 个已签署协议，仅有尼日利亚、贝宁、厄立特里亚这 3 个国家尚未签署。52 个成员签署后，还需提交各自议会批准。在 2019 年 4 月冈比亚国会批准了该项协议后，累计已经得到了 22 个成员批准，达到生效门槛。如果非洲联盟 55 个成员全部签署协议，将形成一个覆盖 12 亿人口、经济总量达 2. 5 万亿美元的自贸区。AfCFTA 框架下就货物及服务领域贸易的谈判进展顺利，但涉及关税时间表、原产地规则及具体实施部门的谈判仍未有结果，其旨在实现非洲市场的自由化和一体化，其优先支持的领域包括运输、通信、金融、旅游及商业服务领域，这些领域对非洲经济的发展和多样化转型至关重要，有助于提高非洲从农业到制造业、服务业等各个领域经济活动的竞争力。

（第一财经、环球网）

10. 5 月 31 日，中国商务部宣布，根据相关法律法规，中国将建立“不可靠实体清单”制度。对不遵守市场规则、背离契约精神、出于非商业目的对中国企业实施封锁或断供，严重损害中国企业正当权益的外国企业、组织或个人，将列入“不可靠实体清单”。具体措施将于近期公布。随后，商务部有关负责人于 6 月 1 日表示，中国政府在决定是否将某个实体列入“不可靠实体清单”时，会综合考虑四方面因素:一是该实体是否存在针对中国实体实施封锁、断供或其他歧视性措施的行为;二是该实体行为是否基于非商业目的,违背市场规则和契约精神;三是该实体行为是否对中国企业或相关产业造成实质损害;四是该实体行为是否对国家安全构成威胁或潜在威胁。

（商务部）

国际投资条约与仲裁月报

2019 年第 6 期(总第 58 期)

1.6 月 7 日,欧委会发布第四轮《欧新自贸协定》谈判报告。本轮谈判于 5 月 13 ~ 17 日在新西兰举行,谈判中双方对于协定的大部分议题进行了商讨,包括服务和投资的市场准入标准、公共采购等。在投资领域,双方对于投资自由化条款进行了建设性的讨论,尤其是范围、定义、非歧视待遇、禁止业绩要求和不符措施等。有关第四轮《欧新自贸协定》谈判报告的详细内容,参见 http://trade.ec.europa.eu/doclib/docs/2019/june/tradoc_157918.pdf。

(European Commission)

2.6 月 10 日,据报道,中国企业 Wuxi T. Hertz Technologies Co. Ltd. 和 Jetion Solar Co. Ltd. 根据《中国—希腊双边投资条约》(1992 年签署)向希腊发出投资仲裁通知,理由是这两家公司的希腊子公司 BRITE Hellas AE 在希腊北部的光伏投资项目陷入困境。该项目价值约 2 亿欧元,曾于 2012 年被希腊列为“战略项目”并获准通过“快速通道”进行审批,但是迄今为止仍未启动。究其原因,主要是欧债危机造成的希腊法律不稳定性,以及欧洲光伏法律制度的不稳定性。2014 年 5 月,希腊与国际货币基金组织签署了谅解备忘录,规定希腊将重新谈判现有的再生能源补贴项目,并冻结进一步的合同,这些都可能影响本案的投资者。

(IA Reporter)

3.6 月 10 ~ 14 日,第二十一轮中国—欧盟投资协定谈判在北京举行。本轮谈判中,双方继续围绕协定文本和清单展开谈判,对于金融服务和计算机/通信领域的承诺、保留和关切进行了商讨。此外,双方还对于资本流动的自由化和货币转移自由等政策问题进行了进一步谈判,并对于金融服务和国民待遇相关的规定进行了商讨。据悉,下一轮谈判将于 7 月 15 ~ 19 日在布鲁塞尔举行。有关第二十一轮中国—欧盟投资协定谈判的详情,参见 http://trade.ec.europa.eu/doclib/docs/2019/june/tradoc_157934.pdf。

(商务部、European Commission)

4.6月12日,UNCTAD发布《2019年世界投资报告》。报告显示:(1)2018年中国吸收外资创历史新高,达1390亿美元,占全球吸收外资总量的10%以上,全球排名仅次于美国。(2)美国是2018年最大的外资流入经济体,流入量为2520亿美元,但低于2017年的2770亿美元;其次是中国内地,流入量为1390亿美元,高于2017年的1340亿美元;中国香港及新加坡分别以1160亿美元、780亿美元排名第三和第四。(3)2018年对外投资方面,日本对外投资额居全球首位,为1430亿美元;第二位是中国内地,1300亿美元;法国1020亿美元,位居第三;中国香港以850亿美元列第四。美国跨国公司的大规模资金回流导致美国未能进入全球20大对外投资经济体名单。发达经济体对外投资大幅下降40%,发展中经济体对外投资下降了10%。(4)受美国税改政策以及部分经济体加强外资项目审查的影响,2018年全球外国直接投资总额为1.3万亿美元,较2017年减少13%,连续第三年出现下滑。(5)2018年流入发达经济体的FDI总额减少27%,降至2004年以来最低。其中,美国税改导致美国跨国公司海外资本回流美国,致使2018年欧洲吸引外资总量减半;而受"脱欧"影响,英国外资流入也减少了36%;另外,美国FDI流入量也缩水9%,至2520亿美元,但美国仍是全球最大外资流入国。(6)与发达经济体FDI流入量锐减相比,2018年流入发展中经济体的FDI呈现小幅增长态势,增幅为2%。同时,发展中经济体吸引FDI占全球总额的比重升至54%,创历史新高。其中,亚洲发展中经济体的外资流入增长4%,成为全球外资流入最多的地区。(7)报告预测,2019年全球FDI有望温和复苏,预计增长10%,约达1.5万亿美元,但仍低于过去十年的平均水平。有关《2019年世界投资报告》的具体内容,参见https://unctad.org/en/PublicationsLibrary/wir2019_en.pdf。

(UNCTAD、新华网、中国新闻网)

5.6月17~19日,中国—秘鲁自贸协定升级第二轮谈判在秘鲁举行。本轮谈判中,双方在首轮谈判基础上,围绕服务贸易、投资、海关程序与贸易便利化、原产地规则、卫生与植物卫生措施、知识产权、电子商务和竞争政策等议题展开全面深入的磋商,谈判取得积极进展。

(商务部)

6.6月24日,UNCTAD与OECD联合发布《G20投资措施报告(第21期)》(Twenty-first Report on G20 Investment Measures)。本期报告涵盖自2018年10

月 16 日至 2019 年 5 月 15 日 G20 成员国所采取的投资政策和投资相关措施,其内容主要包括:(1)报告期间,6 个 G20 成员国分别是澳大利亚、巴西、加拿大、中国、印度和沙特阿拉伯采取了针对外国直接投资的政策措施。(2)G20 成员国继续关注对与本国投资和在其领土内建立独资企业相关的根本安全利益的威胁。其中,法国、德国、意大利、美国和欧盟实施了新政策或对现有的政策进行修订;中国和南非已经通过改革或建立外商投资审查机制的立法(尚未生效),以应对本国核心安全利益的潜在威胁。(3)报告期间,G20 成员国共签署 7 个新的双边投资协定和 7 个包含投资保护、投资促进、投资合作条款的国际投资协定。有关《G20 投资措施报告(第 21 期)》的详细内容,参见 https://unctad.org/en/PublicationsLibrary/unctad_oecd2019d21_en.pdf。

(UNCTAD)

7. 6 月 24 ~ 27 日,中国—挪威自由贸易协定第十五轮谈判在挪威举行。双方就货物贸易、服务贸易、投资、技术性贸易壁垒、卫生与植物卫生措施、贸易救济、政府采购、环境、竞争政策、电子商务、法律议题、争端解决等相关议题展开磋商。谈判取得积极进展。

(商务部)

8. 6 月 28 日,ICSID 发布第二册《ICSID 仲裁规则》修订案公众评议文件概述,该概述是来自 21 个国家、组织和个人对于 2019 年 3 月发布的《ICSID 仲裁规则》修订建议工作文件的回应和评述,详细内容参见 https://icsid.worldbank.org/en/Documents/compendium_wp2.pdf。

(ICSID)

9. 6 月 30 日,欧盟和越南正式签署《欧盟—越南自由贸易协定》。欧盟贸易专员马姆斯特罗姆表示,该协议具有里程碑意义,将为加强欧盟与东南亚各经济体之间的合作“迈出关键一步”。越南与欧盟自贸协定谈判始于 2012 年,2015 年 12 月底结束,但是由于欧盟内部法律程序原因拖延至今。根据协议,协定生效 7 年后,欧盟从越南进口商品关税降幅将高达 99%。该协定经欧洲议会与越南立法部门批准后将正式实施,预计开始的时间为 2019 年年底。马姆斯特罗姆说,这是欧盟同发展中国家签署的“最雄心勃勃的”贸易协议。

(European Commission)

10. 6 月 30 日,中国国家发展改革委、商务部分别发布了《外商投资准入特别管理措施(负面清单)(2019 年版)》《自由贸易试验区外商投资准入特别管理措施(负面清单)(2019 年版)》《鼓励外商投资产业目录(2019 年版)》,自 2019 年 7 月 30 日起施行。

(人民日报海外版)

国际投资条约与仲裁月报

2019年第7期(总第59期)

1.6月25日~7月3日,《区域全面经济伙伴关系协定》第二十六轮谈判在澳大利亚举行。各方在召开贸易谈判委员会(TNC)全体会议的同时,并行举行了货物贸易、服务贸易、投资、原产地规则、贸易救济、金融、电信、知识产权、电子商务、法律与机制等相关工作组会议。各方重申了2018年第二次RCEP领导人会议关于决心年内结束谈判的共识,并按照2019年3月部长级会议通过的工作计划,积极推动谈判进程,取得积极进展。

(商务部)

2.7月1日,ICSID官网发布数据,2019年上半年共有9个国家提名了40位人员加入ICSID仲裁员和调解员小组,这9个国家分别为芬兰、法国、洪都拉斯、新西兰、葡萄牙、卡塔尔、韩国、圣卢西亚和苏丹。

(ICSID)

3.7月1~5日,欧盟—澳大利亚自由贸易协定第四轮谈判在布鲁塞尔举行。本轮谈判在良好并富有建设性的气氛中进行,双方再次表达了缔结一个富有雄心的综合性协定的愿望,18个谈判工作组几乎覆盖了协定的所有议题。双方对于已提交的文本建议进行了讨论,并澄清了相关概念和实践,以及协定与其他相关的国际协定的关系。在服务和投资领域,双方对于提交的所有文本建议进行了详细的讨论,包括一般规定、投资自由化、跨境服务贸易、国内管制、专业服务、金融服务、海洋服务以及自然人的临时流动等议题。有关第四轮欧盟—澳大利亚自由贸易协定谈判报告的详细内容,参见 http://trade.ec.europa.eu/doclib/docs/2019/july/tradoc_158277.pdf。

(European Commission)

4.7月8~12日,《欧新自贸协定》第五轮谈判在布鲁塞尔举行。在投资自由化和资本流动议题下,双方讨论了所有与投资相关的条款,并交换了与市场准入标准相关的实质性意见。在投资定义、非歧视条款、拒绝授惠以及与资本流动和支付相关的条款上,双方取得了积极的进展;而与业绩要求和高管相关的条款则有待进一步讨论。有关第五轮《欧新自贸协定》谈判报告的详细内容,参见 http://trade.ec.europa.eu/doclib/docs/2019/july/tradoc_158276.pdf。

(European Commission)

5.7 月 15 日,根据《能源宪章条约》提起的 *Cube Infrastructure Fund SICAV and Others v. Spain* 一案由 ICSID 仲裁庭作出裁决,以东道国西班牙败诉告终,仲裁庭判决西班牙向来自法国和卢森堡的五个投资者赔偿约 3500 万欧元。在赔偿金额的裁决作出之前,本案仲裁庭已于 2019 年 2 月 19 日作出管辖权和责任认定的裁定,认定西班牙违反了 ECT 下对于投资者的义务,并一致驳回了西班牙提出的有关欧盟内部条约的管辖权异议。

(IA Reporter)

6.7 月 15 ~ 19 日,第二十二轮中国—欧盟投资协定谈判在布鲁塞尔举行。本轮谈判中,双方继续就市场准入进行商谈;在金融服务和国民待遇等议题上,谈判取得了一些进展;在可持续发展议题上,双方对与投资有关的环境和劳工政策问题进行了讨论,并制定了将来技术型工作的谈判大纲;在争端解决问题上,双方就国家间争端解决机制交换了建设性的意见。有关第二十二轮中国—欧盟投资协定谈判报告,参见 http://trade.ec.europa.eu/doclib/docs/2019/july/tradoc_158274.pdf。

(商务部、European Commission)

7.7 月 15 ~ 19 日,欧盟—智利联合协定第五轮升级谈判在布鲁塞尔举行。在投资规则上,双方就投资章节的合并达成一致并取得积极进展,尤其是在与实体投资规则相关的条款上。此外,双方继续于投资章节的结构以及如何实现恰当的投资自由化进行探讨。双方还对于投资法庭制度进行了讨论,并在友好解决争议、调解和磋商等条款上取得了积极进展。有关第五轮欧盟—智利联合协定升级谈判报告的详细内容,参见 http://trade.ec.europa.eu/doclib/docs/2019/july/tradoc_158275.pdf。

(European Commission)

8.7 月 22 ~ 31 日,《区域全面经济伙伴关系协定》第二十七轮谈判在河南郑州举行。谈判各方在召开贸易谈判委员会会议的同时举行了货物贸易、服务贸易、投资、原产地规则、贸易救济、知识产权、电子商务、法律与机制等相关工作组会议。各方重申了2018年第二次RCEP领导人会议关于年内结束谈判的目标,并按照2019年工作计划推动谈判进程,在各领域都取得积极进展。

(商务部)

9. 7月23日,UNCTAD发布新一期《国际投资协定专题简报》(*IIA Issue Note:Review of ISDS Decisions in* 2018: *Selected IIA Reform Issues*)。本期简报对于2018年作出并公开的ISDS案件进行了回顾,并重点对国际投资协定的起草和改革产生影响的案件和问题进行了分析。2018年,投资仲裁庭作出了至少50个裁决,其中29个在2019年1月前均已公开。这些裁决中包含了许多国际投资协定改革的议题,包括:保留东道国管制的权力(如条约适用范围的排除、公平公正待遇的解释以及征收和保护伞条款);改进投资争端解决机制(如对提起仲裁的时间进行限制、将当地救济作为仲裁的前置程序、反诉);确保投资者责任(如根据东道国法律进行投资的合法性)。这些案件中的大多数都是根据20世纪90年代或更早的投资条约提起的(旧一代投资条约),决策者在制定将来的投资条约或对于现有的投资条约进行更新时,或可将这些案件的裁决作为参考。有关本期UNCTAD《国际投资协定专题简报》的详细内容,参见https://unctad.org/en/PublicationsLibrary/diaepcbinf2019d6_en.pdf。

(UNCTAD)

10. 7月26日,欧盟发布第八轮欧盟—印尼自由贸易协定谈判报告。本轮谈判于2019年6月17~21日在雅加达举行,一方面,取得了积极的进展:在政府采购和国有企业章节,谈判取得显著成果;反垄断和兼并章节的谈判已经完成;卫生和植物卫生措施章节的谈判在技术层面已接近尾声;关税、贸易便利化以及贸易救济措施的谈判则已通过视频形式进行,目前也已接近尾声;对于经济合作和数字贸易的谈判则将在接下来几周内进行。另一方面,由于双方存在概念分歧,对于贸易和可持续发展议题的谈判仍难以推进。本轮谈判中,双方并未对修订后的市场准入建议进行讨论,但是在服务和投资章节则进行了详细的研讨。有关第八轮欧盟—印尼自由贸易协定谈判报告的详细内容,参见https://trade.ec.europa.eu/doclib/docs/2019/july/tradoc_158207.pdf。

(European Commission)

国际投资条约与仲裁月报

2019 年第 8 期(总第 60 期)

1. 8 月 1 日,根据 IA Reporter 报道,ICSID 仲裁庭于 7 月 31 日就 *SolEs Badajoz GmbH* v. *Spain*(ICSID Case No. ARB/15/38)一案作出裁决,判决东道国西班牙引入的 2013/2014 新管理体系破坏了投资者在《能源宪章条约》下的合理期待,并造成了投资者的损失,应向投资者支付约 4000 万欧元并利息的补偿。本案涉及来自德国的 SolEs 公司于西班牙投资的光伏太阳能发电厂项目。本案仲裁庭同样驳回了西班牙提出的管辖权异议(包括基于欧盟内部条约所提出的管辖权异议)。

(IA Reporter)

2. 8 月 2~3 日,《区域全面经济伙伴关系协定》部长级会议在北京举行。本次会议是在 RCEP 谈判的关键阶段举办的一次重要部长级会议,也是首次在华举办的 RCEP 部长级会议。本次会议推动谈判取得了重要进展。在市场准入方面,超过 2/3 的双边市场准入谈判已经结束,剩余谈判内容也在积极推进。在规则谈判方面,新完成金融服务、电信服务、专业服务 3 项内容,各方已就 80% 以上的协定文本达成一致,余下规则谈判也接近尾声。与会各国部长表示,RCEP 对于促进亚太地区贸易发展,维护开放、包容和基于规则的贸易体制,创造有利于贸易投资发展的区域政策环境至关重要,各方要保持积极谈判势头,务实缩小和解决剩余分歧,实现 2018 年 RCEP 领导人会议确定的 2019 年年内结束谈判的目标。

(商务部)

3. 8 月 7 日,ICSID 发布《ICSID 受案情况统计报告(2019 财政年度)》。报告显示:(1)2019 财政年度,ICSID 共管理了 306 起案件,再创新高(其中 52 起案件为新受理案件);与此同时,共有 59 起案件仲裁程序终结,这一数字也创历史纪录;自 1966 年至今,ICSID 根据《ICSID 仲裁规则》和《ICSID 附加便利规则》共已管理 728 起案件。(2)ICSID 为根据其他仲裁规则提起的案件提供管理服务,而这一类型的案件数量也在持续增长,并于 2019 财政年度达到 17 起。(3)2019财政年度登记的案件中,25%涉及东欧和中亚国家,21%涉及南美洲国家,17%涉及中东和北非国家,11%涉及撒哈拉以南非洲,10%涉及西欧,8%涉及中美洲和加勒比海地区,6%涉及太平洋地区国家,2%涉及北美洲。(4)能源仍是产生争议最多的行业,其中21%的案件涉及石油、天然气和采矿业,21%案件涉及电力和其他能源行业。(5)2019财政年度受理的案件中,64%根据双边投资条约提起,15%根据投资合同提起,7%根据《能源宪章条约》提起。(6)ICSID见证着投资仲裁结果不断在投资者和东道国间的均衡,2019财政年度中有35起案件结案,其中12起案件和解或终止;剩余23起案件中,有48%的案件仲裁庭全部或部分支持了投资者的主张,35%的案件驳回了投资者的主张,17%的案件以无管辖权为由驳回起诉。有关《ICSID受案情况统计报告(2019财政年度)》的详细内容,参见 https://icsid.worldbank.org/en/Documents/ICSID_Web_Stats_2019 - 2_(English).pdf。

(ICSID)

4. 8月7日,中国、美国、韩国、印度、新加坡、哈萨克斯坦、伊朗、马来西亚、以色列等46个国家和地区在新加坡签署《联合国关于调解所产生的国际和解协议公约》(以下简称《新加坡调解公约》),67个国家和地区的代表团参加了签署仪式。《新加坡调解公约》是由联合国国际贸易法委员会历时4年研究拟订的,并经联合国大会会议于2018年12月审议通过,公约旨在解决国际商事调解达成的和解协议的跨境执行问题。在通过公约的决议中,联合国大会表示,调解在友好解决国际商事争议上具有独特价值,公约将补充现行国际调解法律框架,有助于发展和谐的国际经济关系。

(商务部)

5. 8月12日,斯德哥尔摩商会仲裁院发布《SCC实务指南:SCC理事会关于仲裁员回避的决定(2016-2018)》,该报告对于SCC理事会于2016~2018年作出的仲裁员回避的决定进行了回顾,讨论并总结了SCC在处理仲裁员回避申请方面的一般准则和趋势。有关《SCC实务指南:SCC理事会关于仲裁员回避的决定(2016-2018)》的详细内容,参见 https://sccinstitute.com/media/795278/scc-practice-note _ scc-decisions-on-challenges-to-arbitrators-2016 - 2018.pdf。

(SCC)

6. 8月16日,ICSID发布《工作文件3:ICSID规则修改建议》。与前两次发布的工作文件相比,本次发布的工作文件对仲裁规则的修订建议显著减少,主要涉及透明度问题、仲裁费用保全、第三方资助、仲裁程序中的时间节点以及通过延期付款的机制敦促仲裁员遵守时间节点等。这也反映出在 ICSID 进行广泛的征询意见后各利益相关方已在大部分修订案上达成共识。有关《工作文件 3:ICSID 规则修改建议》的详细内容,参见 https://icsid.worldbank.org/en/Documents/WP_3_VOLUME_1_ENGLISH.pdf。

(ICSID、IA Reporter)

7. 8 月 20 日,中国国际经济贸易仲裁委员会紧急仲裁员作出首例紧急仲裁员决定。本案申请方为中国公司,被申请方为澳大利亚公司,案件涉及煤矿资源勘探开发投资协定引发的纠纷。仲裁程序中,申请人提出紧急仲裁员程序申请,要求被申请人在 CIETAC 最终裁决获得承认与执行前不得将其资产分配给普通未经担保的债权人。被申请人并未提出反驳,并与申请人达成一致,共同请求紧急仲裁员作出决定。紧急仲裁员据此作出了紧急仲裁员程序决定。

(万邦法律)

8. 8 月 23 日,中国—秘鲁自由贸易协定升级第三轮谈判顺利完成。双方在前期达成共识的基础上,围绕服务贸易、投资、海关程序与贸易便利化、原产地规则、卫生与植物卫生措施、知识产权、电子商务、竞争政策和全球供应链等议题展开全面深入磋商。谈判取得积极进展。

(商务部)

9. 8 月 29 日,ICSID 发布《ICSID 受案情况统计报告(特辑):东亚、南亚和太平洋地区》。该报告对于两类案件给予特别关注,即作为东道国的东亚、南亚和太平洋地区国家在 ICSID 进行仲裁的案件,和来自东亚、南亚和太平洋地区国家的投资者的案件。报告显示:(1)截至 2019 年 6 月 30 日,ICSID 共登记 728 起案件,其中 53 起(7%)案件的东道国来自东亚、南亚和太平洋地区;印度尼西亚和巴基斯坦涉及案件最多,分别为 8 起,孟加拉国是 7 起,斯里兰卡和菲律宾分别为 5 起。(2)大多数案件(64%)是根据双边投资条约提起的,部分案件(29%)是根据投资合同提起的,还有一小部分案件(3%)是根据东道国投资法、《东盟促进和保护投资协定》以及《能源宪章条约》(分别为 2%)提起的。(3)36% 的案件涉及石油、天然气和采矿业,13% 的案件涉及电力和其他能源业,另有大量案件涉及交通、金融和农业等领域。(4)43%涉及东亚、南亚和太平洋地区国家的案件以和解或终止而结案,略高于ICSID案件的平均水平(35%);剩余案件中,44%被仲裁庭以无管辖权为由驳回起诉,22%驳回了投资者的主张,4%裁定投资者无明确法律依据,剩余30%的案件仲裁庭部分或全部支持了投资者的主张。(5)在ICSID案件中,有5%投资者来自东亚、南亚和太平洋地区国家,这些投资者集中于石油和采矿业(35%)以及电力和其他能源业(27%)。(6)就ICSID案件所任命的仲裁员、调解员和特别委员会成员而言,11%来自东亚、南亚和太平洋地区。有关《ICSID受案情况统计报告(特辑):东亚、南亚和太平洋地区》的详细内容,参见 https://icsid.worldbank.org/en/PublishingImages/pages/resources/ICSID-Caseload-Statistics/SEAP%20Caseload%20Statistics%20(June%202019)%20ENG.pdf。

(ICSID)

10. 8月26日,厄瓜多尔和墨西哥正式开始进行谈判,以致力于签署一个自由贸易协定。谈判将持续数轮,双方表示力争于2021年达成该协定。与此同时,双方还就信息交换、技术合作、贸易促进和投资便利化等签署了一份备忘录。

(Bilaterals.org)

国际投资条约与仲裁月报

2019 年第 9 期(总第 61 期)

1. 9 月 1 日,《加拿大—以色列自由贸易协定》(CIFTA)升级版正式生效。根据升级版的 CIFTA 规定,以色列将在对加拿大的食品贸易领域(包括谷物制品、新鲜蔬菜和水果、红酒等)享受"零关税"或更低关税待遇,而加拿大将在对以色列出口的农产品、农副食品和渔业产品领域享受"零关税"待遇。CIFTA 于 1997 年 1 月 1 日正式生效,其生效期间消除了加拿大和以色列间所有工业产品和部分农业、渔业产品的关税。CIFTA 升级版谈判始于 2014 年 1 月,历经四年于 2018 年 5 月签署。升级版的协定中加入了七个新的章节,以扩展协定范围至目前新出现的或正在出现的贸易议题,如电子商务、知识产权、劳工、卫生与植物检疫措施、贸易的技术壁垒、环境和贸易便利化。升级版的 CIFTA 是目前世界上最开放的贸易协定,其纳入了承认女性权利条款和贸易中性别平等条款。此外,升级版协定还对于一些旧的条款进行了更新,如争端解决条款、组织条款、货物的市场准入条款和原产地规则。

(Bilaterals. org)

2. 9 月 3 日,*Michael and Lisa Ballantine* v. *Dominican Republic* 一案由仲裁庭作出裁决,认定原告的主要的、有效的国籍是多米尼加而非美国,因此根据《多米尼加—中美洲自由贸易协定》(DR-CAFTA)仲裁庭对该案无管辖权。本案的原告 Michael and Lisa Ballantine 具有美国和多米尼加双重国籍。2014 年,原告根据 DR-CAFTA 启动 UNCITRAL 仲裁程序,其主张多米尼加共和国拒绝批准其房地产风险投资项目 Jamaca de Dios 的环境许可的行为破坏了其在 DR-CAFTA 下的投资权利。本案仲裁庭认为,原告的主要的、有效的国籍是多米尼加而并非美国,因此根据 DR-CAFTA 第 10. 28 条规定其无权提起投资仲裁。这也是投资仲裁庭首次对于条约中偶尔出现的(尤其是近期的美国贸易和投资条约)"主要的、有效的国籍"标准要求作出裁定。

(IA Reporter)

3. 9 月 9 ~ 12 日,中国—挪威自由贸易协定第十六轮谈判在武汉举行。双方就货物贸易、服务贸易与投资、原产地规则、贸易救济、环境、法律议题、争端解决、竞争政策、政府采购、电子商务、机构条款等相关议题展开磋商，谈判取得积极进展。

（商务部）

4. 9月12日，中国商务部、国家统计局和国家外汇管理局联合发布《2018年度中国对外直接投资统计公报》，正式公布2018年中国对外直接投资统计数据。公报分中国对外直接投资概况、中国对外直接投资特点、中国对主要经济体的投资、对外直接投资者构成、对外直接投资企业的地区和行业分布、综合统计数据等六个部分介绍2018年中国对外直接投资情况。公报显示，2018年中国对外直接投资主要呈现以下特点：一是对外直接投资流量和存量稳居全球前三，占比皆创新高。二是投资覆盖全球188个国家和地区，投资存量相对集中。三是投资行业分布广泛，门类齐全，六大行业存量规模超千亿美元。四是地方企业对外直接投资逆势上扬，非公经济控股主体对外投资占比提升。五是境外企业对东道国税收和就业贡献明显，对外投资"双赢"效果显著。

（商务部）

5. 9月13日，据马来西亚媒体 The Malaysian Reserve 报道，《区域全面经济伙伴关系协定》（RCEP）缔约国日前一致决定，搁置在协议中纳入 ISDS 机制。此举毫无疑问将加速谈判进程，促进 RCEP 在年底前达成。马来西亚国际贸易与工业部部长 Datuk Darell Leiking 指出，虽然 RCEP 缔约国决定搁置 ISDS，但是这一议题很有可能在协定批准后两年内被再次提出："一旦协定在两年内生效，缔约国将重新对其进行审视，并再次考虑是否纳入 ISDS。但是，这仍需要所有缔约国达成一致。就目前而言，RCEP 中将不会纳入 ISDS。"Darell 部长还认为，也许未等协定生效 ISDS 议题就会重回 RCEP 成员国的谈判桌。

（The Malaysian Reserve）

6. 9月17日，马尔代夫交存了加入《纽约公约》的文书。《纽约公约》将于2019年12月16日对马尔代夫生效。至此，《纽约公约》缔约国总数达到161个。

（UNCITRAL）

7. 9月23～24日，中国—欧盟投资协定第二十三轮谈判在北京举行。本轮谈判中，双方进一步对于金融服务、资本流动和国民待遇等问题进行谈判，并对于一些技术层面的问题，诸如国家间争端解决机制进行了相当长时间的讨论，最终取得了实质性的成果。在可持续发展议题上双方继续交换了意见,尤其是再投资和环境问题的诸多方面。有关中国—欧盟投资协定第二十三轮谈判的详细情况,参见 https://trade.ec.europa.eu/doclib/docs/2019/september/tradoc_158373.pdf。

(European Commission、商务部)

8. 9月24日,巴黎上诉法院作出裁决,决定中止根据ECT在UNCITRAL下作出的*Energoalians* v. *Moldova*(现为*Komstroy* v. *Moldova*)一案仲裁裁决的撤销程序,以等待欧盟法院(CJEU)对于ECT的条约解释。2013年,乌克兰投资者Energoalians在对摩尔多瓦的投资仲裁中胜诉并获得了约4900万美元补偿。值得注意的是,本案的裁决是根据两个边裁的意见作出的,首席仲裁员Dominic Pellew持反对意见,其认为原告对摩尔多瓦国有能源运营商的金钱主张并不构成ECT下的投资。2016年,Dominic Pellew的意见似乎得到了巴黎上诉法院的充分证明,该法院以仲裁庭无管辖权为理由撤销了本案的裁决。然而,巴黎上诉法院的判决于2018年被法国最高法院推翻,最高法院并不认同巴黎上诉法院的观点,即"作出贡献"是构成ECT下的一项投资的必须标准。随后该案又被发回巴黎上诉法院重审。巴黎上诉法院认为,判定Komstroy的行为(从注册于英属维京群岛的第三方购买了摩尔多瓦国有企业的外债)是否构成ECT下的投资需要对ECT的第1(6)条("投资"的定义)和第26(1)条(规定仲裁庭对何种争议具有管辖权)进行条约解释。被诉方摩尔多瓦提出,除撤销仲裁裁决外,还可中止撤销程序并将ECT的解释问题交由CJEU发表意见。巴黎上诉法院接纳了这一建议,在认定CJEU对ECT具有解释权后,法院向其提出了以下三个问题:(1)ECT第1(6)条是否可以解释为,根据电力销售合同获得一项金钱主张的投资者,虽并未在东道国"作出贡献",但仍符合"投资"定义?(2)ECT第26(1)条是否可以解释为,从ECT效力范围外的领土的实体所获得的金钱主张是否仍符合"投资"定义?(3)ECT第26(1)条是否可以解释为,在一国边境销售电力的行为仍符合在东道国"领土内"的投资,即使投资者除此之外未在东道国再作出任何投资行为?目前该案撤销程序已经中止,等待CJEU的意见后再作判决。

(IA Reporter)

9. 9月26日,上海合作组织成员国经贸部长第十八次会议在乌兹别克斯坦举行。各方深入讨论了区域经济合作的现状和前景,强调了在贸易投资、交通物流、旅游、农业、工业、能源、信息通信技术、区域发展、科技、生态环保等领域加强协作的迫切性和重要性。会议审议通过了新版《上海合作组织成员国多边经贸合作纲要（草案）》，拟作为2020～2035年推动区域经济合作在新时代取得新发展的重要纲领性指导文件。会议还通过了《上海合作组织成员国在数字化时代发展偏远和农村地区的合作构想（草案）》和《上海合作组织经济智库联盟章程（草案）》，为区域经济合作开辟了新的领域。上述文件将作为上海合作组织成员国第十八次总理会议的主要经贸成果，提交总理会议批准。会上，各方均表示，对新版《上海合作组织成员国多边经贸合作纲要（草案）》高度重视，决心携手积极落实，采取切实行动，推动各领域务实合作早日取得新成效。各方强调，反对单边主义和贸易保护主义，维护世贸组织在全球贸易体制的主渠道地位，支持对世贸组织进行必要改革。

（商务部）

10. 9月30日，UNCTAD 更新其投资争端解决导航（Investment Dispute Settlement Navigator）数据库，目前该数据库信息已更新至2019年7月31日。根据本次更新：（1）2019年前7个月间，已知投资者根据国际投资协定（IIAs）共提起至少31起投资者—国家间争端解决案件；2018年已知的案件根据最新公布的信息调整为76起，而更早些年间的未公布案件也逐渐公开；截至2019年7月31日，已知ISDS案件数量达到983起（由于一些案件完全保密，实际的案件数量可能更高）。（2）2019年前7个月的ISDS案件共针对25个国家提起，其中20起案件的被诉方是发展中经济体、7起案件的被诉方是转型经济体、4起案件的被诉方是发达经济体。（3）发达国家投资者提起的案件最多，为21起，其中又以英美投资者提起的案件数量最多，分别为5起和3起。（4）2019年前7个月的案件中，有70%是根据20世纪90年代或更早时间签订的IIAs提起的（22起案件），剩余的9起案件是根据2000～2010年签订的条约提起的；被引用最多的条约为1994年签署的《能源宪章条约》（3起案件），其次是1992年签署的《北美自由贸易协定》和1981年签署的《伊斯兰会议组织会员国之间投资促进、保护和担保协定》（分别为2起案件）。根据《能源宪章条约》提起的3起案件中，有2起都是欧盟内部国家投资争端。

（UNCTAD）

国际投资条约与仲裁月报

2019 年第 10 期(总第 62 期)

1. 10 月 2 日,欧盟启动与五个东部和南部非洲共同市场国家(科摩罗、马达加斯加、毛里求斯、塞舌尔和津巴布韦)的新贸易协定谈判。欧盟与这五个国家的经济合作伙伴协定已于 2012 年生效,但并未包括货物贸易,而新的协定将覆盖与贸易有关的领域,包括服务、投资、贸易技术壁垒、知识产权和贸易与可持续发展等。

(Bilaterals. org)

2. 10 月 7 日,美国与日本签署两份小规模贸易协定,即《美国—日本贸易协定》和《美国—日本数字贸易协定》。其中,《美国—日本贸易协定》将大规模削减美国出口至日本的农产品关税约 72 亿美元,但是避开了诸如汽车关税等争议较大的议题;而《美国—日本数字贸易协定》对减少数字产品的贸易壁垒和关税作出了规定,诸如数字媒体和软件等。有关《美国—日本贸易协定》的详细内容,参见 https://ustr. gov/sites/default/files/files/agreements/japan/Trade_Agreement_between_the_United_States_and_Japan. pdf;有关《美国—日本数字贸易协定》的详细内容,参见 https://ustr. gov/sites/default/files/files/agreements/japan/Agreement_between_the_United_States_and_Japan_concerning_Digital_Trade. pdf。

(Bilaterals. org)

3. 10 月 11 日,ICSID 仲裁庭就 *Standard Chartered Band (Ltd.) Hong Kong* v. *Tanzania* 一案作出裁决,认定坦桑尼亚政府违反了 1995 年 7 月授予原告权利的《执行协议》,判决其向香港渣打银行支付 1.85 亿美元的损害赔偿。2015 年,香港渣打银行以坦桑尼亚独立电力有限公司(IPTL)和坦桑尼亚政府签署的若干合同下权利受让人的身份,就 IPTL 于 20 世纪 90 年代实施的一个地方电力工程项目提起 ICSID 仲裁。仲裁庭认为,根据《执行协议》IPTL 向香港渣打银行的权利转让是合法的,因此渣打银行是适格申请人;由于 IPTL 将权利转让给申请人,因此本项目属于一项外国投资。据此,仲裁庭认定本案属于一项由投资产生的法律争议,根据《ICSID 公约》第 25 条仲裁庭对本案具有管辖权。在案件实体部分,仲裁庭认为,坦桑尼亚政府直接或间接地对申请人的投资进行了征收(将对 IPTL 的控制权移交给一个地方公司 PAP),并且在对 IPTL 歧视的同时支持 PAP 公司,这些行为违反了《执行协议》第 16 条的规定;此外,坦桑尼亚政府没有向拖欠外国投资者的资金提供付款担保,违反了《执行协议》第 15 条的规定。基于上述事实,仲裁庭认定申请人有权单方终止《执行协议》,并且其终止《执行协议》的程序严格遵循了《执行协议》的规定。仲裁庭最终判定,坦桑尼亚政府支付香港渣打银行约 1.85 亿美元的赔偿,并付利息。有关 *Standard Chartered Band* (*Ltd.*) *Hong Kong* v. *Tanzania* 一案裁决的详细内容,参见 http://icsidfiles.worldbank.org/icsid/ICSIDBLOBS/OnlineAwards/C4926/DS12957_En.pdf。

(IA Reporter)

4. 10 月 11 日,欧委会向欧洲理事会提交了 4 份关于《欧盟—加拿大自由贸易协定》(CETA)中投资法庭制度(ICS)的建议。CETA 中的 ICS 已经基本建立,但由于成员国尚未全部批准(目前仅有 13 个成员国批准),因此并未实施。2016 年 10 月,欧盟和加拿大在 CETA 共同解释文件(Joint Interpretative Instrument)中纳入了一份关于 ICS 的承诺,即当协定生效后 ICS 应立即开始运行。此次提交的建议对欧盟及其成员国和加拿大都非常必要。这四条建议包括:(1)上诉法庭的运行机制;(2)成员国在 ICS 下的行为准则;(3)投资争端调解规则;(4)CETA 联合委员会采用的有约束力的解释规则。

(European Commission)

5. 10 月 14 ~ 15 日,欧盟—澳大利亚自由贸易协定第五轮谈判在堪培拉举行。本轮谈判中,18 个工作组对于协定中的几乎所有议题进行了商谈,澄清了相关概念和实践、本协定与其他相关国际协定的关系以及与所涉及的不同级别政府部门的关系。在投资和服务章节,双方对于投资和跨境服务自由化、资本流动、金融服务、专业服务、自然人移动,以及电子通信等议题进行了综合的、建设性的商谈。有关欧盟—澳大利亚自由贸易协定第五轮谈判的详细内容,参见 https://trade.ec.europa.eu/doclib/docs/2019/october/tradoc_158413.pdf。

(European Commission)

6. 10 月 16 日,《中华人民共和国政府与新加坡共和国政府关于升级〈自由贸易协定〉的议定书》(以下简称《升级议定书》)正式生效。《升级议定书》对原中国与新加坡自由贸易协定原产地规则、海关程序与贸易便利化、贸易救济、服务贸易、投资、经济合作等6个领域进行了升级,并新增了电子商务、竞争政策和环境等3个领域。双方商定,《升级议定书》涉及的原产地规则调整将于2020年1月1日起实施。

(商务部)

7. 10月17日,中国与毛里求斯签署《中华人民共和国政府和毛里求斯共和国政府自由贸易协定》。该协定是中国商签的第17个自贸协定,也是中国与非洲国家的第一个自贸协定。协定涵盖货物贸易、服务贸易、投资、经济合作等内容,实现了"全面、高水平和互惠"的谈判目标。在服务贸易领域,双方承诺开放的分部门均超过100个。其中,毛里求斯将对我国开放通信、教育、金融、旅游、文化、交通、中医等重要服务领域的130多个分部门。这是毛里求斯迄今为止在服务领域开放水平最高的自贸协定。在投资领域,协定较1996年《中国—毛里求斯双边投资保护协定》在保护范围、保护水平、争端解决机制等方面有较大升级。协定签署后,双方将各自履行关于协定正式生效的国内程序,以便协定尽早实施。

(商务部)

8. 10月18日,ICSID发布《2019年ICSID年度报告》。该报告对于2018年7月1日至2019年6月30日一整个财政年度中ICSID的运行进行了深入的分析,其主要内容包括:(1)ICSID秘书长和行政委员会主席致辞;(2)对于ICSID成员国数据的更新,包括新的缔约国和签署国;(3)ICSID仲裁员和调解员的最新任命或重新任命情况;(4)ICSID上一年度受案情况报告;(5)《ICSID仲裁规则》修订程序的特点,以及ICSID最新的听证系统;(6)ICSID外展服务和培训活动综述;(7)ICSID收支报表情况。有关《2019年ICSID年度报告》的详细内容,参见https://icsid.worldbank.org/en/Documents/ICSID_AR19_EN.pdf。

(ICSID)

9. 10月24日,欧委会发布公告,欧盟成员国就终止所有欧盟内部双边投资条约达成协议。早在2019年1月15日的共同宣言中,欧盟成员国已经就欧盟法院对Achmea诉斯洛伐克一案中欧盟内部投资者—国家间争端解决问题作出的裁决表达了意见。由于欧盟内部条约仍被欧洲投资者作为向欧盟成员国提起投资仲裁的依据,因此此类条约的终止成为欧委会及大部分欧盟成员国政治上优先考虑的问题。尽管似乎所有成员国在2019年1月均同意达成一个终止欧盟内部条约的多边协议,欧委会 2019 年 10 月 24 日的公告显示,仍有极少数国家拒绝签署该终止协议。欧委会表示,将考虑对拒绝终止其欧盟内部双边投资协定的国家恢复或重启侵权程序。

(IA Reporter)

10. 10 月 25 日,UNCTAD 发布《全球投资趋势监测(第 32 期)》,其主要内容包括:(1)2019 年上半年度外国直接投资(FDI)较 2018 年同期增长 24%,但是基础 FDI 仅增长了 4%(去除一次性交易和企业内部资金流,包括 2017 年美国税务改革引发的资本回流)。(2)2019 上半年度 FDI 增长至 6400 亿美元,较 2018 年同期相比十分可观(2018 年同期的 FDI 处于一个非正常的低水平,仅为 5170 亿美元),但是 2018 年和 2019 年的 FDI 相较过去十年的平均值仍处于较低水平。(3)发达国家 2019 上半年度 FDI 达到 2690 亿美元,几乎是 2018 年同期的两倍;流入发展中国家的 FDI 相对保持稳定,约为 3420 亿美元,基本没有受到资本回流的影响,但较 2018 年同期略下降 2%;流入转型经济体的 FDI 约为 280 亿美元,较 2018 年同期增长约 4%。(4)预计 2019 年全年度 FDI 将与之前预测保持一致,即较上一年度呈现 5% ~10% 的增长;发达国家 FDI 的回升之势可能将持续下去,发展中国家增长趋向稳定,但东南亚地区集中呈现增长之势;全球经济活动疲软以及持续紧张的贸易冲突成为影响 FDI 增长的主要风险。有关《全球投资趋势监测(第 32 期)》的详细内容,参见 https://investmentpolicy.unctad.org/news/hub/1626/20191025-global-investment-trend-monitor-no-32。

(UNCTAD)

国际投资条约与仲裁月报

2019 年第 11 期(总第 63 期)

1. 11 月 4 日,中国和新西兰宣布正式结束《中国—新西兰自由贸易协定》升级谈判。《中国—新西兰自由贸易协定》于 2008 年生效,2016 年 11 月启动升级谈判。升级谈判对原有的海关程序与合作、原产地规则及技术性贸易壁垒等章节进行了进一步升级,新增了电子商务、环境与贸易、竞争政策和政府采购等章节。双方还在服务贸易和货物贸易市场准入、自然人移动和投资等方面作出新的承诺。

(商务部)

2. 11 月 4 日,《区域全面经济伙伴关系协定》(RCEP)第三次领导人会议在泰国召开并发布联合声明。在快速变化的全球形势下,完成 RCEP 谈判将展示成员国支持在本区域营造开放贸易投资环境的共同承诺。RCEP 谈判旨在进一步扩大和深化区域价值链,造福各国的企业,包括中小企业,并提升工人、生产者和消费者的福祉。RCEP 在为强有力的多边贸易体制提供支持、促进区域内各经济体发展的同时,将显著增强本地区的未来发展前景,为全球经济做出积极贡献。

(商务部)

3. 11 月 4 日,印度官方宣布不加入《区域全面经济伙伴关系协定》(RCEP),并称“我们在核心利益上不会妥协,RCEP 协定没有体现其初衷”。来自印度政府高层的内部消息称,始于 2012 年的 RCEP,在其最新一轮的协议谈判中并没有顾及印度的一些关键顾虑,包括未能照顾印度农民、商人、工人、消费者以及各行业的利益。印度的立场是该协议既要务实,也要保护到印度穷人的利益,还要能让印度的服务业获利。

(印度时报)

4. 11 月 5 ~ 8 日,中国—欧盟投资协定谈判第二十四轮谈判在北京举行。本轮谈判中,双方重点对于投资自由化和公平竞争规则进行了商谈。在关于透明度和竞争相关的议题、国有企业、金融服务、转移和资本流动等议题上,双方举行了专门的会议。此外,对于可持续发展议题的讨论仍在持续,在国家间争端解决机制上双方则取得了实质性的进展。有关第二十四轮中国—欧盟投资协定谈判的详细内容,参见 https://trade. ec. europa. eu/doclib/docs/2019/november/tradoc_158429. pdf。

(商务部、European Commission)

5. 11 月 8 日,欧盟成员国签署《欧盟—新加坡自由贸易协定》,该协定将于 11 月 21 日正式生效。根据该协定,新加坡将削减目前对欧盟产品的所有关税。此外,协定还为欧盟服务提供商在包括电子通讯、环境服务、工程、计算机和海洋运输等领域创造了新的机会。该协定将使营商环境更加可预期。除《欧新自贸协定》外,欧盟和新加坡还签署了一份投资保护协定,该协定将等待欧盟成员国根据各自国内法律程序批准后生效。

(European Commission)

6. 11 月 11 ~ 15 日,ICSID 成员国代表在华盛顿就《ICSID 仲裁规则》修订召开第三次会议。本次会议主要对于 2019 年 8 月发布的《工作文件(三)》中的仲裁、和解、调解和事实调查规则的文本草案进行讨论。下一步,ICSID 秘书处将就本次会议中收集到的反馈意见发布第四份工作文件。

(ICSID)

7. 11 月 18 ~ 21 日,《中国—以色列自贸协定》第七轮谈判在以色列举行。双方就货物贸易、原产地规则、海关程序与贸易便利化、卫生与植物卫生措施、贸易救济、环境、知识产权、竞争政策、政府采购、法律与机制条款等议题展开磋商,取得积极进展。

(商务部)

8. 11 月 20 日,商务部副部长王炳南与澳门经济财政司司长梁维特在澳门共同签署《关于修订〈CEPA 服务贸易协议〉的协议》。随后,11 月 21 日,商务部副部长王炳南与香港财政司司长陈茂波在香港共同签署《关于修订〈CEPA 服务贸易协议〉的协议》。上述协议自签署之日起生效,于 2020 年 6 月 1 日起正式实施。

(商务部)

9. 11月21日,UNCTAD和OECD联合发布《G20投资措施报告(第22期)》,报告显示:(1)在2019年5月中旬至2019年10月中旬,G20成员国制定投资政策措施的速度进一步放缓,仅有一些成员国采取投资措施行动,并且这一措施的数量较低。(2)G20成员国继续对其投资政策进行改革,以确保其根本安全利益不受来自国际投资的威胁,三个G20成员国在报告期间内改变了其在该领域的政策。(3)在FDI政策之外,外国投资越来越多地受到国际贸易冲突的影响,这一影响甚至超过了投资政策本身。(4)全球FDI在过去两年间持续下滑。有关《G20投资措施报告(第22期)》的详细内容,参见https://unctad.org/en/PublicationsLibrary/unctad_oecd2019d22_en.pdf。

(UNCTAD)

10. 11月28~29日,中国—日本—韩国自贸区第十六轮谈判首席谈判代表会议在韩国首尔举行。三方围绕货物贸易、服务贸易、投资和规则等重要议题深入交换了意见,取得积极进展。三方在共同参与的《区域全面经济伙伴关系协定》(RCEP)基础上,就进一步提升贸易投资自由化便利化水平、打造“RCEP+”的自贸协定深入交换了意见,并就下一步工作安排达成积极共识。中日韩自贸区谈判是中国参与的经济体量最大、占我外贸比重最高的自贸区谈判之一。

(商务部)

国际投资条约与仲裁月报

2019 年第 12 期(总第 64 期)

1. 12 月 1 日,《中华人民共和国政府和巴基斯坦伊斯兰共和国政府关于修订〈自由贸易协定〉的议定书》(以下简称《议定书》)正式生效。《议定书》对原自贸协定中的货物贸易市场准入及关税减让表、原产地规则、贸易救济、投资等内容进行了升级和修订,并新增了海关合作章节。其中,核心内容是在原自贸协定基础上,大幅提高货物贸易自由化水平。《议定书》规定,中巴两国间相互实施零关税产品的税目数比例将从此前的 35% 逐步增加至 75% 。此外,双方还将对占各自税目数比例 5% 的其他产品实施 20% 幅度的部分降税。经中巴双方协商,关税减让将在完成必要国内程序后尽快实施。

(商务部)

2. 12 月 3 日,据 IA Reporter 报道,在 *Wuxi T. Hertz Technologies and Jetion Solar* v. *Greece* 一案中,中国投资者 Wuxi T. Hertz Technologies Co. Ltd. 和 Jetion Solar Co. Ltd. 撤回了对希腊政府提出的仲裁通知。2019 年 5 月 27 日,中国投资者 Wuxi T. Hertz Technologies Co. Ltd. 和 Jetion Solar Co. Ltd. 根据《中国—希腊双边投资条约》(1992 年签署)向希腊发出投资仲裁通知,理由是这两家公司及其希腊子公司 BRITE Hellas AE 在希腊北部的光伏投资项目陷入困境。该项目价值约 2 亿欧元,曾于 2012 年被希腊列为“战略项目”并获准通过“快速通道”进行审批,但是迄今为止仍未启动,原因是欧债危机造成的希腊法律不稳定性,以及欧洲光伏法律制度的不稳定性。据目前消息,投资者撤诉的主要原因是其得知希腊政府即将通过一项方案,为该光伏项目的审批开辟通道。

(IA Reporter)

3. 12 月 5 日,UNCTAD 发布《投资政策观察(特辑)　外国投资中与国家安全相关的审查机制:基于近期政策发展的分析》,重点关注以国家安全为由拒绝外国投资的政府措施。近年来,许多国家制定或强化了对与国家安全相关的外国投资的审查机制和审查程序。2011 年 1 月 ~2019 年 9 月,至少 3 个国家建立了新的审查体系;15 个国家和地区将至少 45 项重要修正案纳入现有的审查体系;欧盟还建立了欧委会与欧盟成员国间的外国直接投资审查合作体系。与此同时,以国家安全为由限制外国投资或造成外国投资无法落地而引发的案件数量也逐渐上升。据 UNCTAD 统计,在 2016 ~ 2019 年 9 月,至少有 20 个计划在 5000 万美元以上的外国投资项目由于国家安全因素而"流产",这些项目价值总额超过 1625 亿美元。报告认为,政府间的对话可以解决出于国家安全因素收紧投资监管而可能造成新的投资壁垒的担忧;此外,政府间对话还可以打造优秀的国际实践,从而强化现有审查机制的透明度和可预期性。有关《投资政策观察(特辑) 外国投资中与国家安全相关的审查机制:基于近期政策发展的分析》的详细内容,参见 https://unctad.org/en/PublicationsLibrary/diaepcbinf2019d7_en.pdf。

(UNCTAD)

4. 12 月 10 日,美国、墨西哥和加拿大正式签署修订后的《美墨加协议》,取代了已有 25 年历史的《北美自由贸易协定》。USMCA 包括更强的环境和劳工标准,其将使美国工人受益、工资增加,墨西哥美国工会的权力也更大;此外,USMCA 还取消了对生物药品规定的 10 年专利期要求。这一新的自贸协定需要三国立法机构的批准方能正式生效。

(观察者网)

5. 12 月 12 日,瑞典最高法院作出裁定,在波兰申请撤销 *PL Holdings* v. *Poland* 裁决一案中,就《卢森堡—波兰双边投资协定》中涉及欧盟内部性质的问题提交欧盟法院。2019 年 9 月,SCC 仲裁庭就 *PL Holdings* v. *Poland* 一案作出裁决,认定波兰违反《卢森堡—波兰双边投资协定》,应向卢森堡投资者支付 2 亿多美元的赔偿(含利息)。该裁决随后被诉至瑞典斯维亚上诉法庭,但该法庭支持了仲裁庭的裁决。随后,波兰上诉至瑞典最高法院。瑞典最高法院提出,鉴于 Achmea 案的判决,是否可以将波兰没有在仲裁程序中提出欧盟内部管辖权异议的行为视为其默示同意仲裁。法庭认为,Achmea 案的判决中法庭认定比利时/卢森堡—波兰双边投资条约的仲裁条款是无效的(瑞典斯维亚上诉法院认同该意见,并认为波兰放弃了提出这一异议的权利),由此得出的"可能结论"是,因为国家同意仲裁的意思表示与仲裁条款相关联,所以国家的意思表示最终也是无效的。但是,PL Holdings 主张投资仲裁中启动仲裁是由投资者首先提出请求,国家可以通过参加仲裁的形式来决定接受这一请求。法庭认为,如果这一点成立,那么在 Achmea 案的先例下波兰同意仲裁的意思表示是有效的,因为欧盟法院就无效的条约仲裁和合法的商事仲裁曾作出明确的区分。PL Holdings 的这一主张似乎是对国家接受投资仲裁的表达形式的新颖理解,这使瑞典最高法院认定,为了避免对欧盟法作出错误的解释,应就国家是否可以有多种方式表示同意这一问题提交欧盟法院进行裁判。有关瑞典最高法院判决的详细内容,参见 https://www.iareporter.com/articles/swedish-supreme-court-sends-achmea-related-issue-to-european-court-of-justice/。

(IA Reporter)

6. 12 月 13 日,UNCITRAL 仲裁庭就 *Manuel Garcia Armas et al.* v. *Venezuela* 一案作出裁决,驳回具有西班牙和委内瑞拉双重国籍的投资者 Manuel Garcia Armas 等提起的仲裁请求,认定《西班牙—委内瑞拉双边投资协定》并不允许具有双重国籍的公民对其任何一个母国提起投资仲裁。本案中,Garcia Armas 家族认定其在委内瑞拉食品工厂的投资遭受委内瑞拉政府的征收,因此对委内瑞拉提起了三个不同的仲裁程序。其中,在由 Serafin Garcia Armas 和 Karina Garcia Gruber(双重国籍)提起的 *Serafin Garcia Armas and Karina Garcia Gruber* v. *Venezuela* 案中,UNCITRAL 仲裁庭于 2014 年 12 月认定对案件具有管辖权;而由 Luis Garcia Armas 提起的 *Luis Garcia Armas* v. *Venezuela* 案仍在进行,但 Luis Garcia Armas 只具有西班牙国籍,并不具有委内瑞拉国籍。*Manuel Garcia Armas et al.* v. *Venezuela* 案的仲裁庭认为其在诸多问题上与 Serafin Garcia Armas 案 2014 年作出的裁决具有较大分歧。仲裁庭认定,《西班牙—委内瑞拉双边投资协定》禁止双重国籍者对其任何一个母国提起投资仲裁,且无论该投资者的主要国籍为何。因此,仲裁庭认定对本案无管辖权,驳回 Manuel Garcia Armas 等的仲裁申请。

(IA Reporter)

7. 12 月 16 ~ 19 日,第二十五轮中国—欧盟投资协定谈判在比利时布鲁塞尔举行。本轮谈判中,双方继续围绕文本展开谈判,交换了关于投资市场准入的清单改进出价,并对于国有企业、转移和资本流动、重要人员的进入和暂住、国家间争端解决机制以及可持续发展等议题交换了详细的意见。双方还就与透明度有关的议题举行了专门会议,尤其是标准制定程序和竞争程序中的程序公正。有关中欧投资协定第二十五轮谈判报告的详细内容,参见 https://trade.ec.

europa. eu/doclib/docs/2020/january/tradoc_158555. pdf。

(商务部)

8. 12月20日,UNCITRAL发布《投资政策观察(第二十二期)》,其主要内容包括:(1)2019年5~10月,共有30个国家采取了48项投资政策措施,这些措施中80%旨在创造更为有利的投资环境,该比例与长期的投资政策趋势大体一致,但高于上一统计期间的比例。(2)在这些措施中,最值得注意的是在多个关键产业所采取的自由化政策、行政程序的简化政策以及对投资财政鼓励措施的增加,此类措施大多出自发展中国家和转型经济体。(3)限制或管制外国投资者的新措施仍大多基于对国家安全的考虑,如关键基础设施的外国所有权、核心技术或其他敏感产业,此类措施大多出自发达经济体。(4)在报告期间,全球新增7个国际投资协定,全球国际投资协定总数达到3285个,至少20个双边投资条约终止生效;截至2019年10月,共有至少2651个国际投资协定正在生效。(5)国际投资政策仍在不同组织和不同层面进行制定,其中值得注意的是向着与UNCTAD投资政策工具相一致的以可持续发展为导向的国际投资协定改革的努力,这一点从新的投资条约中所纳入的大量的改革特征中显而易见。有关《投资政策观察(第二十二期)》的详细内容,参见 https://unctad. org/en/PublicationsLibrary/diaepcbinf2019d7_en. pdf。

(UNCTAD)

9. 12月21日,中国—日本—韩国自贸区谈判首席谈判代表会见会在北京举行。三方围绕货物贸易、服务贸易、投资和规则等重要议题深入交换了意见,取得积极进展,并就下一步工作安排达成原则共识。

(商务部)

10. 12月26日,国务院总理李克强签署国务院令,公布《中华人民共和国外商投资法实施条例》,该条例自2020年1月1日起施行。实施条例施行后,《中华人民共和国中外合资经营企业法实施条例》《中外合资经营企业合营期限暂行规定》《中华人民共和国外资企业法实施细则》《中华人民共和国中外合作经营企业法实施细则》同时废止。12月27日,最高人民法院发布《最高人民法院关于适用〈中华人民共和国外商投资法〉若干问题的解释》,自2020年1月1日起施行。

(中央人民政府、最高人民法院)

规　　则

中国国际经济贸易仲裁委员会《投资仲裁规则》说明及规则文本

一、关于制定《投资仲裁规则》的总体考虑

(一)制定《投资仲裁规则》的意义

第一,制定《中国国际经济贸易仲裁委员会国际投资争端仲裁规则(试行)》(以下简称《投资仲裁规则》)是促进我国仲裁法制建设的积极举措。我国《仲裁法》主要是调整平等主体之间合同及财产权益纠纷仲裁的法律。随着实践的发展,它与我国社会主义市场经济发展及当前我国所面临的新形势产生了一些不适应,同时也与国外仲裁制度的通行做法存在一定的差距。中国国际经济贸易仲裁委员会(以下简称贸仲委)《投资仲裁规则》的出台,一方面弥补了我国仲裁在国际投资仲裁领域的空白;另一方面,通过该规则对国际最新实践的借鉴吸收,丰富和发展我国投资仲裁实践,将为进一步完善我国仲裁法律制度发挥积极的推动作用。

第二,制定《投资仲裁规则》是适应我国双向投资发展的必然要求。国际投资仲裁是解决投资者与东道国之间投资争端的主要方式。国际投资争端解决中心、国际商会仲裁院、斯德哥尔摩商会仲裁院等国际知名仲裁机构都受理了较多的国际投资争端案件。但是,我国尚没有一部国际投资争端仲裁规则,我国仲裁机构也没有受理国际投资争端的实践。据统计,2016年,我国对外直接投资金额增长43.5%,达到1830亿美元,已成为全球第二大对外投资国,吸引外资金额位居全球第三位。建立投资仲裁机制有利于平等保护中国投资者在境外投资、外国投资者在中国投资的合法权益,促进建立公平有序的国际经济秩序。

第三,制定《投资仲裁规则》符合国家“一带一路”建设的实际需要。随着“一带一路”建设的加紧实施,我国越来越多的企业“走出去”,在“一带一路”沿线及其他国家进行投资。考虑到多数“一带一路”沿线国家投资法制并不完善,法律风险较高,制定《投资仲裁规则》能够为我国企业提供解决与东道国投资争端的制度化保障,平等保护投资双方当事人的合法权益,服务国家“一带一路”

建设。

第四,制定《投资仲裁规则》有利于进一步完善国际投资仲裁制度。国际投资法制已进入转折更新的关口。随着国际投资活动的快速发展,我国已经从投资规则的"旁观者"逐渐发展为投资规则重要的"参与者"。迄今为止,我国已经与世界130多个国家和地区签署了双边投资条约,正在积极推动中美BIT、中欧BIT和区域全面经济伙伴关系谈判。制定一套成熟的投资仲裁规则并在案件审理过程中不断积累经验,可以为完善中国的投资条约实践提供更好的支持,并进一步推动国际投资法制发展。

(二)制定《投资仲裁规则》的原则

第一,借鉴国际投资仲裁经验,融入中国特色,体现国际化和实用性。

总结国际投资争端解决中心、国际商会仲裁院、瑞典斯德哥尔摩商会仲裁院等国际投资的成熟经验,认真研究美国、欧盟的投资条约内容,深入考察我国双边BIT缔约实践,在程序设计、公开审理、仲裁员名册、仲裁地、仲裁庭管辖权、合并仲裁、第三方资助和仲裁程序的透明度等许多方面都充分吸收和借鉴了国际最先进的实践做法,同时注重引入中国仲裁的丰富经验,如吸纳贸仲委仲裁与调解相结合解决争议的东方智慧,遵循我国仲裁制度设立仲裁员名册制度的传统做法,实行专有名册制度,使《投资仲裁规则》充满开放包容,兼收并蓄的时代特质,既体现国际化的特色,也符合我国投资仲裁的实际需要。

第二,充分尊重当事人的意思自治,保障仲裁庭的独立裁判,保证仲裁裁决的公信力。

《投资仲裁规则》赋予了当事人充分的意思自治。首先,表现在当事人应自愿达成将国际投资争端提交仲裁的仲裁协议,同时明确仲裁协议可以多种形式规定在合同、条约、国内立法或其他文件中。其次,赋予了当事人自愿选择仲裁员的权利,包括双方可以约定仲裁庭成员人数,享有选定仲裁员及共同选定首席仲裁员的权利,特别是针对双方无法形成首席仲裁员人选的情况,设计了促成双方合议选定首席仲裁员更具可操作性的制度安排。《投资仲裁规则》在适用法律、审理方式、程序设计等方面都充分体现了当事人的意思自治。同时,从制度上保障仲裁庭不受行政机关、其他个人和组织的干涉,独立公正地作出裁决。

第三,贯彻灵活、高效、经济的仲裁理念,立足服务当事人,体现机构仲裁的特色优势。

《投资仲裁规则》在整个程序设计上体现了仲裁的灵活性和高效性,如当事人意思自治的灵活性,仲裁庭自行决定审理案件方式的灵活性等。同时,《投资仲裁规则》明确规定仲裁程序的期限要求,仲裁庭应高效快速推进程序,仲裁裁决在仲裁庭宣布审理终结后6个月内作出,机构应指定案件秘书协助仲裁庭进行程序管理等内容,体现了《投资仲裁规则》程序进行的高效性。当事人在享有便捷高效仲裁服务的同时,所需承担的仲裁费用相对低廉。与其他国际仲裁机构相比,仲裁收费整体较低,区分机构管理费用和仲裁员报酬,并分别规定了收费标准,收费标准合理、公开透明,既整体上降低了当事人的仲裁成本,同时也提高了仲裁员的积极性,体现了机构仲裁专业服务的优势。

二、《投资仲裁规则》的主要特点

一是适用范围的特殊性与专业性。在适用范围方面,《投资仲裁规则》明确规定解决基于合同、条约、法律法规或其他文件提起的,涉及投资者与国家或政府间组织或政府实体等产生的国际投资争端。《投资仲裁规则》规定本规则的适用不妨碍应适用的强制性法律规范。

二是仲裁员的名册制与高门槛。仲裁的好坏取决于仲裁员。为确保仲裁员的高水准,规则设定了专门的《国际投资争端仲裁员名册》,要求仲裁员应道德高尚,在法律、投资等专业领域具备公认的能力,不受任何行政干预,独立公正作出裁判。允许当事人可以共同约定在该名册之外选定仲裁员,但需仲裁委员会主任的确认。

三是仲裁案件的公开审理。由于不少投资仲裁涉及东道国为维护公共利益所采取的措施,公众对于私人仲裁庭处理如此重大的问题表现出越来越多的担忧,这也引发了国际投资仲裁制度的合法性危机。为了回应公众对于仲裁程序私密性的质疑,晚近不少投资条约都规定了仲裁案件的公开审理。我国在2012年签署的《中华人民共和国政府和加拿大政府关于促进和相互保护投资的协定》中接受了这一实践。与此同时,我国积极参与联合国《投资人与国家间基于条约仲裁透明度公约》的立法工作。鉴于此,《投资仲裁规则》规定,除非当事人另有约定或仲裁庭另有决定,开庭审理应公开进行。《投资仲裁规则》通过引入非争议方和非争议缔约方提交书面意见,允许对外公开仲裁资料,增强了仲裁程序的透明度。上述规定积极回应了国际社会对投资仲裁制度的质疑,有助于《投资仲裁规则》被国际社会广泛接受。

四是规定了第三方资助。国际商事仲裁理事会研究表明,目前有60%的

ICSID 案件涉及第三方资助。鉴于在第三方资助的情况下,第三方将不可避免地对仲裁结果具有利益,从而对仲裁程序产生影响,《投资仲裁规则》规定了受资助方的信息披露义务、披露内容和对象、披露时间等,仲裁庭在确定仲裁费用及其他相关费用时可以考虑是否存在第三方资助的情形及当事人遵守相关义务的情况。

三、《投资仲裁规则》的主要内容

《投资仲裁规则》由正文和附件组成。其中,正文共六章五十八条,二个附件为《中国国际经济贸易仲裁委员会国际投资争端仲裁费用表》(以下简称《费用表》)和《中国国际经济贸易仲裁委员会国际投资争端紧急仲裁员程序》(以下简称《紧急仲裁员程序》)。主要内容如下:

第一,受案范围与管辖依据。《投资仲裁规则》与贸仲委《仲裁规则》受理案件的范围不同。《投资仲裁规则》受案范围是根据当事人之间的仲裁协议,受理基于合同、条约、法律法规或其他文件提起的,一方当事人为投资者,另一方当事人为国家或政府间组织、经政府授权的或其行为可归责于国家的其他任何机构、部门和其他实体的国际投资争端。管辖依据是当事人之间的仲裁协议,该仲裁协议体现在合同、条约、法律法规或其他文件中。一方当事人通过合同、条约、法律法规或其他文件作出了提交贸仲委仲裁或按照《投资仲裁规则》仲裁的意思表示,另一方当事人通过提起仲裁或以其他方式予以接受的,视为达成仲裁协议。

第二,受理机构与职责划分。《投资仲裁规则》规定贸仲委投资争端解决中心(北京)和贸仲委香港仲裁中心(香港)负责处理国际投资争端程序管理等日常事务。当事人约定提交贸仲委仲裁的,由投资争端解决中心管理案件;仲裁地在香港或者约定由香港仲裁中心仲裁的,由香港仲裁中心管理。约定不明的,由投资争端解决中心接受仲裁申请并管理案件。如有争议,由贸仲委决定。

第三,开始仲裁。提起仲裁的一方当事人应向管理案件的投资争端解决中心或香港仲裁中心提交启动仲裁通知书,同时发送被申请人,并按照规则的规定缴纳案件登记费。仲裁程序自投资争端解决中心或香港仲裁中心收到启动仲裁通知书之日开始。

第四,答复及反请求。被申请人应自收到启动仲裁通知书之日起 30 日内向管理案件的投资争端解决中心或香港仲裁中心提交书面答复,同时发送申请人。

答复可包括反请求的内容。

第五,仲裁庭的组成。在充分尊重当事人意思自治的基础上,《投资仲裁规则》允许当事人可以约定仲裁庭由一名、三名或其他任意奇数仲裁员组成;当事人没有约定的,仲裁庭由三名仲裁员组成。关于选定仲裁员的范围,规则作出了明确规定,当事人应从贸仲委制定的《国际投资争端仲裁员名册》中选定仲裁员,也可以约定在该名册之外选定仲裁员,但应经仲裁委员会主任确认。

首席仲裁员/独任仲裁员由双方当事人共同选定或委托仲裁委员会主任指定产生;如由仲裁委员会主任指定,主任应至少提出五名候选仲裁员供双方选定。规则还规定了仲裁员的披露、回避和更换等事项。

第六,管辖权异议与决定。当事人对仲裁协议是否存在、仲裁协议的效力及投资仲裁规则的可适用性等事项有异议的,应书面提出,由仲裁庭对上述事项作出决定;如果上述异议在仲裁庭组成前提出,仲裁委员会可以根据表面证据作出决定。

第七,先期驳回。当事人可以仲裁请求或反请求明显缺乏法律依据或明显超出仲裁庭的管辖范围为由,书面申请先期驳回全部或部分仲裁请求或反请求。在征询双方当事人意见后,仲裁庭有权对上述请求作出受理决定。仲裁庭决定受理的,应作出裁决,并附具理由。

第八,第三方资助。在《投资仲裁规则》中,第三方资助是指当事人以外的自然人或实体协议承担参与争议的一方当事人在仲裁程序中的全部或部分费用的情形。获得第三方资助的当事人负有披露义务,仲裁庭也有权命令获得第三方资助的当事人披露相关情况。仲裁庭在就仲裁费用和其他相关费用作出裁决时,可以考虑第三方资助的情形以及当事人遵守披露义务的情况。

第九,仲裁地。仲裁地对于国际投资争端仲裁具有重要意义。根据《投资仲裁规则》规定,仲裁裁决视为在仲裁地作出。当事人对仲裁地作出约定的,从其约定。在当事人未作约定时,以管理案件的投资争端解决中心或香港仲裁中心所在地为仲裁地;仲裁庭也可视案件的具体情形确定其他地点为仲裁地,但该仲裁地通常应该位于《承认与执行外国仲裁裁决的公约》的成员国内。

第十,临时措施。为及时保障当事人的合法权益和仲裁裁决的顺利执行,当事人可以申请紧急仲裁员程序和仲裁庭作出临时措施。当事人可依据《紧急仲裁员程序》向投资争端解决中心或香港仲裁中心申请紧急性临时救济,紧急仲裁员可以决定采取必要或适当的紧急性临时救济措施,紧急仲裁员的决定对双方当事人具有约束力。如一方当事人提出请求,仲裁庭也可以决定采取其认为必要和适当的临时措施,并有权要求当事人提供适当的担保。上述程序不影响当事人向有管辖权的法院请求采取临时措施的权利。

第十一,仲裁与调解相结合。根据双方当事人的意愿,仲裁庭可以在仲裁程序中对案件进行调解。当事人经调解达成或自行达成和解协议的,可以撤回仲裁请求或反请求,也可以请求仲裁庭根据当事人和解协议的内容作出裁决书。

第十二,非争议缔约方和非争议方提交书面意见。在依据投资条约提起的仲裁案件中,当事人之外的投资条约缔约方(非争议缔约方)可以向仲裁庭提交有关案件所涉投资条约解释的书面意见;仲裁庭也可以根据具体情况,邀请非争议缔约方就上述事项提交书面意见。当事人和非争议缔约方之外的个人或实体(非争议方)、非争议缔约方可以向仲裁庭提交与案件所涉争议范围内某一事项有关的书面意见;仲裁庭也可以根据具体情况,邀请非争议缔约方或非争议方就上述事项提交书面意见。仲裁庭可以参考或依据非争议缔约方或非争议方的书面意见发布命令、作出决定或裁决。

第十三,裁决。仲裁庭应自宣布审理终结之日起6个月内作出裁决书,该期限可以延长。仲裁庭应将裁决书草案提交仲裁委员会核阅;在不影响仲裁庭独立裁决的情况下,仲裁委员会可以就裁决书的有关问题提请仲裁庭注意。裁决应当以书面形式作出,应说明裁决理由,并写明裁决作出日期及仲裁地。仲裁庭在作出最终裁决之前,可以就当事人的某些请求事项先行作出部分裁决。仲裁庭有权对裁决书进行更正、解释和作出补充裁决。

第十四,仲裁费用。仲裁费用包括仲裁庭的报酬及费用,紧急仲裁员的报酬及费用,仲裁庭指定的专家费用以及仲裁庭需要其他合理的协助而产生的费用,案件登记费、机构管理费及其他费用。仲裁委员会可以根据案件情况确定预缴仲裁费用金额,申请人和被申请人应按照规定各预缴50%的仲裁费用。仲裁庭应在裁决书中确定仲裁费用的金额,并决定各方当事人承担仲裁费用的比例。

第十五,附件。附件一《费用表》,规定了仲裁案件登记费、机构管理费、仲裁员报酬和费用的收取方式与收费标准等事项。上述费用均以人民币计费。当事人各方书面约定仲裁员报酬和费用以小时费率为基础收取的,从其约定,仲裁员小时费率将在贸仲委网站上实时公布。《费用表》统一适用于贸仲委投资争端解决中心和香港仲裁中心。《费用表》还规定了有关费用的其他事项。

附件二《紧急仲裁员程序》,规定了紧急仲裁员程序的申请和受理,紧急仲裁员的指定、披露及回避、决定，费用承担等问题。

《投资仲裁规则》定于2017年10月1日起施行。

特别感谢贸仲委投资仲裁规则专家课题组单文华教授以及全体成员为制定本规则所付出的辛苦努力。由衷感谢西安交通大学、厦门大学、北京金杜律师事务所、北京中伦律师事务所等有关单位的专家、学者、律师等参与制定本规则的研讨并提出的宝贵意见。对国际投资争端解决中心秘书长梅格·金尼尔(Meg Kinnear)女士为本规则提出的书面修改意见和建议表示衷心的感谢。

中国国际经济贸易仲裁委员会
国际投资争端仲裁规则(试行)

第一章　一般规定

第一条　目的

为公正高效解决国际投资争端,平等保护当事人合法权益,特制定《中国国际经济贸易仲裁委员会国际投资争端仲裁规则》(以下简称"本规则")。

第二条　受案范围与管辖依据

中国国际经济贸易仲裁委员会(以下简称"仲裁委员会")根据当事人之间的仲裁协议,受理基于合同、条约、法律法规或其他文件提起的,一方当事人为投资者,另一方当事人为国家或政府间组织、经政府授权的或其行为可归责于国家的其他任何机构、部门和其他实体(以下统称"政府")的国际投资争端。

当事人之间解决国际投资争端的仲裁协议可以规定在合同、条约、法律法规或其他文件中。一方当事人通过合同、条约、法律法规或其他文件作出了提交仲裁委员会仲裁或按照本规则仲裁的意思表示,另一方当事人通过提起仲裁或以其他方式予以接受的,视为达成仲裁协议。

第三条　规则的适用

(一)当事人约定适用本规则解决国际投资争端的,视为同意将争议提交仲裁委员会仲裁。

(二)当事人约定将国际投资争端提交仲裁委员会仲裁的,视为同意适用本规则。

(三)当事人约定将国际投资争端提交仲裁委员会依据本规则进行仲裁,但对本规则有关内容进行修改的或约定适用其他仲裁规则的,从其约定,但其约定无法实施或与仲裁程序适用法强制性规范相抵触的除外;当事人约定适用其他仲裁规则的,由仲裁委员会履行相应的管理职责。

(四)当事人约定依据本规则将国际投资争端提交仲裁,视为当事人放弃对仲裁管辖的豁免权。

（五）本规则不妨碍应予适用的强制性法律规范。

第四条　机构及职责

（一）仲裁委员会主任履行本规则规定的职责。副主任根据主任的授权履行主任的职责。

（二）仲裁委员会仲裁院院长履行本规则规定的职责。

（三）仲裁委员会在北京设有中国国际经济贸易仲裁委员会投资争端解决中心（以下简称“投资争端解决中心”），接受仲裁申请，管理仲裁案件。仲裁委员会在香港特别行政区设立的中国国际经济贸易仲裁委员会香港仲裁中心（以下简称“香港仲裁中心”），根据仲裁委员会的授权，接受仲裁申请，管理仲裁案件。

（四）当事人约定提交仲裁委员会仲裁的，由投资争端解决中心接受仲裁申请并管理案件；仲裁地在香港或者约定由香港仲裁中心仲裁的，由香港仲裁中心接受仲裁申请并管理案件。约定不明的，由投资争端解决中心接受仲裁申请并管理案件。如有争议，由仲裁委员会决定。

第五条　送达及期限

（一）有关仲裁的一切文书、通知、材料等均可采用当面递交、挂号信、特快专递、传真、电子邮件等能够提供投递记录的任何方式送达。

（二）上述第（一）款所述仲裁文件应发送当事人或其仲裁代理人自行提供的或当事人约定的地址；当事人或其仲裁代理人没有提供地址或当事人对地址没有约定的，按照对方当事人或其仲裁代理人提供的地址发送。

（三）仲裁文件的发送，如经当面递交收件人或发送至收件人的营业地、注册地、住所地、惯常居住地或通讯地址，或经当事人合理查询不能找到上述任一地点，以挂号信、特快专递或能提供投递记录的包括公证送达、委托送达和留置送达在内的其他任何手段投递给收件人最后一个为人所知的营业地、注册地、住所地、惯常居住地或通讯地址，即视为有效送达。

（四）根据第（一）至（三）款发送或递交仲裁文件，均应被视为在发送或递交当日即为已经送达。以电子方式发送仲裁文件的，仲裁文件发出的日期视为仲裁文件的送达日期，但以电子方式发送启动仲裁通知书除外。启动仲裁通知书的送达日期，是其抵达收件人电子地址的日期。

（五）本规则所规定的期限，应自当事人收到或应当收到向其发送的文书、通知、材料等之日的次日起计算。在计算期间时，期间内的法定假期或非工作日应计入期间内。如果期间的届满日为收件人地的法定假期或非工作日,则期间届满日将顺延至之后的第一个工作日。

(六)除本规则另有规定外,当事人提交的有关仲裁文书、材料等,应发送或递交仲裁庭、其他当事人,并同时提交管理案件的投资争端解决中心或香港仲裁中心。仲裁庭可以规定仲裁文件的交换及送达方式等事项。

第六条　诚实信用

仲裁参与人应遵循诚实信用原则,进行仲裁程序。

第七条　放弃异议

一方当事人知道或理应知道本规则或仲裁协议中规定的任何条款或情事未被遵守,仍参加仲裁程序或继续进行仲裁程序而且不对此不遵守情况及时地、明示地提出书面异议的,视为放弃提出异议的权利。

第二章　开始仲裁

第八条　启动仲裁通知书

(一)根据本规则提起仲裁的一方当事人(以下简称"申请人")应向管理案件的投资争端解决中心或香港仲裁中心提交启动仲裁通知书。启动仲裁通知书应列明以下内容:

1. 将争议提交仲裁的书面意思表示;

2. 当事人及其代理人的名称、国籍和住所,包括邮政编码、电话、传真、电子邮箱或其他电子通讯方式;

3. 申请仲裁所依据的仲裁协议;

4. 与争议有关的合同、条约、法律法规和其他文件及其相关条款;

5. 关于当事人与有关国家、政府间组织或政府实体之间关系及其性质的简要说明,以及仲裁协议约束当事人的理由(如适用);

6. 关于争议事项的性质和引发争议事项的简要说明,包括仲裁请求的救济事项,并尽可能对索赔金额进行初步量化;

7. 当事人双方之间是否事先就仲裁庭人数、组成方式和仲裁程序等事项作出约定,或者申请人的相关建议;

8. 关于按照本规则规定选定的仲裁员或提出的人选建议;

9. 关于适用法律规则的意见;

10. 关于仲裁语言的意见;

11. 申请人认为其他必要的内容。

（二）启动仲裁通知书也可包含第二十一条仲裁申请书列明的内容。

（三）申请人应按照仲裁委员会制定的《中国国际经济贸易仲裁委员会国际投资争端仲裁费用表》（以下简称"《费用表》"）（附件一）的规定缴纳案件登记费。

（四）仲裁程序自管理案件的投资争端解决中心或香港仲裁中心收到启动仲裁通知书之日开始。当事人申请仲裁手续完备的，管理案件的投资争端解决中心或香港仲裁中心将向双方当事人发出受理通知。

如果启动仲裁通知书不完整或未缴纳案件登记费，管理案件的投资争端解决中心或香港仲裁中心可以要求申请人在合理期限内予以完备。申请人在规定的期限内完备申请仲裁手续的，仲裁程序应视为在管理案件的投资争端解决中心或香港仲裁中心第一次收到第（一）款规定的启动仲裁通知书之日开始。申请人未能在规定期限内完备申请仲裁手续的，视为申请人未有效提出启动仲裁通知书，仲裁程序尚未根据第（一）款开始。本款规定不影响申请人此后再次提出相同请求的启动仲裁通知书的权利。

（五）申请人在向管理案件的投资争端解决中心或香港仲裁中心提交启动仲裁通知书的同时，应向被申请人发送启动仲裁通知书，并向管理案件的投资争端解决中心或香港仲裁中心说明向被申请人发送启动仲裁通知书的日期和方式，附具送达证明。

（六）启动仲裁通知书应使用当事人约定的仲裁语言。当事人未有约定的，则为中文或英文。

（七）受理案件后，管理案件的投资争端解决中心或香港仲裁中心应指定案件秘书协助仲裁案件的程序管理。

第九条　对启动仲裁通知书的答复

（一）被申请人应自收到启动仲裁通知书之日起30日内向管理案件的投资争端解决中心或香港仲裁中心提交书面答复，该答复应列明以下内容：

1. 当事人及其代理人的名称、国籍和住所，包括邮政编码、电话、传真、电子邮箱或其他电子通讯方式；

2. 对仲裁案件管辖权的异议（如有）；

3. 确认或否认全部或者部分仲裁请求；

4. 被申请人提出反请求的，应简述反请求的性质和相关情形，列明反请求的

救济事项,并尽可能对反请求事项的索赔金额进行初步量化;

5. 对依据第八条第(一)款提交的启动仲裁通知书中的任何陈述提出意见,或对该条所包含的事项提出意见;

6. 关于按照本规则选定的仲裁员或提出的人选建议。

(二)如果启动仲裁通知书包含了第二十一条仲裁申请书列明的内容,则该答复也可包含第二十二条仲裁答辩书列明的内容。

(三)就反请求按照《费用表》(附件一)的规定缴纳仲裁费。

(四)被申请人向管理案件的投资争端解决中心或香港仲裁中心递交答复的同时,应向申请人发送答复,并向管理案件的投资争端解决中心或香港仲裁中心说明向申请人发送答复的日期和方式,附具送达证明。

(五)对启动仲裁通知书的答复应使用当事人约定的仲裁语言。当事人未有约定的,则为中文或英文。

第三章　仲裁庭的组成

第十条　仲裁庭的人数

(一)当事人可以约定仲裁庭由一名、三名或其他任意奇数仲裁员组成。

(二)除非当事人另有约定,仲裁庭由三名仲裁员组成。

第十一条　仲裁员的选定或指定

(一)仲裁委员会制定《中国国际经济贸易仲裁委员会国际投资争端仲裁员名册》,当事人应从该名册中选择仲裁员。当事人也可以约定在该名册之外选定仲裁员,但该仲裁员应满足第(二)款所规定的资格要求并经仲裁委员会主任确认。

(二)仲裁员应道德高尚,在法律、投资等专业领域具备公认的能力,善于进行独立裁判。

(三)除非当事人另有约定或共同选定,独任仲裁员、首席仲裁员和仲裁庭的多数成员不得与当事人具有相同的国籍。

(四)仲裁委员会主任根据本规则规定指定仲裁员的,应考虑争议所适用的法律、仲裁地、仲裁语言、当事人国籍和仲裁员国籍以及其他应予考虑的适当因素。

(五)仲裁员委员会主任应在可能的范围内尽快指定仲裁员。

第十二条　三人仲裁庭

(一)仲裁庭由三名仲裁员组成的,申请人和被申请人应在被申请人收到启动仲裁通知书之日起30日内各自选定或委托仲裁委员会主任指定一名仲裁员。当事人未在上述期限内选定或委托仲裁委员会主任指定仲裁员的，由仲裁委员会主任指定。

（二）第三名仲裁员由双方当事人在被申请人收到启动仲裁通知书之日起30日内共同选定或共同委托仲裁委员会主任指定。第三名仲裁员为首席仲裁员。

（三）当事人未在上述期限内选定或委托仲裁委员会主任指定首席仲裁员的，由仲裁委员会主任指定。

（四）除非当事人另有约定，仲裁委员会主任应按照以下方式指定首席仲裁员：

1. 仲裁委员会主任应将至少列有五名人选的相同名单发送双方当事人；

2. 自收到名单之日起30日内，每一方当事人可删除其反对的一名或数名人选并将名单上剩余的人选按优先顺序排列后，将名单发回管理案件的投资争端解决中心或香港仲裁中心；

3. 仲裁委员会主任应从发回名单上获得当事人认可的人选中，依据当事人的选择顺序指定一人为首席仲裁员；

4. 无法按照上述程序指定首席仲裁员的，仲裁委员会主任可以指定其认为适当的首席仲裁员。

第十三条　独任仲裁员

（一）仲裁庭由独任仲裁员组成的，双方当事人应在被申请人收到启动仲裁通知书之日起30日内共同选定或共同委托仲裁委员会主任指定。

（二）双方当事人未能在上述期限内共同选定或共同委托仲裁委员会主任指定独任仲裁员的，由仲裁委员会主任指定。

（三）除非当事人另有约定，仲裁委员会主任按照第十二条第（四）款的规定指定独任仲裁员。

第十四条　三人以上仲裁庭

（一）仲裁庭由三名以上仲裁员组成的，除非当事人另有约定，首席仲裁员之外的仲裁庭其他成员的指定，申请人和被申请人应在被申请人收到启动仲裁通知书之日起30日内选定或委托仲裁委员会主任指定相等人数的仲裁员。当事人未在上述期限内选定或委托仲裁委员会主任指定的，由仲裁委员会主任指定。

(二)首席仲裁员按照第十二条的规定选定或指定。

第十五条　多方当事人仲裁庭的组成

(一)仲裁案件有两名或两名以上申请人或被申请人的,申请人或被申请人应各自协商共同选定或共同委托仲裁委员会主任指定仲裁员。

(二)首席仲裁员或独任仲裁员应按照第十二条第(二)(三)(四)款、第十三条规定的程序选定或指定。申请人或被申请人按照第十二条第(四)款规定选定首席仲裁员或独任仲裁员的,应共同协商,提交全部当事人共同选定的人选名单。

(三)仲裁庭由三名或三名以上仲裁员组成的,如果申请人或被申请人未能在被申请人收到启动仲裁通知书之日起 30 日内共同选定或共同委托仲裁委员会主任指定仲裁员,则由仲裁委员会主任指定仲裁庭全部成员,并从中确定一人担任首席仲裁员。

第十六条　披露

(一)被选定或被指定的仲裁员应签署声明书,披露可能引起对其公正性和独立性产生合理怀疑的任何事实或情况。

(二)在仲裁程序中出现应披露情形的,仲裁员应立即书面披露。

(三)仲裁员的声明书或书面披露应提交管理案件的投资争端解决中心或香港仲裁中心并转交各方当事人及仲裁庭其他成员。

第十七条　仲裁员的回避

(一)当事人收到仲裁员的声明书或书面披露后,如果以披露的事实或情况为理由要求该仲裁员回避,则应于收到仲裁员的书面披露后 30 日内书面提出。逾期没有申请回避的,不得以仲裁员曾经披露的事项为由申请该仲裁员回避。

(二)当事人对被选定或被指定的仲裁员的公正性和独立性产生具有正当理由的怀疑的,可以书面提出要求该仲裁员回避的请求,但应说明提出回避请求所依据的具体事实和理由,并举证。当事人对其选定的仲裁员,仅得以其在选定仲裁员后得知的回避事由,提出回避申请。

(三)当事人申请仲裁员回避,另一当事人同意的,或被申请回避的仲裁员主动提出不再担任仲裁员的,该仲裁员不再担任仲裁员。上述情形并不表示当事人提出回避的理由成立。

(四)除第(三)款规定的情形外,仲裁员是否回避,由仲裁委员会主任在综合考虑各种相关情形后作出决定。该决定是终局的。除非当事人另有约定,决定应说明理由。

（五）仲裁委员会主任对仲裁员回避作出决定前，被申请回避的仲裁员应继续履行职责。

第十八条　仲裁员的更换

（一）仲裁员在法律上或事实上不能履行职责，或没有遵守本规则的要求或没有在本规则规定的期限内履行应尽职责的，仲裁委员会主任有权主动决定将其更换；该仲裁员也可以主动申请不再担任仲裁员。

（二）是否更换仲裁员，由仲裁委员会主任作出决定。该决定是终局的。仲裁委员会主任主动决定更换仲裁员的，在更换仲裁员前，应征询当事人和包括该仲裁员在内的仲裁庭成员的意见。仲裁庭尚未组成的，应征询所有已被指定或选定的仲裁员意见。

（三）在仲裁员因回避或更换不能履行职责时，应按照原选定或指定该仲裁员的方式在管理案件的投资争端解决中心或香港仲裁中心规定的期限内选定或指定替代的仲裁员。

（四）重新选定或指定仲裁员后，由仲裁庭决定是否重新审理及重新审理的范围。

第十九条　多数仲裁员继续仲裁程序

仲裁庭宣布审理终结后，仲裁员因死亡或被除名等情形而不能参加合议或作出裁决的，其他多数仲裁员可以请求仲裁委员会主任按照第十八条的规定替换该仲裁员；或在征求双方当事人意见后并经仲裁委员会主任同意，其他多数仲裁员也可以继续仲裁程序，作出决定或裁决。管理案件的投资争端解决中心或香港仲裁中心应将上述情况通知双方当事人。

第四章　仲 裁 程 序

第二十条　审理方式

（一）除非当事人另有约定或适用法律另有规定，仲裁庭可以按照其认为适当的方式审理案件。在任何情形下，仲裁庭均应公平和公正地行事，给予双方当事人陈述与辩论的合理机会。

（二）仲裁庭有权决定证据的关联性、有效性和可采性。

（三）除非当事人另有约定，仲裁庭认为必要时可以就所审理的案件发布程序令、发出问题清单、制作审理范围书、举行庭前会议等。经仲裁庭授权，首席仲裁员可以单独就仲裁案件的程序安排作出决定。

(四)仲裁庭可以在其认为适当的地点以其认为适当的方式进行合议。

(五)对于本规则未明确规定的事项,仲裁委员会、仲裁庭、当事人和其他仲裁参与人均应按照本规则的精神行事,并应尽合理努力确保仲裁裁决能有效执行。

第二十一条　仲裁申请书

除非申请人将启动仲裁通知书作为仲裁申请书,申请人应在仲裁庭规定的期限内提交仲裁申请书,详细列明如下内容:

1. 仲裁请求所依据的事实与理由;

2. 任何支持其请求的证据;

3. 请求的救济以及索赔金额。

第二十二条　仲裁答辩书

(一)除非被申请人将对启动仲裁通知书的答复作为答辩书,被申请人应在仲裁庭规定的期限内提交仲裁答辩书,详细列明如下内容:

1. 答辩所依据的事实与理由;

2. 任何支持其答辩的证据。

(二)仲裁庭有权决定是否接受逾期提交的答辩书。

(三)被申请人未提交答辩书,不影响仲裁程序的进行。

第二十三条　反请求书

(一)被申请人有反请求的,应在仲裁庭规定的期限内提出,详细列明如下内容:

1. 请求所依据的事实与理由;

2. 任何支持其请求的证据;

3. 请求的救济以及索赔金额。

(二)仲裁庭有权决定是否接受逾期提交的反请求书。

第二十四条　对请求或反请求的修改

在仲裁程序中,当事人可变更或补充其仲裁请求或反请求。但是存在下述情形的,仲裁庭可以驳回当事人的修改请求:

1. 当事人提出修改的时间过迟,如接受请求将影响仲裁程序正常进行或对其他当事人带来不合理的负担;

2. 仲裁庭认为其他不宜接受当事人修改请求的情形。

第二十五条　管辖权

（一）仲裁庭有权对仲裁协议是否存在、仲裁协议的效力以及本规则的可适用性等事项作出决定。

（二）在仲裁庭组成前，当事人提出管辖权异议的，仲裁委员会可以根据表面证据作出决定。仲裁委员会认定没有管辖权的，仲裁程序终止。仲裁委员会认定有管辖权或有部分管辖权的，仲裁程序继续进行；仲裁庭有权根据审理过程中发现的事实或证据另行作出管辖权决定。

（三）无论仲裁条款规定于合同、条约、法律法规还是其他文件中，该条款均独立于上述文件，仲裁庭对上述文件效力的认定不影响仲裁条款的效力。

（四）当事人对管辖权有异议的，应最迟在其提交答辩书或对反请求的答复时书面提出。当事人指定或参与指定仲裁员的，不妨碍其提出管辖权异议。在仲裁程序中，当事人认为仲裁庭超越管辖权的，应在其知道或者理应知道仲裁庭超越管辖权的事实发生后30日内书面提出。当事人逾期提出管辖权异议的，除非仲裁庭认为该延迟具有正当理由，否则不予受理。

（五）当事人的管辖权异议应提交至管理案件的投资争端解决中心或香港仲裁中心，同时发送其他当事人和仲裁庭，并向管理案件的投资争端解决中心或香港仲裁中心说明送达日期和方式，附具送达证明。

（六）除第二十六条规定的情形外，仲裁庭对管辖权的决定，可以在仲裁程序进行中单独作出，也可以在裁决书中一并作出。

（七）上述管辖权异议或决定包括仲裁案件当事人的主体资格异议或决定。

第二十六条　对仲裁请求或反请求的先期驳回

（一）当事人可以以仲裁请求或反请求明显缺乏法律依据或明显超出仲裁庭的管辖范围为由申请先期驳回全部或部分仲裁请求或反请求。

（二）当事人应以书面形式提出先期驳回请求，并说明其事实和法律依据。

（三）当事人应尽可能及早提交先期驳回请求，除仲裁庭另有规定，以明显缺乏法律依据为理由的先期驳回请求最迟应不晚于提交答辩书或对反请求的答复时提出。

（四）在征询双方当事人意见后，仲裁庭有权对先期驳回请求作出受理决定。

（五）仲裁庭应在先期驳回请求提出之日起90日内对该请求作出裁决，并附具理由。经仲裁庭请求，仲裁委员会仲裁院院长认为确有正当理由和必要的，可以适当延长该期限。

(六)仲裁庭裁决支持或部分支持先期驳回请求的,应终止对相关仲裁申请或者反请求的审理,该裁决不影响仲裁庭对其他仲裁请求和反请求的继续审理。

第二十七条　第三方资助

(一)在本规则中,"第三方资助"是指当事人以外的自然人或实体协议承担参与争议的一方当事人在仲裁程序中的全部或部分费用的情形。

(二)获得第三方资助的当事人应在签署资助协议后,毫不迟延地将第三方资助安排的事实、性质、第三方的名称与住址,书面告知对方当事人、仲裁庭及管理案件的投资争端解决中心或香港仲裁中心。仲裁庭也有权命令获得第三方资助的当事人披露相关情况。

(三)在就仲裁费用和其他相关费用作出裁决时,仲裁庭可以考虑是否存在第三方资助的情形,以及当事人是否遵守第(二)款的规定。

第二十八条　仲裁地

(一)当事人对仲裁地作出约定的,从其约定。

(二)当事人对仲裁地未作约定的,以管理案件的投资争端解决中心或香港仲裁中心所在地为仲裁地;仲裁庭也可视案件的具体情形确定其他地点为仲裁地,但该仲裁地通常应该位于《承认及执行外国仲裁裁决的公约》的成员国内。

(三)仲裁裁决视为在仲裁地作出。

第二十九条　仲裁语言

(一)当事人对仲裁语言作出约定的,从其约定。当事人对仲裁语言没有约定的,由仲裁庭视案件的具体情形确定仲裁语言。

(二)当事人提交的各种文书和证明材料,仲裁庭或管理案件的投资争端解决中心或者香港仲裁中心认为必要的,可以要求当事人提供仲裁语言或其他适当语言的译本。

第三十条　仲裁代理人

(一)当事人可以授权仲裁代理人办理有关仲裁事项。当事人或其仲裁代理人应向其他当事人、仲裁庭及管理案件的投资争端解决中心或香港仲裁中心提交授权委托书。

(二)仲裁庭组成后,当事人变更或者增加仲裁代理人的,应毫不延迟地书面通知其他当事人、仲裁庭和管理案件的投资争端解决中心或香港仲裁中心。

第三十一条　合并仲裁

(一)当根据本规则进行的两个或两个以上仲裁案件涉及共同的法律或事

实问题，并且源于同一事件或情况，任何一方当事人可以提出将上述案件合并仲裁的请求。

（二）当事人申请合并仲裁的，应向管理案件的投资争端解决中心或香港仲裁中心、仲裁庭和所有其他当事人发出书面申请，该申请书应写明：

1. 合并仲裁涉及的所有当事人的名称和地址；

2. 申请合并仲裁所依据的事实和理由。

（三）自收到合并仲裁申请之日起 30 日内，仲裁委员会认为申请理由正当的，应依据第三章规定组成仲裁庭。除非合并仲裁涉及的所有当事人另有约定。

（四）如果依据本条组成的仲裁庭认为两个或两个以上仲裁案件的仲裁请求涉及共同的法律或事实问题，并源于同一事件或情况，为保证仲裁程序公正高效进行，在征询当事人意见后，仲裁庭可以决定：

1. 合并审理并对所有或部分仲裁请求作出裁决；或

2. 审理一项或多项仲裁请求并作出裁决，但应以仲裁庭认为其裁决有助于其他仲裁请求事项的解决。

（五）如果依据本条组成的仲裁庭已经开始审理案件，除非该仲裁庭另有决定，则被合并案件的原仲裁庭对该仲裁庭审理的仲裁请求不再具有管辖权。

（六）应一方当事人申请，根据本条组成的仲裁庭在依据第（四）款作出决定时，有权要求被合并案件的原仲裁庭中止其仲裁程序，除非原仲裁庭已经中止其仲裁程序。

第三十二条　开庭审理

（一）除非当事人另有约定或仲裁庭另有决定，开庭审理公开进行。当事人在庭审中使用机密信息或其他受保护信息的，应提前通知仲裁庭。仲裁庭应采取适当措施以保护该信息不被泄漏。

（二）不公开审理的案件，除非本规则另有规定或当事人另有约定，双方当事人及其代理人、仲裁员、证人、翻译、仲裁庭指定的专家和鉴定人，以及其他有关人员，均不得对外界透露案件实体和程序的有关情况。

第三十三条　开庭地点

（一）除非当事人另有约定，仲裁庭应在管理案件的投资争端解决中心或香港仲裁中心所在地开庭审理。经仲裁委员会仲裁院院长同意，仲裁庭也可以在其认为适当的其他地点开庭审理。

（二）当事人约定在管理案件的投资争端解决中心或香港仲裁中心所在地

之外开庭的,应预缴仲裁庭、案件秘书等因此发生的差旅费、食宿费等实际费用。当事人未在规定的期限内预缴有关实际费用的,应在管理案件的投资争端解决中心或香港仲裁中心所在地开庭审理。

第三十四条　开庭通知

(一)开庭审理的案件,仲裁庭在征询当事人意见后,应不晚于开庭前30日将开庭日期和地点通知双方当事人。

(二)当事人有正当理由的,可以申请延期开庭,但最迟应于收到开庭通知之日起5日内提交;是否准许,由仲裁庭决定。

当事人有正当理由未能按照本款规定提出延期开庭申请的,是否准许,由仲裁庭决定。

(三)再次开庭审理的日期及延期后开庭审理日期的通知,不受第(一)款规定期限的限制。

第三十五条　缺席审理

(一)申请人无正当理由拒不到庭的,或未经仲裁庭许可中途退庭的,可以视为撤回仲裁申请。被申请人提出反请求的,不影响仲裁庭就反请求进行审理,并作出裁决。

(二)被申请人无正当理由拒不到庭的,或未经仲裁庭许可中途退庭的,仲裁庭可以缺席审理并作出裁决;被申请人提出反请求的,可以视为撤回反请求,但不影响对申请人的仲裁请求进行审理并作出裁决。

(三)一方当事人缺席或者不提交陈述的,不应被视为承认另一方当事人的主张。

第三十六条　庭审笔录

开庭审理的,仲裁庭应制作庭审笔录及/或影音记录。仲裁庭认为必要时,可以制作庭审要点,并要求当事人及/或其代理人、证人及/或其他仲裁参与人在庭审笔录或庭审要点上签字或盖章。

第三十七条　仲裁庭调查取证

(一)仲裁庭认为必要时,可以调查事实,收集证据。仲裁庭应确定调查取证的范围或主题、期限、遵循的程序和其他事项等。

(二)仲裁庭调查事实、收集证据时,可以通知当事人到场。经通知,一方或双方当事人不到场的,不影响仲裁庭调查事实和收集证据。

(三)仲裁庭调查收集的证据,应转交当事人,给予提出意见的机会。

第三十八条 证人

（一）当事人有权向仲裁庭提出将任何对争议有了解或有专门知识的人作为证人或专家证人。当事人应在仲裁庭规定的期限内提交有关证人的书面声明，包括证人身份、证明事项，以及尽可能包括该证人经认证的或采取其他形式的书面证词。

（二）仲裁庭有权决定是否接受证人证言以及以何种形式对证人证言进行质证。

第三十九条 仲裁庭指定的专家及鉴定人

（一）仲裁庭可以就案件中的专门问题向指定专家咨询或指定鉴定人进行鉴定。

（二）仲裁庭有权要求当事人、当事人也有义务向仲裁庭指定专家或鉴定人提供或出示任何有关资料、文件或财产、实物，以供专家或鉴定人审阅、检验或鉴定。

（三）专家报告和鉴定意见的副本应转交当事人，并给予当事人提出意见的机会。一方当事人要求专家或鉴定人出席庭审的，经仲裁庭同意，专家或鉴定人应出席，并在仲裁庭认为必要时就所作出的报告和出具的意见进行解释。

第四十条 临时措施

（一）根据适用的法律或当事人的约定，当事人可以依据《中国国际经济贸易仲裁委员会国际投资争端紧急仲裁员程序》（附件二）向管理案件的投资争端解决中心或香港仲裁中心申请紧急性临时救济。紧急仲裁员可以决定采取必要或适当的紧急性临时救济措施。

（二）经一方当事人请求，仲裁庭依据所适用的法律或当事人的约定可以决定采取其认为必要和适当的临时措施，并有权决定由申请采取临时措施的一方当事人提供适当的担保。

（三）上述程序不影响当事人依据所适用的法律向有管辖权的法院请求采取临时措施的权利。

第四十一条 程序中止

（一）双方当事人共同或分别请求中止仲裁程序，或出现其他需要中止仲裁程序的情形的，仲裁程序可以中止。

（二）中止程序的原因消失或中止程序期满后，仲裁程序恢复进行。

（三）仲裁程序的中止及恢复，由仲裁庭决定；仲裁庭尚未组成的，由仲裁委员会仲裁院院长决定。

第四十二条　撤回请求和撤销案件

(一)当事人可以撤回全部仲裁请求或全部仲裁反请求。申请人撤回全部仲裁请求的,不影响仲裁庭就被申请人的仲裁反请求进行审理和裁决。被申请人撤回全部仲裁反请求的,不影响仲裁庭就申请人的仲裁请求进行审理和裁决。

(二)因当事人自身原因导致仲裁程序不能继续进行的,可以视为撤回仲裁请求。

(三)一方当事人撤回仲裁请求或反请求、或者存在第(二)款、第三十五条规定的视为撤回仲裁请求的情形的,如就该请求或反请求的审理已经终结且对方当事人不同意的,仲裁庭有权决定对该请求或反请求作出裁决。

(四)仲裁请求和反请求全部撤回的,案件可以撤销。在仲裁庭组成前撤销案件的,由仲裁委员会仲裁院院长作出撤案决定;仲裁庭组成后撤销案件的,由仲裁庭作出撤案决定。

第四十三条　仲裁与调解相结合

(一)双方当事人有调解愿望的,或一方当事人有调解愿望并经仲裁庭征得另一方当事人同意的,仲裁庭可以在仲裁程序中对案件进行调解。

(二)仲裁庭在征得双方当事人同意后可以按照其认为适当的方式进行调解。调解过程应保密。

(三)调解过程中,任何一方当事人提出终止调解或仲裁庭认为已无调解成功的可能性时,仲裁庭应终止调解。

(四)双方当事人经仲裁庭调解达成和解或自行和解的,应签订和解协议。

(五)当事人经调解达成或自行达成和解协议的,可以撤回仲裁请求或反请求,也可以请求仲裁庭根据当事人和解协议的内容作出裁决书。

(六)除非当事人另有约定,调解不成功的,仲裁庭应继续进行仲裁程序并作出裁决。双方当事人共同请求更换仲裁员的,则应按照原选定或指定该仲裁员的方式选定或指定替代的仲裁员,由此增加的费用由当事人承担。

(七)当事人有调解愿望但不愿在仲裁庭主持下进行调解的,经双方当事人同意,仲裁委员会可以协助当事人以适当的方式和程序进行调解。

(八)如果调解不成功,任何一方当事人均不得在其后的仲裁程序、司法程序和其他任何程序中援引对方当事人或仲裁庭在调解过程中曾发表的意见、提出的观点、作出的陈述、表示认同或否定的建议或主张作为其请求、答辩或反请求的依据。

第四十四条　第三方提交书面意见

(一)在依据投资条约提起的仲裁案件中,当事人之外的投资条约缔约方(以下简称"非争议缔约方")可以在书面通知管理案件的投资争端解决中心或香港仲裁中心和双方当事人后,向仲裁庭提交有关案件所涉投资条约解释的书面意见。仲裁庭也可以根据双方当事人的意见,并考虑案件的具体情况,邀请非争议缔约方提交有关案件所涉投资条约解释的书面意见。

(二)当事人和非争议缔约方之外的个人或实体(以下简称"非争议方")、非争议缔约方,可以在书面通知管理案件的投资争端解决中心或香港仲裁中心和双方当事人后,向仲裁庭提交与案件所涉争议范围内某一事项有关的书面意见。仲裁庭也可以根据双方当事人的意见,并考虑案件的具体情况,邀请非争议缔约方或非争议方提交与案件所涉争议范围内某一事项有关的书面意见。

(三)非争议方向仲裁庭提交的书面意见中应列明其组织成员和法律地位(如公司、贸易协会或其他非政府组织)、一般目标、活动性质以及上级组织(包括任何直接或间接控制该非争议方的组织)。书面意见应披露该非争议方是否与当事人存在任何直接或间接的关系,以及在其准备书面意见过程中向其提供财务资助或其他任何协助的政府、组织或个人。

(四)仲裁庭在决定是否接受第(二)款的书面意见时,除应考虑当事人的意见外,还应考虑该书面意见是否包含不同于争议双方的观点、专业知识或意见,从而有助于仲裁庭解决与仲裁案件有关的法律或事实认定问题,该书面意见是否与仲裁案件所涉争议范围内的事项相关,非争议方是否与仲裁案件有重大利益关系,以及允许非争议方提交书面意见是否会影响当事人的信息保密等权利。

(五)非争议缔约方或非争议方向仲裁庭递交书面意见的,视为同意接受仲裁委员会依据本规则管理。

(六)仲裁庭可以决定第(一)款和第(二)款的书面意见需满足一定的形式和内容要求。

(七)双方当事人有权就该书面意见陈述意见。

(八)经一方当事人请求或仲裁庭认为必要,仲裁庭可以开庭听取非争议缔约方或非争议方陈述其书面意见。

(九)如有必要,仲裁庭可以决定是否需要非争议缔约方或非争议方进一步提交书面意见,仲裁庭应确定此类提交的期限和范围。

(十)如确有必要,为便于非争议缔约方或非争议方参与仲裁,仲裁庭可以决定向其提供与仲裁程序相关的文件。

(十一)仲裁庭应确保任何非争议缔约方或非争议方提交的陈述不得影响仲裁程序的进行,并应确保双方当事人不会由此承受额外的不合理负担或遭受不公平的损害。

(十二)仲裁庭可以参考或依据非争议缔约方或非争议方的书面意见发布命令、作出决定或裁决。

第五章 裁 决

第四十五条 作出裁决的期限

(一)经征询当事人的意见后,如仲裁庭认为不再需要当事人提交进一步的陈述或者实质性的证据,仲裁庭有权尽快宣布审理终结。仲裁庭宣布审理终结的,应通知当事人和管理案件的投资争端解决中心或香港仲裁中心。如确有必要,在作出最终裁决前,仲裁庭可以决定重新开启审理程序,并通知当事人和管理案件的投资争端解决中心或香港仲裁中心。

(二)仲裁庭应自宣布审理终结之日起6个月内作出裁决书。

(三)经仲裁庭请求,仲裁委员会仲裁院院长认为确有正当理由和必要的,可以延长上述期限。

(四)程序中止的期间不计入作出裁决的期限。

第四十六条 准据法

(一)当事人对案件实体应予适用的法律或法律规则作出约定的,从其约定。当事人没有约定或其约定与法律强制性规定相抵触的,由仲裁庭决定案件实体应予适用的法律或法律规则,包括有关国家的国内法、可适用的国际法律规则和商业惯例。

(二)除非当事人明确授权,仲裁庭不得依据公允善良原则作出裁决。

第四十七条 裁决的作出

(一)裁决应以书面形式作出,并写明裁决作出日期及仲裁地。除非当事人另有约定,裁决书应说明裁决理由。裁决书加盖仲裁委员会印章;由香港仲裁中心管理的案件,裁决书加盖香港仲裁中心印章。

(二)仲裁庭由一名以上仲裁员组成的,裁决依全体仲裁员或多数仲裁员意见作出;未形成多数意见的,裁决应依首席仲裁员的意见作出。少数仲裁员的书面意见应附卷,并可以附在裁决书后,该书面意见不构成裁决书的组成部分。

(三)除非裁决依首席仲裁员意见或独任仲裁员意见作出并由其署名,裁决书应由多数仲裁员署名。持有不同意见的仲裁员可以在裁决书上署名,也可以不署名。

(四)裁决是终局的,对双方当事人均具有约束力。任何一方当事人均不得向法院起诉,也不得向其他任何机构提出变更仲裁裁决的请求。

第四十八条　部分裁决

(一)仲裁庭认为必要或当事人提出请求并经仲裁庭同意的,仲裁庭可以在作出最终裁决之前,就当事人的某些请求事项先行作出部分裁决。部分裁决是终局的,对双方当事人均有约束力。

(二)当事人应履行部分裁决。一方当事人不履行部分裁决,不影响仲裁程序的继续进行,也不影响仲裁庭作出最终裁决。

第四十九条　裁决书草案的核阅

仲裁庭应在签署裁决书之前将裁决书草案提交仲裁委员会核阅。在不影响仲裁庭独立裁决的情况下,仲裁委员会可以就裁决书的有关问题提请仲裁庭注意。

第五十条　裁决书的更正与解释

(一)仲裁庭可以在发出裁决书后的合理时间内自行以书面形式对裁决书中的书写、打印、计算上的错误或其他类似性质的错误作出更正。

(二)任何一方当事人均可以自收到裁决书之日起30日内就裁决书中的书写、打印、计算上的错误或其他类似性质的错误,书面申请仲裁庭作出更正;如确有错误,仲裁庭应自收到书面申请之日起30日内作出书面更正。

(三)任何一方当事人自收到裁决书之日起30日内,经书面通知管理案件的投资争端解决中心或香港仲裁中心和其他当事人,可以请求仲裁庭就裁决书的内容进行解释。仲裁庭认为请求理由正当的,应自收到请求之日起45日内对裁决书内容作出书面解释。

(四)书面更正与解释均构成裁决书的组成部分,应适用第四十七条的相关规定。

第五十一条　补充裁决

(一)如果裁决书中有遗漏事项,仲裁庭可以在发出裁决书后合理时间内自行作出补充裁决。

(二)任何一方当事人可以自收到裁决书之日起30日内以书面形式请求仲裁庭就裁决书中遗漏的事项作出补充裁决;如确有漏裁事项,仲裁庭应自收到上述书面申请之日起45日内作出补充裁决。

(三)补充裁决构成裁决书的一部分,应适用第四十七条的相关规定。

第五十二条 仲裁费用

(一)在本规则中,仲裁费用包括:

1. 仲裁庭报酬及费用;

2. 紧急仲裁员报酬及费用;

3. 仲裁庭指定的专家费用,以及仲裁庭需要其他合理协助而产生的费用;

4. 案件登记费、机构管理费及其他费用。

当事人应依据仲裁程序开始时适用的《费用表》(附件一)和本规则规定缴纳仲裁费用。

(二)仲裁委员会可以根据案件情况确定预缴仲裁费用金额。申请人和被申请人应按照规定各预缴百分之五十的仲裁费用,仲裁委员会另有决定的除外。

(三)在仲裁程序进行中,仲裁委员会可以要求当事人进一步预缴仲裁费用。

(四)当事人对仲裁费用的支付承担连带责任。任何一方当事人未支付其应预缴的仲裁费用的,另一方当事人可自愿支付全部的预缴仲裁费用。

(五)当事人未按规定全部或部分预缴仲裁费用的,

1. 仲裁庭有权中止工作,管理案件的投资争端解决中心或香港仲裁中心也有权全部或部分中止仲裁程序管理工作;

2. 管理案件的投资争端解决中心或香港仲裁中心经征询仲裁庭的意见后,有权确定新的付款期限并催告当事人付款。在该期限届满后仍未支付的,应视为当事人撤回相关的仲裁请求或者反请求,但不影响该当事人另行启动仲裁程序。

(六)预缴仲裁费用应支付给管理案件的投资争端解决中心或香港仲裁中心,并由管理案件的投资争端解决中心或香港仲裁中心保管。预缴仲裁费用孳生的利息由仲裁委员会所有。

第五十三条 费用承担

(一)除非当事人另有约定,仲裁庭应在裁决书中确定仲裁费用的金额,并决定各方当事人承担仲裁费用的比例。

(二)仲裁庭确定的仲裁费用金额低于预缴的仲裁费用的,应按照当事人约定的返还比例予以返还;当事人未约定比例的,则按照支付预缴仲裁费用的相同比例予以返还。

（三）仲裁庭有权根据案件的具体情况在裁决书中裁定败诉方应补偿胜诉方因办理案件而支出的合理费用。仲裁庭裁定败诉方应补偿胜诉方因办理案件而支出的合理费用是否合理时，应具体考虑案件的裁决结果、复杂程度、败诉方当事人和/或代理人的实际工作量以及案件的争议金额等因素。

第六章　其他规定

第五十四条　免责

（一）仲裁委员会、仲裁委员会主任、仲裁院院长、仲裁委员会其他成员和雇员、投资争端解决中心或香港仲裁中心及其成员和雇员、仲裁庭、紧急仲裁员、仲裁庭指定的专家和案件秘书不就依照本规则进行的任何与仲裁有关的行为（包括作为和不作为）向任何人承担任何责任，除非仲裁所适用的法律另有规定。

（二）当事人不得要求第（一）款所述人员在任何与依据本规则由仲裁委员会管理的仲裁案件有关的其他法律程序中担任证人。

第五十五条　资料公开

（一）除非当事人另有约定，当事人同意将争议提交仲裁委员会依据本规则仲裁的，视为同意仲裁委员会公开仲裁程序中的相关资料。

（二）第（一）款中可公开的资料包括：

1. 启动仲裁通知书；
2. 对启动仲裁通知书的答复；
3. 仲裁申请书；
4. 仲裁反请求申请书；
5. 仲裁答辩书；
6. 当事人的书面陈述；
7. 非争议缔约方和非争议方提交的书面意见；
8. 庭审笔录，如有；
9. 仲裁庭的命令、决定和裁决。

（三）本条规定不得解释为要求当事人公开机密信息和其他受保护的信息。

第五十六条　规则的解释

（一）本规则条文标题不用于解释条文含义。

（二）本规则的附件构成规则的一部分。

(三)本规则由仲裁委员会负责解释。

(四)仲裁委员会可以发布本规则实务指引。

第五十七条　规则的正式文本

仲裁委员会公布的本规则的中文、英文以及其他语言文本,均为正式文本。

第五十八条　规则的施行

本规则自 2017 年 10 月 1 日起施行。

附件一　中国国际经济贸易仲裁委员会国际投资争端仲裁费用表

一、案件登记费

申请人向管理案件的投资争端解决中心或香港仲裁中心提交仲裁申请时,应同时支付案件登记费人民币 25,000 元整,用于对仲裁申请的形式审核、案件登记、案卷管理及人工费用等。案件登记费收取后不予退还。

二、机构管理费

1. 机构管理费用表

争议金额(人民币)	机构管理费(人民币)
500,000 元以下	24,000 元
500,001 元至 1,000,000 元	24,000 元 + 争议金额 500,000 元以上部分的 0.78%
1,000,001 元至 5,000,000 元	27,900 元 + 争议金额 1,000,000 元以上部分的 0.65%
5,000,001 元至 10,000,000 元	53,900 元 + 争议金额 5,000,000 元以上部分的 0.38%
10,000,001 元至 20,000,000 元	72,900 元 + 争议金额 10,000,000 元以上部分的 0.22%
20,000,001 元至 40,000,000 元	94,900 元 + 争议金额 20,000,000 元以上部分的 0.15%
40,000,001 元至 80,000,000 元	124,900 元 + 争议金额 40,000,000 元以上部分的 0.12%
80,000,001 元至 200,000,000 元	172,900 元 + 争议金额 80,000,000 元以上部分的 0.09%
200,000,001 元至 400,000,000 元	280,900 元 + 争议金额 200,000,000 元以上部分的 0.07%
400,000,001 元以上	420,900 元

2. 机构管理费包含管理案件的投资争端解决中心或香港仲裁中心指定的案件秘书的工作报酬以及使用仲裁委员会开庭室的费用。

3. 在确定争议金额时,仲裁请求和仲裁反请求的金额应合并计算。争议金额不能确定或情况特殊的,由仲裁委员会结合案件具体情况确定机构管理费。

4. 除按照机构管理费用表收取机构管理费外,仲裁委员会可以按照本规则的有关规定收取其他额外的、合理的实际开支,包括但不限于翻译和笔录费用以及在仲裁委员会办公地之外开庭所产生的场地费用。

5. 收取的案件登记费、机构管理费为外币时,管理案件的投资争端解决中心或香港仲裁中心按照机构管理费用表的规定收取与人民币等值的外币。

三、仲裁员报酬和费用

(一)仲裁员报酬和费用(以争议金额为基础)

1. 仲裁员报酬表

争议金额(人民币)	每位仲裁员报酬(人民币)	
	最低	最高
500,000元以下	15,000元	60,000元
500,001元至1,000,000元	15,000元+争议金额500,000元以上部分的2.30%	60,000元+争议金额500,000元以上部分的8.50%
1,000,001元至5,000,000元	26,500元+争议金额1,000,000元以上部分的0.80%	102,500元+争议金额1,000,000元以上部分的4.3%
5,000,001元至10,000,000元	58,500元+争议金额5,000,000元以上部分的0.60%	274,500元+争议金额5,000,000元以上部分的2.30%
10,000,001元至20,000,000元	88,500元+争议金额10,000,000元以上部分的0.35%	389,500元+争议金额10,000,000元以上部分的1.00%
20,000,001元至40,000,000元	123,500元+争议金额20,000,000元以上部分的0.20%	489,500元+争议金额20,000,000元以上部分的0.65%
40,000,001元至80,000,000元	163,500元+争议金额40,000,0000元以上部分的0.07%	619,500元+争议金额40,000,000元以上部分的0.35%
80,000,001元至200,000,000元	191,500元+争议金额80,000,000元以上部分的0.05%	759,500元+争议金额80,000,000元以上部分的0.25%
200,000,001元至400,000,000元	251,500元+争议金额200,000,000元以上部分的0.03%	1,059,500元+争议金额200,000,000元以上部分的0.15%
400,000,001元至600,000,000元	311,500元+争议金额400,000,000元以上部分的0.02%	1,359,500元+争议金额400,00,000元以上部分的0.12%

续表

争议金额（人民币）	每位仲裁员报酬(人民币)	
	最低	最高
600,00,001 元至750,000,000元	351,500元+争议金额600,000,000元以上部分的0.01%	1,599,500 元 + 争议金额600,00,000元以上部分的0.10%
750,000,001元至1,000,000,000元	366,500元+争议金额750,000,000元以上部分的0.008%	1,749,500 元 + 争议金额750,000,000元以上部分的0.06%
1,000,000,001 至1,500,000,000元	386,500 元 + 争议金额1,000,000,000以上部分的0.007%	1,899,500元+1,000,000,000元以上部分0.05%
1,500,000,001 元至 2,000,000,000元	416,500 元 + 争议金额1,500,000,000以上部分的0.006%	2,149,500元+1,500,000,000元以上部分0.04%
2,000,000,001 以上	536,500元	2,349,500元+2,000 000,000元以上部分0.03%，最高不超过10,000,000元

2. 除非本仲裁员报酬表另有规定，仲裁员的报酬，由仲裁委员会根据案件的具体情况按照该表确定并由管理案件的投资争端解决中心或香港仲裁中心收取；仲裁员的费用包括仲裁员在从事仲裁活动时产生的全部的合理的实际开支。

3. 当事人各方书面同意或仲裁委员会在特殊情况下另行决定的，仲裁员的报酬可以高于本仲裁员报酬表的最高限额。

4. 当事人应向管理案件的投资争端解决中心或香港仲裁中心预付仲裁委员会确定的仲裁员报酬和费用；经管理案件的投资争端解决中心或香港仲裁中心同意，当事人可以依适当比例分期支付仲裁员的报酬和费用。各方当事人对支付仲裁员报酬和费用承担连带责任。

5. 在确定争议金额时，仲裁请求和仲裁反请求的金额应合并计算。争议金额不能确定或情况特殊的，由仲裁委员会结合案件具体情况确定仲裁员报酬。

（二）仲裁员报酬和费用（以小时费率为基础）

1. 当事人各方书面约定仲裁员报酬和费用以小时费率为基础收取的，从其约定；仲裁员就其为仲裁合理付出的所有工作获得按小时费率计算的报酬；仲裁员的费用包括仲裁员在从事仲裁活动时产生的全部的合理的实际开支。

2. 当事人依据仲裁地法律申请启动紧急仲裁员程序的，紧急仲裁员的报酬以小时费率为基础收取。

3.一方当事人选定的仲裁员,其小时费率由该当事人与被选定的仲裁员商定;独任仲裁员和首席仲裁员的小时费率由该仲裁员与各方当事人商定;仲裁员小时费率无法商定的,或仲裁员由仲裁委员会主任代为指定的,该仲裁员的小时费率由仲裁委员会确定;紧急仲裁员的小时费率由仲裁委员会确定。

4.仲裁员小时费率不得超出仲裁程序开始之日仲裁委员会公布在仲裁委员会及其香港仲裁中心网站上的费率上限;当事人各方书面同意或仲裁委员会在特殊情况下另行决定的,仲裁员可以高于确定的小时费率上限收取报酬。

5.当事人应向管理案件的投资争端解决中心或香港仲裁中心预付仲裁员报酬和费用,预付金额由仲裁委员会决定。当事人各方对支付仲裁员报酬和费用承担连带责任。

(三)其他事项

1.管理案件的投资争端解决中心或香港仲裁中心有权根据仲裁庭的决定留置仲裁裁决,以确保当事人付清仲裁员的报酬和所有应缴付的费用。当事人共同或由任何一方缴清上述报酬和费用后,管理案件的投资争端解决中心或香港仲裁中心根据仲裁庭的决定将仲裁裁决发送当事人。

2.收取的仲裁员的报酬和费用为外币时,管理案件的投资争端解决中心或香港仲裁中心按照本费用表的规定收取与人民币等值的外币。

附件二　中国国际经济贸易仲裁委员会国际投资争端紧急仲裁员程序

第一条　紧急仲裁员程序的申请

(一)当事人需要紧急性临时救济的,可以依据所适用的法律或双方当事人的约定申请紧急仲裁员程序。

(二)申请紧急仲裁员程序的当事人(以下称"申请人")应在仲裁庭组成之前,向管理案件的投资争端解决中心或香港仲裁中心提交紧急仲裁员程序申请书。

(三)紧急仲裁员程序申请书应包括如下内容:

1.所涉及的当事人名称及基本信息;

2.引发申请的基础争议及申请紧急性临时救济的理由;

3.申请的紧急性临时救济措施及有权获得紧急救济的理由;

4.申请紧急性临时救济所需要的其他必要的信息;

5. 对紧急仲裁员程序的适用法律和语言的意见。

申请人提交申请书时应附具申请所依据的证据材料以及其他证明文件,包括但不限于仲裁协议和引发基础争议的有关协议。

(四)申请人应预缴紧急仲裁员程序费用。

(五)当事人已就仲裁语言作出约定的,紧急仲裁员程序语言应为当事人约定的仲裁语言。当事人未作出约定的,则为中文或英文,除非紧急仲裁员另有决定。

第二条　申请的受理及紧急仲裁员的指定

(一)根据申请人提交的申请书、仲裁协议及相关证据,管理案件的投资争端解决中心或香港仲裁中心经初步审查决定是否适用紧急仲裁员程序。如果决定适用紧急仲裁员程序,仲裁委员会仲裁院院长应在收到申请书及申请人预付的紧急仲裁员程序费用后1日内指定紧急仲裁员。

(二)在仲裁委员会仲裁院院长指定紧急仲裁员后,管理案件的投资争端解决中心或香港仲裁中心应立即将受理通知及申请人的申请材料一并移交给指定的紧急仲裁员及被申请采取紧急性临时救济措施的当事人,并同时将受理通知抄送给其他各方当事人及仲裁委员会主任。

第三条　紧急仲裁员的披露及回避

(一)紧急仲裁员不代表任何一方当事人,应独立于各方当事人,平等地对待各方当事人。

(二)紧急仲裁员应在接受指定的同时签署声明书,向管理案件的投资争端解决中心或香港仲裁中心披露可能引起对其公正性和独立性产生合理怀疑的任何事实或情况。在紧急仲裁员程序中出现其他应予披露情形的,紧急仲裁员应立即予以书面披露。

(三)紧急仲裁员的声明书及/或披露的信息由管理案件的投资争端解决中心或香港仲裁中心转交各方当事人。

(四)当事人收到紧急仲裁员的声明书及/或书面披露后,如果以紧急仲裁员披露的事实或情况为理由要求该仲裁员回避,则应于收到紧急仲裁员的书面披露后2日内书面提出。逾期没有申请回避的,不得以紧急仲裁员曾经披露的事项为由申请回避。

(五)当事人对被指定的紧急仲裁员的公正性和独立性产生合理怀疑时,可以书面提出要求该紧急仲裁员回避的申请,但应说明提出回避申请所依据的具体事实和理由,并举证。

（六）对紧急仲裁员的回避请求应在收到受理通知后 2 日内以书面形式提出；在此之后得知要求回避事由的，可以在得知回避事由后 2 日内提出，但应不晚于仲裁庭组庭时。

（七）紧急仲裁员是否回避，由仲裁委员会仲裁院院长决定。如果决定紧急仲裁员予以回避，仲裁委员会仲裁院院长应在作出回避决定后 1 日内重新指定紧急仲裁员，并将决定抄送仲裁委员会主任。在就紧急仲裁员是否回避做出决定前，被请求回避的紧急仲裁员应继续履行职责。

披露和回避程序同样适用于重新指定的紧急仲裁员。

（八）除非当事人另有约定，紧急仲裁员不得接受选定或指定担任所涉案件仲裁庭的组成人员。

第四条　紧急仲裁员程序所在地

除非当事人另有约定，案件仲裁地即为紧急仲裁员程序所在地。

第五条　紧急仲裁员程序

（一）紧急仲裁员应尽可能在接受指定后 2 日内，制定一份紧急仲裁员程序事项安排。紧急仲裁员应结合紧急救济的类型及紧迫性，采用其认为合理的方式进行有关程序，并确保给予有关当事人合理的陈述机会。

（二）紧急仲裁员可以要求申请紧急救济的当事人提供适当的担保作为实施救济的前提条件。

（三）紧急仲裁员的权力以及紧急仲裁员程序至仲裁庭组庭之日终止。

（四）紧急仲裁员程序不影响当事人依据所适用的法律向有管辖权的法院请求采取临时措施的权利。

第六条　紧急仲裁员的决定

（一）紧急仲裁员有权作出必要的紧急性临时救济的决定，并应尽合理努力确保做出的决定合法有效。

（二）紧急仲裁员决定应在紧急仲裁员接受指定后 15 日内作出。如果紧急仲裁员提出延长作出决定期限请求的，仲裁委员会仲裁院院长仅在其认为合理的情况下予以批准。

（三）紧急仲裁员的决定应写明采取紧急救济措施的理由，由紧急仲裁员署名，加盖仲裁委员会印章。由香港仲裁中心管理的案件，紧急仲裁员决定加盖香港仲裁中心印章。

（四）紧急仲裁员决定对双方当事人具有约束力。如果当事人提出请求并说明理由,紧急仲裁员或组成后的仲裁庭有权修改、中止或终止紧急仲裁员的决定。

(五)如果紧急仲裁员认为存在不必采取紧急性临时救济措施或因各种原因无法采取紧急性临时救济措施等情形,可以决定驳回申请人的申请并终止紧急仲裁员程序。

(六)紧急仲裁员的决定在下列情况下不再具有效力:

1. 紧急仲裁员或仲裁庭终止紧急仲裁员决定的;

2. 仲裁委员会仲裁院院长作出紧急仲裁员应予回避决定的;

3. 仲裁庭作出最终裁决,除非仲裁庭认为紧急仲裁员的决定继续有效;

4. 在作出裁决书之前申请人撤回全部仲裁请求的;

5. 仲裁庭未能在紧急仲裁员决定作出后90日内组成的。该期限可以由当事人协议延长,仲裁委员会仲裁院也可以在其认为适当的情形下,延长该期限;

6. 仲裁庭组成后,仲裁程序中止持续60日的。

第七条　紧急仲裁员程序费用承担

(一)当事人向管理案件的投资争端解决中心或香港仲裁中心申请紧急性临时救济的,按照《费用表》(附件一)的规定预付紧急仲裁员程序费用。仲裁委员会可以要求申请人预付其他额外的、合理的实际费用。

(二)各方当事人应承担的紧急仲裁员程序费用的比例,由紧急仲裁员在决定中一并作出,但不影响仲裁庭应一方当事人的请求就此费用的分摊作出最终决定。

(三)紧急仲裁员程序在作出决定之前终止的,仲裁委员会有权决定向申请人退还的紧急仲裁员程序费用数额。

第八条　其他

仲裁委员会对本紧急仲裁员程序拥有解释权。

示范仲裁条款

(一)

凡因本合同引起的或与本合同有关的任何国际投资争端,均应提交中国国际经济贸易仲裁委员会,按照申请仲裁时该会现行有效的国际投资争端仲裁规则进行仲裁。仲裁裁决是终局的,对双方均有约束力。

（二）

凡因本合同引起的或与本合同有关的任何国际投资争端，均应提交中国国际经济贸易仲裁委员会香港仲裁中心，按照申请仲裁时该会现行有效的国际投资争端仲裁规则进行仲裁。仲裁裁决是终局的，对双方均有约束力。

本卷作者

本卷撰写分工如下(按撰写章节先后为序)

单文华:西安交通大学法学院教授,撰写第一章、第三章、第八章;

张生:西安交通大学法学院教授,撰写第二章,合作撰写第一章;

闵婕:西安交通大学法学院硕士生,撰写第四章;

王鹏:西安交通大学法学院讲师,撰写第五章,合作撰写第三章、第八章;

孙华伟、刘畅、张天舒:中伦律师事务所,撰写第九章;

夏伯琛:西安交通大学法学院博士生,撰写第十章;

王朝恩:西安交通大学法学院助理研究员,撰写第十一章;

冯韵雅:西安交通大学法学院博士生,撰写第十二章和投资仲裁月报;

陈虹睿:西安交通大学法学院副教授,撰写第十三章;

华雨婷:西北政法大学国际法学院讲师,撰写第十四章。

本卷也包含了中国政府有关国际投资争端解决和ICSID仲裁规则修订的立场文件,其中中国政府提交给ICSID的关于《ICSID公约》规则修订的意见由西安交通大学法学院本科生熊平书翻译,张生校对。

图书在版编目(CIP)数据

中国国际投资仲裁常设论坛年度报告. 2019—2020 / 单文华，王承杰主编. -- 北京 : 法律出版社，2020
ISBN 978-7-5197-2501-3

Ⅰ. ①中… Ⅱ. ①单… ②王… Ⅲ. ①国际投资法学-研究报告-中国-2019-2020 Ⅳ. ①D994

中国版本图书馆CIP数据核字(2020)第270974号

中国国际投资仲裁常设论坛年度报告
(2019—2020)
ZHONGGUO GUOJI TOUZI ZHONGCAI CHANGSHE LUNTAN NIANDU BAOGAO(2019—2020)

单文华 王承杰 主 编
张 生 杨 帆 执行主编

责任编辑 黄倩倩
装帧设计 李 瞻

出版 法律出版社
总发行 中国法律图书有限公司
经销 新华书店
印刷 北京虎彩文化传播有限公司
责任校对 周合芝 周诗湄
责任印制 陶 松

编辑统筹 学术·对外出版分社
开本 710毫米×1000毫米 1/16
印张 19.25
字数 319千
版本 2020年12月第1版
印次 2020年12月第1次印刷

法律出版社/北京市丰台区莲花池西里7号(100073)
网址/www.lawpress.com.cn
投稿邮箱/info@lawpress.com.cn
举报维权邮箱/jbwq@lawpress.com.cn
销售热线/400-660-8393
咨询电话/010-63939796

中国法律图书有限公司/北京市丰台区莲花池西里7号(100073)
全国各地中法图分、子公司销售电话：
统一销售客服/400-660-8393/6393
第一法律书店/010-83938432/8433
西安分公司/029-85330678
重庆分公司/023-67453036
上海分公司/021-62071639/1636
深圳分公司/0755-83072995

书号:ISBN 978-7-5197-2501-3
定价:98.00元
(如有缺页或倒装,中国法律图书有限公司负责退换)

